prépabac

Cours & entraînement

Français 2^de^

Séverine Charon
Marie Péan
Professeurs agrégés de lettres

Hatier

Maquette de principe : Frédéric Jély
Mise en page : Lasergraphie
Édition : Anne-Sophie Demonchy
Iconographie : Didier Machu / Hatier illustration

978-2-218-96895-2

Mode d'emploi

Votre ouvrage Prépabac

- Conforme au programme de Seconde entré en vigueur à la rentrée 2011, ce « Prépabac » vous propose un **outil de travail** complet et efficace.
- Sur chaque notion ou thème du programme, vous trouverez : un **cours** structuré, des fiches de **méthode**, des **exercices** progressifs et leurs **corrigés** détaillés.
- Assorties de nombreux **commentaires** et **conseils** des auteurs, toutes ces ressources vous permettent d'aborder en confiance vos contrôles durant l'année et de vous préparer à l'épreuve du bac.

COURS **MÉTHODE** **EXERCICES** **CORRIGÉS**

Sur le site annabac.com

- L'achat de ce Prépabac vous permet de bénéficier d'un **accès GRATUIT** aux ressources d'annabac.com : fiches de cours, podcasts, quiz interactifs, exercices et sujets corrigés…
- Pour profiter de cette offre, rendez-vous sur **www.annabac.com**, dans la rubrique « Vous avec acheté un ouvrage Hatier ? »*

* La saisie d'un mot clé du livre (lors de votre première visite) vous permettra de créer un compte personnel.

sommaire

Les objets d'étude

Les exercices du bac

Notez bien !

■ Les dates figurant après les titres des œuvres sont celles de leur publication.

■ Pour mettre en évidence la progression des idées, nous avons subdivisé les exemples de devoirs rédigés et de plans détaillés à l'aide de sous-titres et de puces. Ces éléments ne doivent pas cependant figurer dans vos devoirs.

Le programme et l'épreuve du bac

LE PROGRAMME

Un nouveau programme de français est entré en vigueur à la rentrée 2011 pour la classe de Seconde (Bulletin officiel spécial n° 9 du 30 septembre 2010).

Quatre objets d'étude sont au programme. Chacun d'entre eux est associé à un genre et à une période définie de l'histoire littéraire.

Objet d'étude	Objectif
Le **roman** et la **nouvelle** au XIXe siècle : réalisme et naturalisme	Appréhender le genre narratif à travers l'étude de romans et de nouvelles appartenant aux courants réaliste et naturaliste.
La **tragédie** et la **comédie** au XVIIe siècle : le classicisme	Par la lecture de tragédies et de comédies du XVIIe siècle, découvrir les caractéristiques du genre théâtral et de l'esthétique classique.
La **poésie** du XIXe au XXe siècle : du romantisme au surréalisme	Comprendre que la poésie est à la fois un travail sur la langue et l'expression d'une vision singulière du monde, tout en interrogeant l'évolution de ses formes du XIXe au XXe siècle.
Genres et formes de l'**argumentation** : XVIIe et XVIIIe siècles	Percevoir la diversité des genres se prêtant à l'argumentation, et l'inscription d'œuvres à visée argumentative des XVIIe et XVIIIe siècles dans les idées de leur temps.

Étudie-t-on également des auteurs grecs et latins ? Et l'histoire des arts ?

Selon les objets d'étude, le programme prévoit d'intégrer aux corpus des textes et des documents en relation avec l'histoire des arts ou avec les langues et cultures de l'Antiquité.
Par exemple, l'étude d'un poème associée à celle d'un tableau permet de mettre en évidence les relations existant entre la représentation du monde proposée par un poète et celle qu'en donnent d'autres artistes à la même époque.

LES ÉPREUVES

Les épreuves de l'épreuve anticipée de français (EAF) restent définies par le Bulletin officiel du 14 décembre 2006.

- Une **épreuve écrite** de 4 heures et une **épreuve orale** de 20 minutes.

Épreuve	Description
Écrit	Le sujet s'appuie sur un corpus représentatif d'un objet d'étude du programme. Il comprend : – une ou plusieurs **questions sur le corpus** ; – un choix entre trois types de travaux, portant sur le corpus proposé : **commentaire**, **dissertation** ou **écriture d'invention**.
Oral	L'examinateur choisit un texte dans votre liste et vous remet un « bulletin de passage » où figure une question. Vous disposez de 30 minutes de préparation. Le passage se déroule ensuite ainsi : 10 minutes pour présenter votre **lecture**, puis 10 minutes d'**entretien**.

- **Les trois types d'exercices écrits**

Le commentaire porte sur un texte du corpus. Vous devez présenter de manière organisée votre lecture et justifier votre interprétation.

La dissertation vous amène à conduire une réflexion personnelle et argumentée à partir d'une problématique littéraire issue de l'objet d'étude.

L'écriture d'invention consiste à écrire un texte en lien avec ceux du corpus. Elle peut prendre des formes variées : article, lettre, dialogue, essai...

- Les **coefficients** diffèrent selon les séries :

	Épreuve	Coefficient
ES/S STG, STI, ST2S, STL	Écrit	2
	Oral	2
L	Écrit	3
	Oral	2

CHAPITRE

1 L'énonciation

On appelle énonciation l'action de produire un message. Ce dernier varie selon la situation : il dépend en effet de celui qui parle, de son destinataire, du lieu, du moment. Analyser l'énonciation, c'est considérer un énoncé en tenant compte de ces différents éléments.

I Les indices d'énonciation

Dans un énoncé, les indices d'énonciation sont les mots qui font référence à la situation d'énonciation.

A Indices personnels et indices spatio-temporels

- On distingue :
– les **indices personnels** qui font référence au **locuteur**, ou émetteur de l'énoncé, tels que les marques de la 1re personne : pronoms personnels (*je, me, moi, nous*), déterminants et pronoms possessifs (*mon, notre, la mienne, les nôtres*...) ;
– les indices personnels qui font référence au **destinataire**, ou récepteur de l'énoncé, tels que les marques de la 2e personne : pronoms personnels (*tu, te, toi, vous*), déterminants et pronoms possessifs (*ton, votre, les tiens, la vôtre*...) ;
– les **indices spatio-temporels** qui font référence au lieu et au moment de l'énonciation : *ici, là-bas, maintenant, hier, demain*...

- Les temps du présent, du passé composé et du futur constituent également des marqueurs temporels de la situation d'énonciation.

B Définir la situation d'énonciation

Les indices d'énonciation relevés dans un texte permettent de comprendre la situation d'énonciation, puisque, grâce à eux, on peut répondre aux questions : « Qui parle ? », « À qui ? », « Quand ? », « Où ? ».

« En traçant ces derniers mots, ce 16 novembre 1841, ma fenêtre, qui donne à l'ouest sur les jardins des Missions étrangères, est ouverte : il est six heures du matin ; j'aperçois la lune pâle et élargie ; elle s'abaisse sur la flèche des Invalides à peine révélée par le premier rayon de l'Orient ; on dirait que l'ancien monde finit, et que le nouveau commence. »

François-René de Chateaubriand, *Mémoires d'outre-tombe* (1848).

Qui parle ? Le locuteur est ici Chateaubriand qui rédige ses mémoires au crépuscule de sa vie (indices dans le texte : « ma », « j' »). **À qui ?** Il s'adresse à ses lecteurs dont la présence est implicite (pas de marque de la 2e personne). **Quand et où ?** Le moment et le lieu de l'énonciation sont explicitement indiqués dans le texte (voir les mots en rouge et l'utilisation du présent d'énonciation).

ZOOM

Le schéma de Jakobson ou les éléments de base de la communication

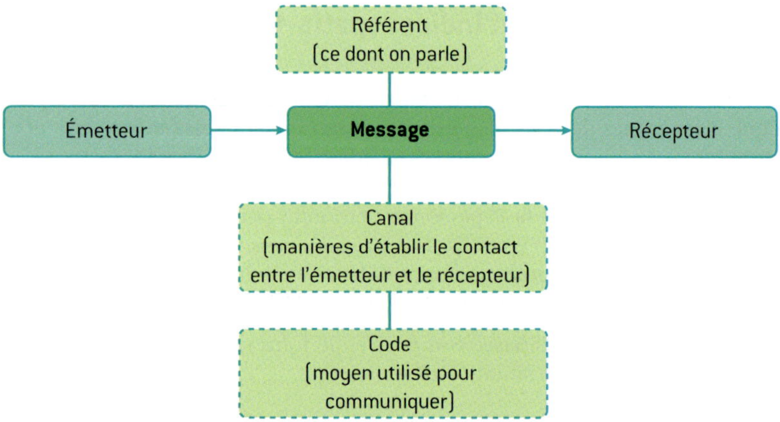

- L'énonciation est la communication envisagée dans une situation concrète.
- Pour le linguiste Jakobson (1896-1982) qui a étudié le langage, toute situation de communication (et donc toute situation d'énonciation) comporte trois éléments : 1. un **émetteur**, 2. un **récepteur**, 3. un **message** qui porte sur un **référent**.
- Pour qu'il puisse y avoir communication :

– l'émetteur et le récepteur ont besoin d'un **canal** (voix, écriture, gestes) ;
– ils doivent aussi disposer d'un **code** commun, par exemple la même langue.

II Les deux types d'énoncé

On peut ranger les énoncés en deux catégories selon qu'ils font ou non référence à la situation d'énonciation dans laquelle ils ont été produits.

A Les énoncés de type « discours »

- Le texte de Chateaubriand ci-dessus est un énoncé de type « discours » : à travers différents indices d'énonciation (marques de la 1re personne, présent d'énonciation), il fait clairement **référence à la situation dans laquelle il a été produit** ; on parle aussi d'un énoncé « ancré » dans la situation d'énonciation.

- Qu'est-ce qui caractérise ce type d'énoncé ?
- les marques de la **1re personne** (éventuellement de la 2e personne) ;
- le recours privilégié au **présent d'énonciation** et au passé composé ;
- l'emploi d'**adverbes de lieu ou de temps**, comme *ici* ou *maintenant*, qui ne se comprennent bien qu'en référence à la situation d'énonciation.

B Les énoncés de type « récit »

- Un énoncé de type « récit » ne fait **aucune référence à la situation dans laquelle il a été produit** ; on parle aussi d'un énoncé « coupé » de la situation d'énonciation.

Dans un **énoncé de type « récit »**, le narrateur s'efface derrière son récit.

- Qu'est-ce qui caractérise ce type d'énoncé ?
- l'emploi prédominant de la **3e personne** ;
- l'utilisation comme temps de base du **passé simple** (quand il s'agit d'un récit) ou du présent de vérité générale (dans des textes explicatifs).

« Le Bûcheron se mit à couper du bois et ses enfants à ramasser les broutilles[1] pour faire des fagots. Le père et la mère, les voyant occupés à travailler, s'éloignèrent d'eux insensiblement, et puis s'enfuirent tout à coup par un petit sentier détourné. Lorsque les enfants se virent seuls, ils se mirent à crier et à pleurer de toute leur force. »

Charles Perrault, « Le Petit Poucet », *Histoires ou Contes du temps passé* (1697).

1 **Broutilles** : petites branches.

Dans ce récit à la 3e personne, rédigé au passé simple, les événements semblent se raconter d'eux-mêmes ; l'énoncé ne comprend aucune référence à la situation du conteur en train d'écrire le conte. C'est typiquement un énoncé de type « récit ».

C L'alternance des deux types d'énoncé

Il est fréquent de voir **alterner les deux types d'énoncé dans un même texte**. C'est le cas bien sûr dans un récit entrecoupé de dialogues.

Voici un autre exemple : dans cet extrait de roman, le narrateur prend tout à coup la parole, passant ainsi d'un énoncé de type « récit » à un énoncé de type « discours ».

« Il était las de marcher ; il s'assit sur le bord du chemin, la tête tournée vers un voyageur qui s'avançait de leur côté, à pied, la bride de son cheval, qui le suivait, passée dans son bras.
Vous allez croire, lecteur, que ce cheval est celui qu'on a volé au maître de Jacques : et vous vous tromperez. C'est ainsi que cela arriverait dans un roman [...] ; mais ceci n'est point un roman, je vous l'ai déjà dit, je crois, et je vous le répète encore. »

Denis Diderot, *Jacques le Fataliste et son maître* (1796).

Le début du texte (« Il était las... son bras ») est un énoncé « coupé » de l'énonciation, comme le montre l'utilisation du passé simple. À l'inverse, la suite (« Vous allez croire... encore ») constitue un énoncé « ancré » dans l'énonciation comme l'atteste la présence des indices d'énonciation (les pronoms de la 1re et 2e personnes, l'apostrophe « lecteur », le présent d'énonciation comme temps de base).

III Les marqueurs subjectifs

Dans un énoncé, le locuteur **révèle souvent son opinion, ses sentiments**.
L'énoncé contient alors des traces de cette subjectivité : ce sont les marqueurs subjectifs.

A Les modalisateurs

Les modalisateurs sont des termes exprimant le **degré d'adhésion du locuteur à son énoncé**, de la certitude au doute. Selon le cas, le locuteur recourt :
- à des adverbes d'opinion (*certainement, probablement, sans doute, peut-être...*) ;
- à des verbes ou des adjectifs tels que *croire, douter ; certain, possible...* ;
- au subjonctif ou au conditionnel employé avec une valeur modale ;
- à un procédé typographique comme les guillemets ou l'italique pour mettre à distance le terme utilisé...

« Nous osons croire, à l'honneur du siècle où nous vivons, qu'il n'y a point dans toute l'Europe un seul homme éclairé qui ne regarde la tolérance comme un droit de justice, un devoir prescrit par l'humanité, la conscience, la religion ; une loi nécessaire à la paix et à la prospérité des États. »

Voltaire, « Avertissement », *Traité sur la tolérance* (1763).

Ce texte est marqué par la conviction de Voltaire que la tolérance est un droit, un devoir et une loi nécessaire ; plusieurs modalisateurs (en rouge dans le texte) traduisent cette certitude.

B Les marques de jugement ou d'émotion

Les marques de jugement ou d'émotion sont des termes exprimant un sentiment ou un jugement de valeur du locuteur. Selon le cas, il s'agit :
- de compléments du type *selon moi, d'après nous...* ;
- de termes relevant d'un lexique mélioratif ou dépréciatif ;
- de types de phrase expressive (en particulier, la phrase exclamative) ;
- de figures de style : comparaisons, parallélismes, antithèses, antiphrases, etc. (voir le chapitre 5).

RÉCAPITULONS

- À toute énonciation correspond une situation d'énonciation – un locuteur s'adresse à un destinataire dans un lieu et à un moment précis – mais l'énoncé n'y fait pas forcément référence.
- On distingue donc les énoncés de type « discours », qui comportent des indices d'énonciation, et les énoncés de type « récit » qui ne réfèrent pas à une situation d'énonciation précise.
- Hormis les énoncés explicatifs (techniques, scientifiques), un énoncé comprend fréquemment des marqueurs subjectifs qui laissent transparaître la subjectivité du locuteur/narrateur.

Repérer et analyser les modalisateurs

LA DÉMARCHE

- Identifiez les modalisateurs, entourez-les.
- Demandez-vous comment, à travers ces modalisateurs, le locuteur se situe par rapport à son propos. Y adhère-t-il ou prend-il ses distances ?

LES EXEMPLES COMMENTÉS

Exemple 1

« Mais le point important, sur lequel nous avons des opinions tout à fait opposées, votre auteur et moi, ce sont les qualités premières d'un grand comédien. Moi, je lui veux beaucoup de jugement ; il me faut dans cet homme un spectateur froid et tranquille ; j'en exige, par conséquent, de la pénétration et nulle sensibilité, l'art de tout imiter, ou, ce qui revient au même, une égale aptitude à toutes sortes de caractères et de rôles. »

Denis Diderot, *Paradoxe sur le comédien* (éd. posth. 1830).

Les modalisateurs surlignés en rose expriment la **certitude** du locuteur. Celui-ci défend, avec beaucoup de conviction, l'idée que ce n'est pas la sensibilité du comédien mais son don d'imitation qui fait sa valeur.

Exemple 2

« On lit dans des traités d'ethnologie[1] – et non des moindres – que l'homme doit la connaissance du feu au hasard de la foudre ou d'un incendie de brousse ; que la trouvaille d'un gibier accidentellement rôti dans ces conditions lui a révélé la cuisson des aliments ; que l'invention de la poterie résulte de l'oubli d'une boulette d'argile au voisinage d'un foyer. On dirait que l'homme aurait d'abord vécu dans une sorte d'âge d'or technologique, où les inventions se cueillaient avec la même facilité que les fruits et les fleurs. À l'homme moderne seraient réservées les fatigues du labeur et les illuminations du génie. »

Claude Lévi-Strauss, *Race et Histoire,* © Unesco (1952).

1 **Ethnologie :** science qui étudie les divers groupes humains (ethnies).

Le locuteur présente le point de vue de certains ethnologues mais l'utilisation du conditionnel (« On dirait », « aurait d'abord vécu », « seraient réservées ») indique qu'il n'y adhère absolument pas.

SE TESTER QUIZ

1 Définir la situation d'énonciation, c'est répondre aux questions :

- ☐ **a.** Qui parle ?
- ☐ **b.** À qui ?
- ☐ **c.** Quand et où ?
- ☐ **d.** Selon quel modèle ?

2 Un énoncé qui comprend des indices d'énonciation est :

- ☐ **a.** « ancré » dans la situation d'énonciation
- ☐ **b.** « coupé » de la situation d'énonciation
- ☐ **c.** de type « récit »
- ☐ **d.** de type « discours »

3 Comment sont appelés les mots qui traduisent le degré d'adhésion du locuteur à son discours ?

- ☐ **a.** des modalités
- ☐ **b.** des modalisateurs
- ☐ **c.** des antiphrases

4 Dans la phrase suivante, quel est le modalisateur ?

Au grand soulagement des pouvoirs publics, le puits de pétrole serait colmaté.

- ☐ **a.** serait colmaté
- ☐ **b.** grand soulagement
- ☐ **c.** des pouvoirs publics

S'ENTRAÎNER

5 Relevez les indices d'énonciation dans cet extrait de lettre, en complétant le tableau ci-dessous.

Poète d'origine arménienne, principalement connu pour son rôle dans la Résistance, Missak Manouchian a été fusillé au fort du Mont-Valérien, le 21 février 1944.

« Fresnes, le 21 février 1944
Ma chère Mélinée,
ma petite orpheline bien-aimée,
dans quelques heures, je ne serai plus de ce monde. Nous allons être fusillés cet après-midi à 15 heures. Cela m'arrive comme un accident dans ma vie, je n'y crois pas mais pourtant je sais que je ne te verrai plus jamais.
Que puis-je t'écrire ? Tout est confus en moi et bien clair en même temps.
[…] Adieu. Ton ami, ton camarade, ton mari. »

Missak Manouchian.

Indices faisant référence au locuteur (Missak Manouchian)	
Indices faisant référence au destinataire (la femme de Missak Manouchian)	
Indices faisant référence au moment de l'énonciation	

6 Étudiez la situation d'énonciation puis relevez et commentez les marques de subjectivité.

Le 1er novembre 1755, à Lisbonne, un tremblement de terre fait 25 000 victimes. Ce drame révolte Voltaire qui s'insurge contre les philosophes optimistes selon lesquels « tout est bien dans le meilleur des mondes » et qui parviennent ainsi à justifier la catastrophe.

« Direz-vous, en voyant cet amas de victimes :
"Dieu s'est vengé, leur mort est le prix de leurs crimes ?"
Quel crime, quelle faute ont commis ces enfants
Sur le sein maternel écrasés et sanglants ?
Lisbonne, qui n'est plus, eut-elle plus de vices
Que Londres, que Paris, plongés dans les délices ?
Lisbonne est abîmée[1], et l'on danse à Paris. [...]
Croyez-moi, quand la terre entrouvre ses abîmes,
Ma plainte est innocente et mes cris légitimes. »

Voltaire, *Poème sur le désastre de Lisbonne* (1756).

1 **Abîmée :** précipitée dans un abîme, engloutie.

7 Ce texte est-il ironique ? Justifiez votre réponse.

Relevez les termes mélioratifs. Puis montrez que l'éloge dissimule une critique dont vous préciserez l'objet.

« Le roi de France est le plus puissant prince de l'Europe. Il n'a point de mines d'or comme le roi d'Espagne son voisin ; mais il a plus de richesses que lui, parce qu'il les tire de la vanité de ses sujets, plus inépuisable que les mines. On lui a vu entreprendre ou soutenir de grandes guerres, n'ayant d'autres fonds que des titres d'honneur à vendre, et, par un prodige de l'orgueil humain, ses troupes se trouvaient payées, ses places munies[1], et ses flottes équipées. »

Montesquieu, *Lettres persanes*, lettre XXIV (1721).

1 **Munies :** fortifiées.

SE TESTER

1 Réponses **a**, **b**, **c**.

2 Réponses **a** et **d**. On parle aussi bien d'un énoncé de type « discours » que d'un énoncé « ancré » dans la situation d'énonciation.

3 Réponse **b**.

4 Réponse **a**. Le verbe au conditionnel « serait colmaté » exprime une supposition ; le locuteur n'est pas sûr de ce qu'il affirme.

S'ENTRAÎNER

5

Indices faisant référence au locuteur (Missak Manouchian)	Les pronoms personnels : « je », « nous », « m' », « moi ».
Indices faisant référence au destinataire (la femme de Missak Manouchian)	L'adresse « Ma chère Mélinée, ma petite orpheline bien-aimée ». Les pronoms personnels « te », « t' ». Le déterminant possessif « ton » dans la signature « Ton ami, ton camarade, ton mari ».
Indices faisant référence au moment de l'énonciation	Les compléments de temps « dans quelques heures », « cet après-midi à 15 heures ». Les verbes au futur et au présent (« serai », « allons être fusillés »).

« Ton ami, ton camarade, ton mari » désignent Manouchian tandis que « Ma chère Mélinée », « ma petite orpheline » désignent sa femme. La diversité des appellations exprime l'amour intense qui unit les époux.

6 **Situation d'énonciation** : c'est peu après le tremblement de terre de Lisbonne que Voltaire prend sa plume pour crier son indignation. Par le jeu des pronoms (« vous », « moi »), des questions « Direz-vous… » et des impératifs « Croyez-moi… », le philosophe interpelle ses adversaires, les philosophes optimistes.

Voltaire reviendra sur cet événement du **tremblement de terre de Lisbonne** dans une autre de ses œuvres, *Candide* (1759).

Marques de subjectivité : Voltaire dénonce avec véhémence l'injustice profonde qui se cache derrière cette catastrophe. Son indignation transparaît à travers différents marqueurs subjectifs :
– les phrases interrogatives qui soulignent le scandale que constitue ce désastre ;

– un lexique qui éveille la compassion du lecteur ;
– l'antithèse entre Lisbonne détruite et Londres et Paris, épargnés malgré leur immoralité.

7 Ce texte est effectivement ironique. Il **semble faire l'éloge** de la puissance du roi de France mais c'est **pour mieux la dénoncer**. La richesse du roi de France n'est fondée que sur la vanité de ses sujets. Les mots et expressions positifs – « plus puissant », « plus de richesses », « plus inépuisable », « de grandes guerres », « prodige » – sont immédiatement dépréciés par les termes « vanité », « à vendre », « orgueil humain ».
Avec l'ironie qui le caractérise, Montesquieu dénonce conjointement la vanité des Français et une royauté française en pleine décomposition, qui tire son principal revenu de la vente de titres de noblesse.

www.annabac.com

CHAPITRE

2 La phrase : construction, modalités et rythme

Délimitée à l'écrit par une majuscule et une ponctuation forte, une phrase constitue un énoncé structuré et complet. En connaître les différents aspects vous permet à la fois de mieux expliquer un texte et de rédiger de manière plus efficace.

I La construction d'une phrase

A Phrase simple et phrase complexe

Une phrase est généralement construite **autour d'un verbe**. Quand elle est construite autour d'un autre mot, on parle de phrase non verbale.

Le roman Germinal *d'Émile Zola raconte l'échec du mouvement des mineurs.* (phrase verbale)
Le récit d'un échec. (Phrase non verbale : dans ce cas, la phrase est construite autour d'un nom, on parle de phrase nominale.)

1. Qu'est-ce qu'une phrase simple ?

Une phrase verbale simple ne comporte qu'**une seule proposition**. Elle se réduit à un verbe conjugué, son sujet et un ou plusieurs compléments.

[*Étienne Lantier, le héros du roman* Germinal*, est obligé de quitter la mine.*]

2. Qu'est-ce qu'une phrase complexe ?

Une phrase verbale complexe comporte **au moins deux propositions**.

- Une phrase complexe peut être composée de propositions indépendantes **juxtaposées,** c'est-à-dire séparées par un signe de ponctuation (virgule, point-virgule ou deux-points), ou **coordonnées** par une conjonction, voire un adverbe.
Voici deux exemples de phrases inspirées librement de *Germinal* :

[*Sous les pieds d'Étienne, les coups profonds des rivelaines continuaient*] *;* [*ses camarades étaient tous là.*] (juxtaposition)

On parle de **parataxe** lors d'une succession de propositions **juxtaposées** ; celle-ci peut créer un effet d'accélération.

[*Sous les pieds d'Étienne, les coups profonds des rivelaines continuaient*] *car* [*ses camarades étaient tous là.*] (coordination)

- D'autres phrases complexes contiennent une ou plusieurs propositions **subordonnées** qui dépendent d'une proposition **principale**.

Une proposition subordonnée peut être, selon la nature du mot qui l'introduit :
- **relative** (le mot subordonnant est un pronom relatif : *qui, que, quoi, dont, où, lequel, duquel, auquel...*) ;

« N'était-ce pas la Maheude, sous cette pièce de betteraves, l'échine cassée, [dont le souffle montait si rauque, accompagné par le ronflement du ventilateur] ? »

Émile Zola, *Germinal* (1885).

Une subordonnée relative apporte des précisions sur la personne ou l'objet désigné par le nom complété ; ici, la relative introduite par « dont » caractérise le personnage de La Maheude, son souffle rauque causé par la pénibilité du travail dans la mine.

- **conjonctive** (le mot subordonnant est une conjonction de subordination : *que, quand, lorsque, parce que, si, si bien que...*) ;

« Depuis une heure, il avançait ainsi, [lorsque sur la gauche à deux kilomètres de Montsou, il aperçut des feux rouges, trois brasiers brûlant au plein air, et comme suspendus.] » *Ibidem*

Une subordonnée conjonctive circonstancielle apporte des précisions sur les circonstances de l'action ; ici, la conjonctive temporelle introduite par « lorsque » évoque l'apparition d'un signal indiquant au héros qu'il approche de son but, la mine.

- **interrogative indirecte** (le mot subordonnant est l'adverbe interrogatif *si* ou un autre mot interrogatif : *qui, quand, où, comment, quel, ce que...*).

B La ponctuation

La ponctuation est indispensable pour indiquer des pauses plus ou moins marquées dans la phrase. Elle sert également à définir les intonations de la voix.

Vérifiez que votre phrase est complète quand vous y mettez un **point**. Au besoin, lisez-la à voix haute pour vous en assurer.

- Le **point** indique la fin de la phrase.
- La **virgule** correspond à une pause brève au sein de la phrase.
- Le **point-virgule** se situe entre le point et la virgule ; il sert à séparer deux propositions juxtaposées et liées par le sens.

- Les **deux-points** introduisent une citation, une explication, une conclusion ou une énumération.
- Le **point d'interrogation** termine une question ; il imprime à la phrase une intonation ascendante à l'oral.
- Le **point d'exclamation** est une ponctuation expressive qui permet de traduire une émotion forte ressentie par le locuteur.
- Les **points de suspension** précisent que la phrase est interrompue.

C Les connecteurs logiques

- Les connecteurs logiques ont pour rôle, au sein d'un texte, d'**expliciter les liens logiques** entre deux propositions, deux phrases, deux paragraphes. Leur analyse dans un texte argumentatif facilite la compréhension du déroulement de l'argumentation. Leur utilisation à bon escient dans un devoir permet d'aider le lecteur à suivre votre raisonnement.
- Voici par exemple la réponse à une question d'écriture, dans laquelle on a fait apparaître en rouge les connecteurs logiques.

> Ces dernières pages de romans réalistes peignent divers malheurs : la mort d'un enfant cher, la souffrance imposée à la classe ouvrière, la mort lente d'un village... Mais, en contrepoint, les textes évoquent le renouveau et suggèrent des raisons d'espérer. En somme, pour leurs auteurs, la vie n'est ni « si bonne ni si mauvaise »...

II La phrase dans le discours

A Les modalités de la phrase

Les modalités de la phrase renvoient à l'attitude prise par le locuteur à l'égard de son énoncé (voir chapitre 1, p. 12).

- Dans la phrase **déclarative, ou assertive**, le locuteur présente l'énoncé comme certain.

  À Toulon, le forcené a été abattu par la police.

- Dans la phrase **interrogative**, il pose une question, demande une information.

  Un forcené a-t-il été abattu par la police à Toulon ?

ZOOM

Les connecteurs logiques

Relation logique	Nature grammaticale	
	Conjonctions de coordination et adverbes de liaison	Conjonctions de subordination
Addition	et, aussi, également, de plus, par ailleurs, en outre	sans compter que, d'autant plus que
Conclusion	finalement, en somme, en résumé, pour conclure, enfin	
Cause	car, en effet	comme, parce que, puisque, du fait que, étant donné que
Conséquence	donc, c'est pourquoi, par conséquent, ainsi, aussi	de (telle) sorte que, si bien que, au point que, de façon que
But		pour que, afin que, de peur que
Opposition	mais, or, cependant, pourtant, néanmoins, en revanche	tandis que, alors que, au lieu que
Concession		bien que, quoique, même si
Hypothèse		si, au cas où, à la condition que, pourvu que
Comparaison	ainsi, de même	comme, ainsi que, de même que, comme si

▶ On peut classer les connecteurs logiques selon la relation logique exprimée et selon leur nature grammaticale.

▶ Notez que le connecteur *aussi* a deux valeurs différentes : addition et conséquence. Dans le second cas, il faut inverser le sujet.

Aussi le héros peut-il conclure : « Il faut aimer les vivants et non les morts ».

- Dans la phrase **exclamative**, le locuteur exprime un sentiment fort ou une émotion telle que l'indignation, l'étonnement, le bonheur...

  Un forcené a été abattu par la police à Toulon ; quelle horreur !

- Dans la phrase **impérative ou injonctive**, il formule un ordre ou une interdiction.

  Que le forcené soit abattu par la police !

B Les formes de phrase

Une phrase peut présenter par ailleurs diverses formes, combinables entre elles.

- Une phrase **négative** se caractérise grammaticalement par la présence de la négation *ne*. Cet adverbe est associé le plus souvent - sous forme de locution - avec un autre mot négatif : *pas, plus, jamais, ni...ni, personne, rien.*

- La forme **passive** permet de mettre en valeur **l'objet de l'action**.

  Zola oppose le malheur des ouvriers au bonheur qu'apporteront les révolutions. (phrase de forme active)

  → *Le malheur des ouvriers est opposé au bonheur qu'apporteront les révolutions.* (phrase de forme passive)

> Dans la phrase passive, le **COD de la phrase active** est devenu sujet, tandis que le sujet s'est transformé en complément d'agent.

- La forme **emphatique** se caractérise par la mise en valeur d'un mot ou d'un groupe de mots.

  Les camarades tapaient encore. La campagne était grosse de cette rumeur par cette matinée de jeunesse. (phrases de forme neutre, inspirées librement de *Germinal*)

  → *Encore, encore, les camarades tapaient. Par cette matinée de jeunesse, c'était de cette rumeur que la campagne était grosse.* (phrases de forme emphatique, inspirées librement de *Germinal*)

III Le rythme de la phrase

Toute phrase possède un rythme particulier, selon le cas, rapide ou lent, fluide ou saccadé, qui met en valeur les idées ou les sentiments exprimés par le locuteur. Ce rythme est imprimé par la structure de la phrase (voir p. 19). Certains procédés permettent cependant de renforcer l'expressivité du rythme de la phrase.

- L'**énumération** se traduit par une succession de mots ou de groupes de mots de même nature et de même fonction grammaticales.

  Quand elle est ordonnée, il s'agit d'une **gradation** (ascendante ou descendante). C'est le cas dans la célèbre réplique de Harpagon découvrant le vol de sa cassette :

> Si l'**énumération** produit une impression d'insistance, voire d'excès, elle devient une accumulation.

« Je me meurs, je suis mort, je suis enterré. »

Molière, *L'Avare* (1668).

Les trois propositions créent une gradation comique. Molière tourne ainsi en dérision ce personnage obsédé par l'argent.

- Une phrase organisée clairement en deux ou trois groupes de mots présente, selon le cas, un **rythme binaire** (deux groupes) ou **ternaire** (trois).

« C'était à Mégara, faubourg de Carthage, dans les jardins d'Hamilcar. »

Gustave Flaubert, *Salammbô* (1862).

Le rythme ternaire de cette phrase s'appuie sur la succession des noms propres et le retour du son [a] ou assonance. Il confère à ce début de roman solennité et majesté.

RÉCAPITULONS

- Une phrase peut présenter une structure simple ou complexe, selon qu'elle se compose d'une ou de plusieurs propositions.
- Des mots permettent d'expliciter les liens logiques entre les propositions ou les phrases d'un texte : on les appelle des connecteurs logiques.
- Révélant l'attitude du locuteur par rapport à ses propos, une phrase peut être déclarative, interrogative, injonctive ou encore exclamative.
- Des procédés permettent de jouer avec le rythme de la phrase : on peut citer l'énumération appelée aussi accumulation, les rythmes binaire et ternaire.

Éviter une répétition

LA DÉMARCHE

Pour éviter une répétition dans une phrase, on recourt le plus souvent à un pronom dit de reprise. Les plus courants sont :

– les pronoms **personnels** de 3e personne : *il(s), elle(s), le, la, lui, les, leur* ;

– les pronoms **démonstratifs** : *celui, celle, ceux,* composés ou non avec *-ci* (proximité) ou *-là* (éloignement) ; *ceci, cela* (reprennent une idée énoncée) ;

– les pronoms **adverbiaux** : *en* (pour des compléments introduits par *de*) et *y* (pour des compléments introduits par *à*).

L'EXEMPLE COMMENTÉ

Voici un extrait d'une copie d'élève, avec de nombreuses répétitions, indiquées en italique.

> L'écrivain critique la guerre dans son roman. *Ce roman* raconte en effet l'expérience que *l'écrivain* a vécue dans les tranchées. Parce que l'auteur a passé de longues journées *dans les tranchées*, *l'auteur* nous livre un véritable témoignage sur la guerre. Il parle pour tous les soldats qui ont vécu ce traumatisme de la Première Guerre mondiale ; *il* devient le porte-parole *de ces soldats*. L'écrivain dédie d'ailleurs son livre à tous ces soldats, mais il le dédie aussi *à tous les soldats* de toutes les guerres.

Voici le texte réécrit. On a surligné en rose les **pronoms de reprise** et autres procédés utilisés pour éviter les répétitions ou les ambiguïtés.

> L'écrivain critique la guerre dans son roman. Il raconte en effet l'expérience qu'il a vécue dans les tranchées. Parce que l'auteur y a passé de longues journées, il nous livre un véritable témoignage sur la guerre. Il parle pour tous les soldats qui ont vécu ce traumatisme de la Première Guerre mondiale et devient leur porte-parole. L'écrivain dédie d'ailleurs son livre à tous ces soldats, mais aussi à tous ceux de toutes les guerres.

Notez en particulier :

– que le **pronom démonstratif** « ceux » fait référence à un groupe nominal proche dans la phrase (ici : « ces soldats ») ;

– que l'on peut éviter une répétition aussi à l'aide d'un **déterminant possessif** (« leur porte-parole »).

SE TESTER QUIZ

1 Combien la phrase suivante compte-t-elle de propositions ?
« Maintenant, en plein ciel, le soleil d'avril rayonnait dans sa gloire, échauffant la terre qui enfantait. » (Zola)

☐ **a.** deux ☐ **b.** trois ☐ **c.** quatre

2 Le connecteur *en outre* permet :

☐ **a.** d'ajouter une idée

☐ **b.** d'expliciter une idée

☐ **c.** d'exprimer une opposition

3 Quel signe de ponctuation faut-il ajouter dans cette phrase et à quel endroit ?
Bien que ces fins de romans émanent de romanciers différents elles expriment une conception de la vie assez similaire.

☐ **a.** une virgule après « ces fins de romans »

☐ **b.** une virgule après « différents »

☐ **c.** deux-points après « différents »

4 Quel pronom faut-il utiliser pour éviter la répétition dans la seconde phrase ?
Le médecin est arrivé alors que les crises du malade recommençaient.
Le médecin a aussitôt décidé de lui administrer un calmant.

☐ **a.** On ☐ **b.** Celui-ci ☐ **c.** Il

S'ENTRAÎNER

5 Dans ce sermon de Bossuet, la ponctuation a été supprimée ; rétablissez-la à la place des pointillés.

« Ô nuit désastreuse … Ô nuit effroyable … où retentit tout à coup … comme un éclat de tonnerre … cette étonnante nouvelle … « Madame se meurt … Madame est morte … » Qui de nous ne se sentit frappé à ce coup … comme si quelque tragique accident avait désolé sa famille … Au premier bruit d'un mal si étrange … on accourut à Saint-Cloud de toutes parts… on trouve tout consterné … excepté le cœur de cette princesse … Partout on entend des cris … partout on voit la douleur et le désespoir … et l'image de la mort … »

Bossuet, *Oraison funèbre d'Henriette-Anne d'Angleterre* (1670).

6 À l'aide d'un connecteur logique, formez des phrases complexes exprimant le rapport logique cité entre parenthèses.

a. Il paraît chaque rentrée un très grand nombre de romans. Les nouveaux auteurs éprouvent des difficultés à se faire connaître. (*conséquence*)

b. Le nombre de chômeurs a encore augmenté au mois de septembre. Le ministre de l'Économie demeure optimiste sur la croissance économique du pays. (*opposition*)

c. Le tabac nuit fortement à la santé. Les jeunes fument beaucoup et de plus en plus tôt. (*concession*)

7 **Analysez les modalités de la phrase dans cette scène. Que révèlent-elles des relations entre les deux protagonistes ?**

> Intéressez-vous par exemple à l'autorité qu'exerce Jean sur Bérenger.

« JEAN, *l'interrompant.* – Vous êtes dans un triste état, mon ami.
BÉRENGER. – Dans un triste état, vous trouvez ?
JEAN. – Je ne suis pas aveugle. Vous tombez de fatigue, vous avez encore perdu la nuit, vous bâillez, vous êtes mort de sommeil…
BÉRENGER. – J'ai un peu mal aux cheveux…
JEAN. – Vous puez l'alcool !
BÉRENGER. – J'ai un petit peu la gueule de bois, c'est vrai !
JEAN. – Tous les dimanches matin, c'est pareil, sans compter les jours de la semaine.
BÉRENGER. – Ah non, en semaine, c'est moins fréquent, à cause du bureau…
JEAN. – Et votre cravate, où est-elle ? Vous l'avez perdue dans vos ébats !
BÉRENGER, *mettant la main à son cou.* – Tiens, c'est vrai, c'est drôle, qu'est-ce que j'ai bien pu en faire ?
JEAN, *sortant une cravate de la poche de son veston.* – Tenez, mettez celle-ci. »

Eugène Ionesco, *Rhinocéros*, © Gallimard (1959).

8 **Analysez la structure des phrases composant ce portrait de Ménalque. Qu'en concluez-vous ?**

Ménalque est un grand distrait.

« Il cherche, il brouille, il crie, il s'échauffe, il appelle ses valets l'un après l'autre, on lui perd tout, on lui égare tout ; il demande ses gants qu'il a dans ses mains. […] Il entre à l'appartement, et passe sous un lustre où sa perruque s'accroche et demeure suspendue, tous les courtisans regardent et rient. »

Jean de La Bruyère, « De l'homme », *Les Caractères* (1688).

SE TESTER

1 Réponse **a**. La phrase compte deux propositions : une principale et une relative. « [Maintenant, en plein ciel, le soleil d'avril **rayonnait** dans sa gloire, échauffant la terre] [qui **enfantait**.] »

2 Réponse **a**. *En outre* permet d'ajouter une idée.

3 Réponse **b**. *Bien que ces fins de romans émanent de romanciers très différents, elles transmettent une conception de la vie assez similaire.* La virgule permet de détacher en tête de phrase la proposition subordonnée concessive.

4 Réponse **c**. En effet, « on » ne peut remplacer le médecin et « celui-ci » renvoie au groupe nominal le plus proche (« du malade »).

S'ENTRAÎNER

5 « Ô nuit désastreuse ! Ô nuit effroyable ! où retentit tout à coup, comme un éclat de tonnerre, cette étonnante nouvelle : « Madame se meurt ! Madame est morte ! » Qui de nous ne se sentit frappé à ce coup, comme si quelque tragique accident avait désolé sa famille ? Au premier bruit d'un mal si étrange, on accourut à Saint-Cloud de toutes parts ; on trouve tout consterné, excepté le cœur de cette princesse. Partout on entend des cris ; partout on voit la douleur et le désespoir, et l'image de la mort. »

Dans ce discours prononcé lors de la messe d'enterrement d'Henriette-Anne d'Angleterre, Bossuet sature son sermon de phrases expressives et recourt à la parataxe. Tout est fait pour émouvoir l'auditoire.

6 **a.** Il paraît chaque rentrée un très grand nombre de romans **de sorte que/si bien que** les nouveaux auteurs éprouvent des difficultés à se faire connaître.

b. Le nombre de chômeurs a encore augmenté au mois de septembre, **pourtant** le ministre de l'Économie demeure optimiste sur la croissance économique du pays. Le nombre de chômeurs a encore augmenté au mois de septembre, **toutefois** le ministre de l'Économie demeure optimiste sur la croissance économique du pays.

c. **Quoique/bien que** le tabac nuise fortement à la santé, les jeunes fument beaucoup et de plus en plus tôt.

Il y a bien d'autres possibilités. À vous de proposer d'autres choix, à condition de bien respecter le lien logique

7 Jean apparaît ici comme **le personnage dominant de la scène**. Il ne cesse d'interrompre Bérenger comme le prouvent les nombreux points de suspension et les didascalies « l'interrompant ». En outre, il ne cesse de traduire son indignation face au piteux état dans lequel se trouve son ami. Les phrases exclamatives et impératives qu'il emploie montrent la domination qu'il exerce sur Bérenger.

8 Le passage comprend deux phrases complexes.
La construction de la **première phrase**, avec une accumulation de propositions juxtaposées, suggère l'agitation désordonnée et incohérente de Ménalque. La parataxe accentue efficacement le comique du personnage.
La **seconde phrase** comprend elle aussi de nombreux verbes conjugués évoquant les actions successives de Ménalque et les réactions qu'elles suscitent mais, cette fois-ci, les propositions sont coordonnées : l'action est présentée sans rupture ; les faits s'enchaînent de façon chronologique et continue.

Le mode de construction des phrases permet au lecteur de visualiser la scène. La Bruyère offre un portrait qui se donne autant à lire qu'à voir.

www.annabac.com

CHAPITRE

3 Le verbe : modes et temps

Un verbe présente plusieurs formes qui constituent sa conjugaison. Il peut varier selon différents paramètres : la personne et le nombre du sujet, le mode, le temps, la voix.
Il est important de savoir analyser une forme verbale ; le choix du mode ou du temps notamment est souvent riche de sens.

I Les modes

Les modes traduisent la **manière dont le locuteur envisage l'action**.
On distingue les modes personnels, qui varient en personne (l'indicatif, le subjonctif, l'impératif et le conditionnel), des modes impersonnels (l'infinitif, le participe et le gérondif).

A Les modes personnels

- À l'**indicatif**, l'action est présentée comme réelle ou sur le point de se réaliser.

  Ils ont fait un très beau voyage.

- Au **subjonctif**, l'action appartient au domaine du virtuel, voire de l'irréel.

On retiendra qu'on emploie ce mode :
– dans les propositions indépendantes et principales pour marquer l'ordre, le souhait ou l'indignation ;

Puissent-ils voyager dans de bonnes conditions !

– dans les propositions subordonnées introduites par que, complétant un verbe exprimant une nécessité, une possibilité (il se peut que…), une volonté (il veut que…), un sentiment (il craint que…), un doute (il doute que…) ;
– dans les subordonnées circonstancielles de temps introduites par avant que et jusqu'à ce que, les subordonnées de but (afin que, pour que…), de concession (quoique, bien que…).

- À l'**impératif**, l'action fait l'objet d'un ordre ou d'une interdiction.

  N'oubliez pas mes recommandations.

- Dans les emplois modaux du **conditionnel**, l'action est présentée comme dépendant d'une condition.

  Si nous pouvions l'aider, nous le ferions bien volontiers.

Le **conditionnel** a aussi une valeur temporelle de futur dans le passé. Par exemple : *Je ne savais pas alors qu'il reviendrait plus tard.*

B Les modes impersonnels

Les trois modes impersonnels n'ont pas la même valeur dans la phrase.

- L'**infinitif** permet au verbe de fonctionner comme un **nom**.

  Nous souhaitons partir en Asie.

Cependant il garde une pleine fonction de verbe lorsqu'il est le noyau :
- d'une proposition indépendante ;

  Et tous d'applaudir. (= *Tous, ils applaudirent.*)

- d'une proposition infinitive.

  Il observe les avions décoller (= *que les avions décollent*).

- Le **participe** permet au verbe de fonctionner comme un **adjectif**.

  Nous recherchons un guide parlant la langue du pays.

Cependant il garde une pleine fonction de verbe lorsqu'il est le noyau d'une proposition participiale.

Tous ses amis étant partis, il éprouva un sentiment de solitude.
(= *Après que tous ses amis furent partis...*)

- Le **gérondif**, quant à lui, a le rôle d'un **adverbe** complément circonstanciel.

  En marchant, il réfléchissait.

II Les temps de l'indicatif

Tous les modes personnels n'ont pas la capacité à situer dans le temps. Seul l'indicatif permet de faire la distinction entre le passé, le présent et le futur. Ce mode présente huit temps différents : quatre temps simples et quatre temps composés, dont voici les principaux emplois.

A Les temps simples

1. Le présent

L'indicatif présent est le temps le plus employé.

- En général, il indique que l'état ou l'action décrits se déroulent au moment de l'énonciation. On parle de présent **d'énonciation**.

« Ma protestation enflammée n'est que le cri de mon âme. »

Émile Zola, « J'accuse », *L'Aurore* (13 janvier 1898).

- Le présent **de vérité générale** exprime un fait vrai de tout temps.

  Deux et deux font quatre.

- Dans un récit au passé, le **présent de narration**, ou présent historique, permet d'actualiser, de rendre plus vivante une scène importante.

Si vous pouvez mettre au passé simple les verbes au présent sans modifier en rien le sens du texte, il s'agit de verbes au **présent de narration**.

« J'étudiais un jour seul ma leçon dans la chambre contiguë à la cuisine. La servante avait mis sécher à la plaque les peignes de Mlle Lambercier. Quand elle revint les prendre, il s'en trouva un dont tout un côté de dents était brisé. À qui s'en prendre de ce dégât ? Personne autre que moi n'était entré dans la chambre. On m'interroge : je nie d'avoir touché le peigne. M. et Mlle Lambercier se réunissent, m'exhortent, me pressent, me menacent ; je persiste avec opiniâtreté ; mais la conviction était trop forte, elle l'emporta sur toutes mes protestations [...]. »

Jean-Jacques Rousseau, *Les Confessions* (édit. posth. 1782 et 1789).

2. Le passé simple

Le passé simple présente l'action comme appartenant à un **passé révolu**. C'est, par excellence, le temps du récit : il permet de rapporter les actions successives qui constituent la trame de l'histoire.

« Gavroche [...] resta assis sur son séant, un long filet de sang rayait son visage, il éleva ses deux bras en l'air, regarda du côté d'où était venu le coup, et se mit à chanter. »

Victor Hugo, *Les Misérables* (1862).

3. L'imparfait

- L'imparfait sert, dans un récit, à **évoquer les circonstances secondaires**, à **décrire** les personnages, les lieux, les objets ou à **commenter** l'action principale qui est, elle, au passé simple.

« J'étais sur le balcon à travailler au frais,
Lorsque je vis passer sous les arbres d'auprès
Un jeune homme bien fait, qui rencontrant ma vue,
D'une humble révérence aussitôt me salue. »

Molière, *L'École des femmes*, II, 5 (1662).

« Lucile était grande et d'une beauté remarquable, mais sérieuse. Son visage pâle était accompagné de longs cheveux noirs. »

François-René de Chateaubriand, *Mémoires d'outre-tombe* (1848).

- L'imparfait peut également évoquer un fait qui s'est **répété** dans le passé (aspect itératif).

Souvent, elle me regardait avec mélancolie.

4. Le futur

- Le futur catégorique présente **l'événement à venir comme certain**.

« Citoyens, le dix-neuvième siècle est grand, mais le vingtième sera heureux. »

Victor Hugo, *Les Misérables* (1862).

- Le futur peut aussi avoir une **valeur d'ordre**, d'impératif.

Tu ne tueras point.

- Le futur historique crée l'illusion que les **actions passées sont présentées par anticipation**.

Louis XVI aura la tête coupée le 21 janvier 1793.

B Les temps composés

Les huit temps de l'indicatif fonctionnent par paires. À chaque temps simple correspond un temps composé.

Temps simple	Temps composé
Présent : il aime	Passé composé : il a aimé
Imparfait : il aimait	Plus-que-parfait : il avait aimé
Passé simple : il aima	Passé antérieur : il eut aimé
Futur simple : il aimera	Futur antérieur : il aura aimé

Les **temps composés**, à la voix active, sont formés de deux éléments : l'auxiliaire *être* ou *avoir*, suivi du participe passé du verbe.

- Tandis que le temps simple montre l'action en cours de déroulement,

Ce soir-là, le guitariste jouait devant une salle comble.

le temps composé correspondant la présente comme accomplie.

Ce soir-là, le guitariste avait joué devant une salle comble.

On dit que les temps composés marquent **l'aspect accompli**, par opposition aux temps simples qui marquent l'aspect inaccompli.

ZOOM

Les deux systèmes de temps

Selon le type d'énoncé (voir chapitre 1, p. 11), on n'utilise pas le même « système » de temps.

▶ Dans un **énoncé faisant référence à la situation d'énonciation** :
– le moment de référence est le présent du locuteur et le temps de base est donc le **présent** (présent d'énonciation) ;
– une action antérieure au moment de référence est au **passé composé** ou à l'**imparfait** ;
– une action postérieure est au **futur** (simple ou antérieur, selon que l'action est accomplie ou non).

Comme il a neigé, les habitants disent qu'ils ne pourront descendre à la ville que lorsque le chasse-neige sera passé.

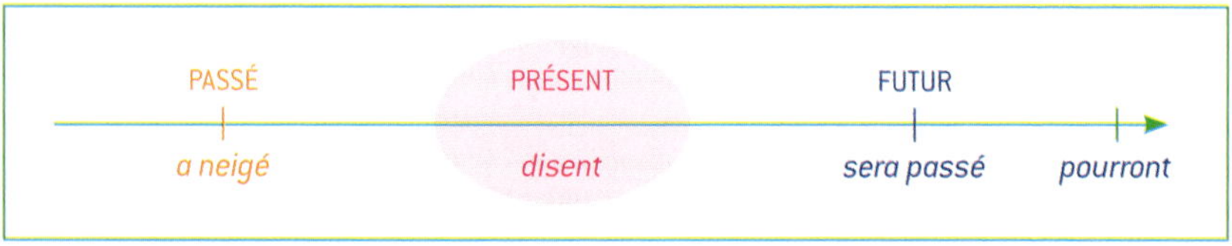

▶ Dans un **énoncé qui ne fait pas référence à la situation d'énonciation** :
– les temps de base sont le **passé simple** et l'**imparfait** ;
– une action antérieure à celles exprimées au passé simple est au **plus-que-parfait** ;
– une action postérieure est au **futur du passé** (simple ou antérieur).

Comme il avait neigé, les habitants disaient qu'ils ne pourraient descendre à la ville que lorsque le chasse-neige serait passé.

Cette opposition explique, qu'associé dans une phrase avec un verbe au temps simple correspondant, le verbe au temps composé marque **l'antériorité par rapport au temps simple**.

« Il m'a mis aux arrêts ; il m'a enfermé lui-même dans une étude vide, a tourné la clef, et me voilà seul entre les murailles sales, devant une carte de géographie qui a la jaunisse, et un grand tableau noir où il y a des ronds blancs et la binette du censeur. Je vais d'un pupitre à l'autre. »

Jules Vallès, *L'Enfant* (1879).

Les actions rapportées au passé composé, « a mis », « a enfermé » et « a tourné », sont – hélas pour le narrateur ! – bel et bien accomplies ; elles se situent donc, sur l'axe du temps, avant les actions exprimées au présent, qui, elles, sont en cours.

RÉCAPITULONS

- Il est souvent intéressant, voire nécessaire, d'analyser le mode et le temps d'un verbe car ils font sens :
  – le mode traduit la manière dont l'action est envisagée,
  – le temps inscrit l'action sur l'axe chronologique.
- L'indicatif est riche en temps, avec des valeurs d'emploi particulières pour chacun d'eux.

Analyser les temps des verbes dans un texte

LA DÉMARCHE

- Relevez les verbes et identifiez leur temps.
- Représentez sur un axe temporel les moments auxquels les temps renvoient.
- Déterminez la valeur des temps et interprétez leur alternance.

L'EXEMPLE COMMENTÉ

(jaune)	imparfait
(bleu)	passé simple
(rose)	présent

« Hier au soir je me promenais seul, le ciel ressemblait à un ciel d'automne ; un vent froid soufflait par intervalles. À la percée d'un fourré, je m'arrêtai pour regarder le soleil : il s'enfonçait dans des nuages au-dessus de la tour d'Alluye, d'où Gabrielle, habitante de cette tour, avait vu comme moi le soleil se coucher il y a deux cents ans. […] Je fus tiré de mes réflexions par le gazouillement d'une grive perchée sur la plus haute branche d'un bouleau. À l'instant, ce son magique fit reparaître à mes yeux le domaine paternel, […] et, transporté subitement dans le passé, je revis ces campagnes où j'entendis si souvent siffler la grive. Quand je l'écoutais alors, j'étais triste de même qu'aujourd'hui ; mais cette première tristesse était celle qui naît d'un désir vague de bonheur, lorsqu'on est sans expérience ; la tristesse que j'éprouve actuellement vient de la connaissance des choses appréciées et jugées. »

François-René de Chateaubriand, *Mémoires d'outre-tombe* (1848).

- Dans ce texte, les temps font référence à **trois moments distincts**.

1. Le passé proche auquel appartient la promenade de la veille. Cette promenade et l'atmosphère dans laquelle elle se déroule sont évoquées à l'imparfait, le passé simple rapportant les actions de premier plan au cours de cette promenade.

2. Le passé lointain. Au cours de sa promenade, le narrateur se remémore des souvenirs d'enfance. Le passé simple (« entendis ») et l'imparfait (« écoutais », « étais ») sont utilisés à nouveau avec la même valeur que précédemment, mais font référence à un passé plus ancien.

3. Le moment de l'écriture. Le narrateur recourt au présent d'énonciation (« éprouve », « vient ») pour évoquer ses sentiments actuels, mais aussi au présent de vérité générale (« naît » et « est ») pour les analyser.

- Les différents temps employés traduisent donc le **mouvement de la pensée de l'auteur** et lui permettent d'entremêler récit au passé et analyse au présent. Ce jeu sur les temps des verbes est typique de l'écriture autobiographique.

SE TESTER QUIZ

1 Parmi les modes ci-dessous, lesquels sont dits impersonnels ?

- ☐ **a.** indicatif
- ☐ **b.** impératif
- ☐ **c.** infinitif
- ☐ **d.** participe

2 Qu'exprime le verbe au conditionnel ?

Elle serait vraiment heureuse de t'accompagner si elle le pouvait.

- ☐ **a.** un fait lié à une condition
- ☐ **b.** le futur dans le passé
- ☐ **c.** une demande polie

3 Dans la phrase suivante, quelle est la valeur du présent ?

« La passion fait souvent du plus habile homme un sot, et rend souvent les plus sots habiles. » (La Rochefoucauld)

- ☐ **a.** présent d'énonciation
- ☐ **b.** présent de narration
- ☐ **c.** présent de vérité générale

4 Pour rapporter des actions successives dans un récit au passé, on emploie généralement :

- ☐ **a.** le présent
- ☐ **b.** le passé simple
- ☐ **c.** l'imparfait

5 Que marque le passé composé dans la phrase suivante ?

« Deux bras ont suffi
Pour faire à ma vie
Un grand collier d'air. » (Aragon)

- ☐ **a.** l'aspect accompli
- ☐ **b.** l'aspect inaccompli
- ☐ **c.** l'aspect itératif

S'ENTRAÎNER

6 Dans l'extrait qui suit, mettez les verbes entre parenthèses au temps du passé qui convient.

« Jeanne, ayant fini ses malles, s'approcha de la fenêtre, mais la pluie ne (*cesser*) .... pas. L'averse, toute la nuit, (*sonner*) .... contre les carreaux et les toits. Le ciel bas et chargé d'eau (*sembler*) .... crevé, se vidant sur la terre, la délayant en bouillie, la fondant comme du sucre. Des rafales (*passer*) .... pleines d'une chaleur lourde. »

Guy de Maupassant, *Une vie* (1883).

Notez que le début de ce récit a clairement une visée descriptive. Quel sera donc le temps dominant ?

7 **Dans cet extrait, indiquez le temps des verbes en rouge et leur valeur, en complétant le tableau.**

« Je commençai à m'ennuyer ferme, à maudire ma faiblesse, la pluie, le cinéma, le public, l'immense sottise de tout et de tous. Et voilà qu'à ce moment l'image disparaît. Une âcre odeur chimique se répand dans la salle et quelqu'un crie, sur les gradins : "Au feu !" »

Georges Duhamel, *Journal de Salavin*, © Mercure de France (1927).

Verbe	Temps	Valeur
commençai		
disparaît		
se répand		
crie		

8 **Analysez les temps des verbes en rouge dans le texte qui suit. Aidez-vous de la fiche méthode.**

« Et bientôt, machinalement, accablé par la morne journée et la perspective d'un triste lendemain, je portai à mes lèvres une cuillerée du thé où j'avais laissé s'amollir un morceau de madeleine. Mais à l'instant même où la gorgée mêlée des miettes du gâteau toucha mon palais, je tressaillis, attentif à ce qui se passait d'extraordinaire en moi. Un plaisir délicieux m'avait envahi, isolé, sans la notion de sa cause. […] Ce goût, c'était celui du petit morceau de madeleine que le dimanche matin à Combray (parce que ce jour-là je ne sortais pas avant l'heure de la messe), quand j'allais lui dire bonjour dans sa chambre, ma tante Léonie m'offrait après l'avoir trempé dans son infusion de thé ou de tilleul. »

Marcel Proust, *Du côté de chez Swann* (1913).

9 **Analysez les modes des verbes en rouge.**

« Puissent tous les hommes se souvenir qu'ils sont frères ! Qu'ils aient en horreur la tyrannie exercée sur les âmes, comme ils ont en exécration le brigandage qui ravit par la force le fruit du travail et de l'industrie paisible ! Si les fléaux de la guerre sont inévitables, ne nous haïssons pas, ne nous déchirons pas les uns les autres dans le sein de la paix, et employons l'instant de notre existence à bénir […] ta bonté qui nous a donné cet instant. »

Voltaire, « Prière à Dieu », *Traité sur la tolérance* (1763).

SE TESTER

1 Réponses **c** et **d**.

2 Réponse **a**. Ici, le conditionnel a sa valeur modale.

3 Réponse **c**.

4 Réponse **b**. L'imparfait, lui, permet d'évoquer l'arrière-plan du récit (circonstances, actions secondaires).

5 Réponse **a**.

Le présent de **vérité générale** est caractéristique des proverbes et des maximes. On peut utiliser aussi le futur, que l'on trouve par exemple dans l'expression « Qui vivra verra ».

S'ENTRAÎNER

6 « Jeanne, ayant fini ses malles, s'approcha de la fenêtre, mais la pluie ne **cessait** pas. L'averse, toute la nuit, **avait sonné** contre les carreaux et les toits. Le ciel bas et chargé d'eau **semblait** crevé, se vidant sur la terre, la délayant en bouillie, la fondant comme du sucre. Des rafales **passaient** pleines d'une chaleur lourde. »

L'action exprimée par « avait sonné » est antérieure à celles rapportées à l'imparfait : d'où le **plus-que-parfait**.

7

Verbe	Temps	Valeur
commençai	passé simple	temps de base du récit
disparaît	présent	présent de narration
se répand	présent	présent de narration
crie	présent	présent de narration

8 Les temps des verbes font référence à deux moments différents du passé :
- « portai », « tressaillis », verbes au passé simple, et l'imparfait « c'était », font référence au moment où le narrateur goûte la madeleine et où les souvenirs, ravivés par sa saveur, affluent à sa mémoire ;
- « avait envahi », verbe au plus-que-parfait, fait référence au même moment, avec une valeur d'accompli ;
- « sortais », « allais », « offrait » font, eux, référence à l'enfance du narrateur, c'est-à-dire à l'époque la plus lointaine. Ces imparfaits ont une valeur itérative, ce qui conduit à analyser la scène comme un rituel.

9 Les **indicatifs** « ils sont frères », « si les fléaux de la guerre sont… », « ils ont » et « a donné » ont une valeur de constat.

S'appuyant sur ces faits, Voltaire formule plusieurs vœux au **subjonctif** : « Puissent tous les hommes », « Qu'ils aient en horreur... ».

Les **impératifs** (« ne nous haïssons pas », « ne nous déchirons pas », « employons ») sont des appels à la fraternité.

www.annabac.com

CHAPITRE

4 L'étude du lexique

Le lexique est l'ensemble des mots et expressions d'une langue. Avoir une idée plus précise de son fonctionnement permet de mieux saisir les nuances d'un texte et d'exploiter les ressources que le langage offre.

I Le mot

A Le sens

1. Sens dénoté et sens connoté

- Chaque mot comporte un **sens objectif** qui correspond à la définition du dictionnaire. On parle dans ce cas de sens **dénoté** ou de **dénotation**.

- La plupart des mots comportent également un **sens subjectif** qui vient s'ajouter à cette signification objective ; ce sens varie selon l'expérience personnelle, le milieu, la culture du locuteur et selon ce que le locuteur veut évoquer par association.
On parle dans ce cas de sens **connoté** ou de **connotation**.
Le mot « madeleine » dénote un petit gâteau en forme de coquille bombée. Mais il peut connoter l'enfance, la gourmandise, le romancier Marcel Proust…

> ***Connotation***, *connoté* et *connoter* s'écrivent avec deux *n* alors que ***dénotation***, *dénoté* et *dénoter* s'écrivent avec un *n*.

2. La polysémie

- Un mot peut avoir **plusieurs sens dénotés**. On dit alors qu'il est **polysémique**. Cette caractéristique est une des richesses de la langue souvent exploitée dans la poésie et la publicité. Elle est également le ressort de nombreux jeux de mots.

« La France contient trente-six millions de sujets sans compter les sujets de mécontentement. »

Henri Rochefort, *La Lanterne* (1er juin 1868).

Henri Rochefort joue avec le mot « sujet ». La première fois, « sujets » est employé dans le sens d'« individus » et la seconde fois, dans celui de « thèmes ».

> Le **sens propre** d'un mot renvoie à son sens premier, concret, alors que le **sens figuré** renvoie à une image, une idée abstraite.

L'ensemble des différentes acceptions ou significations d'un mot constitue un **champ sémantique**. Le mot « bureau », défini dans le dictionnaire Larousse, compte onze sens. Il peut désigner un meuble, une pièce, un lieu de travail... Ce terme est donc polysémique ; l'ensemble de ces différentes acceptions constitue le champ sémantique de « bureau ».

La **polysémie** peut naître de l'emplacement du mot dans la phrase : « un *grand* homme » ≠ « un homme *grand* ».

3. La valeur appréciative ou dépréciative

Quand le locuteur veut présenter une idée de manière favorable, il utilise des mots **appréciatifs** (laudatifs ou valorisants).

> « Mais ce prince était un chef-d'œuvre de la nature. »
>
> Madame de La Fayette, *La Princesse de Clèves* (1678).

Le mot « chef-d'œuvre » présente de manière extrêmement valorisante le personnage.

À l'inverse, si le locuteur veut se montrer critique à l'égard d'une idée, il utilise un vocabulaire dit **dépréciatif** (péjoratif ou dévalorisant).

> « Son air grognon et faux regardant de côté, respirant la platitude avec les supérieurs, la férocité avec les petits. »
>
> Henri de Montherlant, *Le Démon du bien*, © Gallimard (1937).

Les mots « grognon », « faux », « platitude » et « férocité » sont dévalorisants et présentent le personnage comme un être repoussant car affligé de toutes sortes de défauts : une mauvaise humeur affichée, l'hypocrisie, la lâcheté, la méchanceté.

B Le niveau de langue

Les mots appartiennent à des niveaux de langue variés que l'on classe de la manière suivante : familier, courant ou soutenu.
Quand vous étudiez un texte, tenez compte du niveau de langue adopté par l'auteur. De même, dans un écrit d'invention, veillez à ce que vos personnages s'expriment dans un niveau de langue adapté.

1. Niveau de langue familier

Les auteurs y ont recours pour reproduire fidèlement la parole de leurs personnages et ancrer le texte dans la réalité. Toutefois dans les devoirs, ce niveau de langue n'est pas souhaité.

> « Et on s'engueule dans le tramway déjà un bon coup pour se faire la bouche. Les femmes sont plus râleuses que les hommes. Pour un billet en resquille, elles feraient stopper toute la ligne. »
>
> Céline, *Voyage au bout de la nuit*, © Gallimard (1932).

ZOOM

Dénotation et connotation : analyse d'un exemple

« Maintenant, en plein ciel, le soleil d'avril rayonnait dans sa gloire, échauffant la terre qui enfantait. Du flanc nourricier jaillissait la vie, les bourgeons crevaient en feuilles vertes, les champs tressaillaient de la poussée des herbes. De toutes parts, des graines se gonflaient, s'allongeaient, gerçaient la plaine, travaillées d'un besoin de chaleur et de lumière. Un débordement de sève coulait avec des voix chuchotantes, le bruit des germes s'épandait en un grand baiser. Encore, encore, de plus en plus distinctement, comme s'ils se fussent rapprochés du sol, les camarades tapaient. Aux rayons enflammés de l'astre, par cette matinée de jeunesse, c'était de cette rumeur que la campagne était grosse. Des hommes poussaient, une armée noire, vengeresse, qui germait lentement dans les sillons, grandissant pour les récoltes du siècle futur, et dont la germination allait faire bientôt éclater la terre. »

Émile Zola, *Germinal* (1884).

Le « bourgeon » dénote l'éclosion d'une jeune pousse, mais connote ici le renouveau.

« Camarade » dénote l'ami, mais a une forte connotation politique et sociale.

« Germinal » est le septième mois du calendrier révolutionnaire. Il connote le renouveau et l'instauration d'un monde nouveau, plus égalitaire.

2. Niveau de langue courant

Un vocabulaire simple et usuel, caractérise ce niveau de langue.

« Je suis monté dans l'autobus de la Porte Champerret. Il y avait beaucoup de monde, des jeunes, des vieux, des femmes, des militaires. J'ai payé ma place et puis j'ai regardé autour de moi. »

Raymond Queneau, *Exercices de style*, © Gallimard (1947).

3. Niveau de langue soutenu

La langue est soignée, le vocabulaire recherché.

« En lui montrant tour à tour des chimères à langues de feu décorant une potiche [...], les corolles d'un bouquet d'orchidées, un dromadaire d'argent niellé[1] aux yeux incrustés de rubis qui voisinait sur la cheminée avec un crapaud de jade, elle affectait tout à coup d'avoir peur de la méchanceté, ou de rire de la cocasserie des monstres, de rougir de l'indécence des fleurs et d'éprouver un irrésistible désir d'aller embrasser le dromadaire et le crapaud qu'elle appelait : "chéris". »

Marcel Proust, *Du côté de chez Swann* (1913).

1 **Niellé :** incrusté d'émail noir.

II Les réseaux lexicaux

1. Le champ lexical

On appelle **champ lexical** l'ensemble des mots qui renvoient à une même idée.

« Au carrefour de la rue des Halles, les choux faisaient des montagnes ; les énormes choux blancs serrés et durs comme des boulets de métal pâle ; les choux frisés dont les grandes feuilles ressemblaient à des vasques de bronze ; les choux rouges que l'aube changeait en des floraisons superbes, lie de vin, avec des meurtrissures de carmin et de pourpre sombre. »

Émile Zola, *Le Ventre de Paris* (1873).

Deux champs lexicaux sont repérables : celui des **végétaux** (« choux », « feuille » et « floraisons ») et celui des **couleurs** (« blancs », « pâle », « bronze » (qui désigne un métal), « rouges », « lie de vin », « carmin », « pourpre sombre »).

Le titre du roman de Zola, ***Le Ventre de Paris***, est une manière imagée de désigner les Halles de Paris, marché de gros qui, au milieu des années 1970, a été déplacé à Rungis, en banlieue parisienne.

2. Synonymes et antonymes

- **Les synonymes** sont des mots ou des expressions qui ont une signification très voisine et que l'on peut substituer les uns aux autres dans certains énoncés. Mais ils ne sont pas interchangeables dans tous les contextes.
Les synonymes permettent d'éviter les répétitions, de varier les expressions en précisant son propos.

effronterie = impertinence = insolence

- **Les antonymes** sont des mots de sens opposé. On les retrouve dans des figures de style comme l'oxymore, l'antithèse ou le chiasme.

folie ≠ sagesse

3. Homonymes et paronymes

- **Les homonymes** sont des mots qui ont la même forme, soit sonore soit écrite, mais qui possèdent des sens différents.
Une *satire* est un écrit critiquant les travers, les ridicules de quelqu'un ou de quelque chose, et un *satyre* est une divinité mythologique moitié homme et moitié bouc.

- **Les paronymes** sont des mots dont l'orthographe ou la prononciation sont presque semblables.
Personnifier signifie « représenter, incarner » alors que *personnaliser* veut dire « rendre personnel ».

Les mots *synonyme*, *antonyme*, *homonyme*, *paronyme* sont tous formés avec le radical **onyme** qui vient du mot grec *onoma* signifiant ***nom***.

RÉCAPITULONS

L'analyse d'un mot implique :
– d'évaluer s'il est appréciatif ou dépréciatif ;
– de prendre en compte son éventuelle polysémie et ses connotations ;
– d'identifier son niveau de langue ;
– de se demander s'il fonctionne en réseau. (Est-il seul ou d'autres mots se rapportent-ils à la même réalité ?)

Interpréter un champ lexical

LA DÉMARCHE

- Assurez-vous de la **pertinence du ou des champs lexicaux** que vous avez repérés dans le texte : ils doivent pouvoir apporter des informations supplémentaires à votre analyse. Puis relevez tous les mots qui s'y rapportent.
- Expliquez l'intérêt de ce champ lexical dans le texte proposé.

L'EXEMPLE COMMENTÉ

« Et, chez les Rougon, le soir, au dessert, des rires montaient dans la buée de la table, toute chaude encore des débris du dîner. Enfin, ils mordaient aux plaisirs des riches ! Leurs appétits, aiguisés par trente ans de désirs contenus, montraient des dents féroces. Ces grands inassouvis, ces fauves maigres, à peine lâchés de la veille dans les jouissances, acclamaient l'Empire naissant, le règne de la curée[1] ardente. Comme il avait relevé la fortune des Bonaparte, le coup d'État fondait la fortune des Rougon. »

Émile Zola, *La Fortune des Rougon* (1871).

champ lexical de l'appétit

champ lexical se rapportant aux bêtes sauvages

1 **Curée** : portion de la bête prise à la chasse que l'on donne aux chiens ; au sens figuré, le fait de se disputer avidement quelque chose que l'on convoite.

- Dans cet extrait où les personnages sont à table, le champ lexical dominant est celui de **l'appétit**, comme le montrent les termes surlignés en jaune.
- Cette notion d'appétit est renforcée par les adjectifs signalés en bleu (« aiguisés », « féroces ») et la présence d'une métaphore filée qui assimile les personnages à des **bêtes sauvages** (« ces fauves maigres », « la curée ardente »). Il s'agit donc de l'appétit de fauves, c'est-à-dire d'animaux qui tuent pour manger ; ces termes comportent tous une **connotation de cruauté**.
- Zola dresse ici un portrait critique de la société du Second Empire : les deux champs lexicaux relevés soulignent la frénésie des Rougon qui peuvent enfin satisfaire leurs ambitions et donner libre cours à leurs instincts.

SE TESTER QUIZ

1 *Ancre/encre ; forêt/foret* **sont :**

- [ ] **a.** des synonymes
- [ ] **b.** des paronymes
- [ ] **c.** des homonymes

2 *Embrasser/embraser* **sont :**

- [ ] **a.** des connotations
- [ ] **b.** des antonymes
- [ ] **c.** des paronymes

3 Quel est l'intrus parmi ces synonymes ?

- [ ] **a.** éclairé
- [ ] **b.** profond
- [ ] **c.** subtil
- [ ] **d.** étique

4 Quel est l'intrus parmi les mots suivants ? Justifiez votre réponse.

- [ ] **a.** serein
- [ ] **b.** flétri
- [ ] **c.** maculé
- [ ] **d.** trouillard

S'ENTRAÎNER

5 Étudiez le lexique utilisé pour décrire Napoléon III : complétez le tableau ci-après, puis commentez votre relevé.

Dans le recueil poétique des Châtiments, *Victor Hugo proclame sa sincère admiration pour Napoléon Ier et sa haine pour Napoléon III.*

« Sa grandeur éblouit l'histoire.
Quinze ans, il fut
Le dieu qui traînait la victoire
Sur un affût[1] ;
L'Europe sous la loi guerrière
Se débattit. –
Toi, son singe, marche derrière,
Petit, petit.

Napoléon dans la bataille,
Grave et serein,
Guidait à travers la mitraille
L'aigle d'airain[2].
Il entra sur le pont d'Arcole[3],
Il en sortit. –
Voici de l'or, viens, pille et vole,
Petit, petit.

Berlin, Vienne, étaient ses maîtresses ;
Il les forçait,
Leste, et prenant les forteresses
Par le corset ;
Il triompha de cent bastilles
Qu'il investit. –
Voici pour toi, voici des filles,
Petit, petit.

1 **Affût** : matériel supportant le canon. 2 **Aigle** : emblème de l'empereur ; **airain** : bronze.
3 **Arcole** : célèbre victoire de Napoléon Bonaparte qui s'empare du pont d'Arcole (Italie) en 1796.

Il passait les monts et les plaines,
Tenant en main
La palme, la foudre et les rênes
Du genre humain ;
Il était ivre de sa gloire
Qui retentit. –
Voici du sang, accours, viens boire,
Petit, petit.

Quand il tomba, lâchant le monde,
L'immense mer
Ouvrit à sa chute profonde
Son gouffre amer ;
Il y plongea, sinistre archange,
Et s'engloutit. –
Toi, tu te noieras dans la fange[4]
Petit, petit. »

Jersey, septembre 1853

Victor Hugo, « Chanson », *Les Châtiments*, livre VII (1853).

4 **Fange** : boue.

6 Dans l'extrait suivant, quels sont les moyens lexicaux mis en œuvre pour signifier la supériorité absolue du duc de Nemours ?

« Mais ce prince était un chef-d'oeuvre de la nature ; et ce qu'il avait de moins admirable, c'était d'être l'homme du monde le mieux fait et le plus beau. Ce qui le mettait au-dessus des autres était une valeur incomparable, et un agrément dans son esprit, dans son visage et dans ses actions que l'on n'a jamais vu qu'à lui seul ; il avait un enjouement qui plaisait également aux hommes et aux femmes, une adresse extraordinaire dans tous ses exercices, une manière de s'habiller qui était toujours suivie de tout le monde, sans pouvoir être imitée, enfin un air dans toute sa personne qui faisait qu'on ne pouvait regarder que lui dans tous les lieux où il paraissait. »

- Relevez les termes valorisants.
- Relevez les adverbes, les locutions adverbiales, les adjectifs de degré et d'intensité qui renforcent les termes valorisants.

Madame de Lafayette, *La Princesse de Clèves* (1678).

7 Étudiez le champ lexical auquel le fanatisme est associé. Que peut-on en déduire ?

« Lorsqu'une fois le fanatisme a gangrené un cerveau, la maladie est presque incurable. J'ai vu des convulsionnaires[1] qui, en parlant des miracles de

1 **Convulsionnaires** : jansénistes qui étaient pris de convulsions (contractions violentes, involontaires et saccadées des muscles) sur la tombe du diacre Pâris, au cimetière de Saint-Médard.

saint Pâris, s'échauffaient par degrés malgré eux : leurs yeux s'enflammaient, leurs membres tremblaient, la fureur défigurait leur visage, et ils auraient tué quiconque les eût contredits. Il n'y a pas d'autre remède à cette maladie épidémique que l'esprit philosophique, qui, répandu de proche en proche, adoucit enfin les mœurs des hommes, et qui prévient les accès du mal ; car dès que ce mal fait des progrès, il faut fuir et attendre que l'air soit purifié. Les lois et la religion ne suffisent pas contre la peste des âmes ; la religion, loin d'être pour elle un aliment salutaire, se tourne en poison dans les cerveaux infectés. »

Voltaire, « Fanatisme », *Dictionnaire philosophique* (1764).

Relevez les mots appartenant au champ lexical auquel le fanatisme est associé et demandez-vous quelles sont les connotations de ces mots et si le lexique est valorisant ou dévalorisant.

SE TESTER

1 Réponse **c**.

2 Réponse **c**.

3 **d**. « Éclairé », « profond », « subtil » sont synonymes d'« intelligent » ; « étique » est synonyme de « maigre ».

4 **d**. « Trouillard » appartient à un niveau de langue familier ; « serein », « maculé », « flétri » appartiennent à un niveau soutenu.

S'ENTRAÎNER

5 Voici le lexique utilisé pour décrire Napoléon III : « toi, son singe, marche derrière » vers 7 ; « Petit, petit » vers 8, 16, 20, 24, 32 et 40 ; « viens, pille et vole » vers 15 ; « Voici pour toi, voici des filles » vers 23 ; « Voici du sang, accours, viens boire » vers 31 ; « Toi, tu te noieras dans la fange » vers 39.

Napoléon III est ridiculisé par l'emploi d'un **vocabulaire fortement dépréciatif**.

- Le refrain présent en fin de strophe, « Petit, petit », retentit comme une injure que le poète crache au visage de l'empereur méprisé. Hugo donne presque l'illusion de s'adresser à une volaille de basse-cour.
- Le **tutoiement de l'apostrophe** ainsi que les nombreux **impératifs** achèvent de rabaisser Napoléon III.

Dans le texte, celui-ci n'est qu'un pauvre imitateur de l'impérial Napoléon Ier. L'image du « singe » permet d'animaliser *Napoléon le Petit* (du titre d'un pamphlet de 1852) qui échoue à reproduire les exploits de son prédécesseur.

- Les présentatifs « Voici » introduisent un portrait sombre, celui d'un pillard pervers et cruel.

Hugo exploite le contraste, presque caricatural, qui sépare les deux empereurs. L'éloge du premier est aussi excessif que le blâme du second.

> Le **coup d'État de Louis Napoléon Bonaparte** le 2 décembre 1851 met un terme à la Seconde République et marque l'avènement du Second Empire.

6 La description mobilise un nombre important de moyens lexicaux pour signifier la supériorité du duc de Nemours. D'abord elle pose un **axiome** : « ce prince était un chef-d'œuvre de la nature ». « Chef-d'œuvre » est superlatif et valorisant puisqu'il est synonyme de perfection.

Les termes valorisants abondent (« beau », « valeur », « agrément », « enjouement », « adresse ») ainsi que les adjectifs ou adverbes indiquant un degré ou une intensité (« incomparable », « extraordinaire », « au-dessus », « tant de »).

> Un **axiome** est une vérité présentée sous la forme d'un constat.

Implicitement, le récit suggère au lecteur un raisonnement *a fortiori* qui l'amène à se demander ce qu'il y a de plus admirable chez ce personnage, si « le moins admirable » est d'être « le mieux fait et le plus beau ».

7 Le fanatisme est associé au **champ lexical de la maladie** qui est représenté tout au long du texte : « gangrené », « maladie », « incurable », « convulsionnaires », « remède », « maladie épidémique », « accès du mal », « peste », « infectés ».
Le vocabulaire, qui est **dépréciatif** puisqu'il renvoie à la maladie, présente le fanatisme comme un fléau qu'il faut absolument éradiquer.
Cette **connotation** montre le caractère éminemment nuisible du fanatisme, sa capacité à altérer et à dégrader la personne. Il apparaît comme un cancer de l'esprit que seul peut empêcher l'esprit philosophique, valorisé ici car présenté comme l'unique moyen de prévenir efficacement cette maladie.

www.annabac.com

CHAPITRE

5 Les figures de style

Les figures de style, ou figures de rhétorique, relèvent d'un écart par rapport à une langue courante, ordinaire. Elles donnent une force particulière aux mots, et sollicitent les sens et l'imagination.

I Les figures d'analogie ou images

Une analogie permet un rapprochement entre deux réalités distinctes. Elle est créatrice d'images.

A La comparaison et la métaphore

- La **comparaison** permet le rapprochement de deux éléments, le comparé et le comparant, au moyen d'un mot outil (*comme, tel que, ressembler à*...). Ses effets sont multiples : elle rend plus compréhensible une réalité abstraite ou bien elle crée des associations inattendues et poétiques.

« Et le ciel regardait la carcasse superbe
Comme une fleur s'épanouir. »

Charles Baudelaire, « Une charogne », *Les Fleurs du mal* (1857).

La « carcasse superbe » est l'élément comparé, la « fleur » l'élément comparant.

- La **métaphore** assimile directement le comparé et le comparant, puisqu'il n'y a pas de mot outil pour rapprocher les deux termes.
Quand elle est développée par plusieurs termes et sur plusieurs lignes ou vers, il s'agit d'une **métaphore filée**.

« La nature est un temple où de vivants piliers
Laissent parfois sortir de confuses paroles. »

Charles Baudelaire, « Correspondances », *Les Fleurs du mal* (1857).

La nature est assimilée à un temple et les arbres, à des piliers du temple. Il sagit d'une métaphore filée.

Il arrive que le comparé soit absent. Seul subsiste alors le comparant, ce qui rend plus énigmatique l'énoncé.

> « Ce toit tranquille où marchent les colombes. »
>
> Paul Valéry, « Le Cimetière marin », *Charmes*, © Gallimard (1922).

La première expression désigne la mer, la seconde les voiles des bateaux.

Dans le cas d'une métaphore passée dans le langage courant, on parle de **cliché**, comme dans l'expression : « Son sang ne fit qu'un tour ».

B La personnification

Un objet, une idée ou un animal est évoqué sous les traits d'un être humain.

> « [...] des albatros, / [...] indolents compagnons de voyage »
>
> Charles Baudelaire, « L'Albatros », *Les Fleurs du mal* (1857).

C L'allégorie

Elle permet de représenter un concept, une idée abstraite, de façon imagée. Souvent, le mot abstrait porte une majuscule.

> « Et l'obscur Ennemi qui nous ronge le cœur
> Du sang que nous perdons croît et se fortifie ! »
>
> Charles Baudelaire, « L'Ennemi », *Les Fleurs du mal* (1857).

L'« Ennemi » représente le temps qui, tel un vampire, se nourrit de l'homme.

II Les figures d'opposition

A L'antithèse

C'est l'opposition de deux mots ou groupes de mots, insérés dans un parallélisme de construction.

> « J'ose dire pourtant que je n'ai mérité
> Ni cet excès d'honneur, ni cette indignité. »
>
> Jean Racine, *Britannicus*, II, 3 (1669).

B L'oxymore

C'est l'union de termes contradictoires dans un même groupe de mots.

> « Ma seule étoile est morte et mon luth constellé
> Porte le Soleil noir de la Mélancolie. »
>
> Gérard de Nerval, « El Desdichado », *Les Chimères* (1854).

C Le chiasme

Il oppose, en les inversant, les éléments de deux groupes parallèles.

« Tous ces présents, Albine, irritent mon dépit :
[Je vois mes honneurs] [croître] et [tomber] [mon crédit]. »
a *b* // *b* *a*

Jean Racine, *Britannicus*, I, 1 (1669).

III Les figures de substitution

A La périphrase

On remplace un mot par une expression qui correspond à sa définition ou qui en est une explication.

« Le Roi des animaux, en cette occasion,
Montra ce qu'il était, et lui donna la vie. »

Jean de La Fontaine, « Le Lion et le Rat », *Fables* (1668).

« Le Roi des animaux » désigne le lion, mais est aussi une allégorie de la monarchie.

B L'antiphrase

On exprime une idée par son contraire, dans une intention ironique.

« Les trompettes, les fifres, les hautbois, les tambours, les canons formaient une harmonie telle qu'il n'y en eut jamais en enfer. »

Voltaire, *Candide* (1759).

Le terme « harmonie » met en évidence le caractère cacophonique et horrible des bruits qui retentissent sur le champ de bataille.

L'**ironie**, caractéristique du style de Voltaire, est une arme de dénonciation d'une extrême efficacité. En provoquant le rire, elle permet de mieux critiquer.

C La métonymie

Elle remplace un mot par un autre mot avec qui il entretient une relation de voisinage ou de logique (contenant/contenu, cause/effet, artiste/œuvre...).

« Et on va la boire la canette sans mousse ! »

Céline, *Voyage au bout de la nuit*, © Gallimard (1952).

ZOOM

Le portrait allégorique de Louis XIV

▲ ***Louis XIV, en Apollon, menant le char du soleil*, de Joseph Werner (1665), musée national du château de Versailles.**

▶ Appelé en 1662 à Versailles, à la cour de Louis XIV, le peintre suisse Joseph Werner s'emploie à représenter le souverain français.

▶ Sur ce dessin, le Roi-Soleil – **périphrase** de Louis XIV – est dépeint sous les traits d'Apollon conduisant le char du soleil. Cette représentation **hyperbolique** qui en fait un être sacré, celui que Dieu a choisi pour gouverner la France. Sur sa tête, la couronne de lauriers symbolise la gloire qui éclaire le monarque. Louis XIV est, par ailleurs, escorté par les **allégories** de l'Aurore et des Heures.

D La synecdoque

C'est une espèce de métonymie, qui remplace le tout par la partie.

« Et ce fer que mon bras ne peut plus soutenir. »

Pierre Corneille, *Le Cid*, I, 5 (1637).

L'épée est ici désignée par la matière dont elle est faite.

IV Les figures d'atténuation

A L'euphémisme

Il atténue le sens d'un mot en le remplaçant par une expression moins brutale.

« Elle a vécu Myrto, la jeune Tarentine. »

André Chénier, « La Jeune Tarentine », *Les Bucoliques* (éd. posth., 1819).

Le verbe « vivre » au passé composé évoque la mort de Myrto.

B La litote

Elle permet de dire moins pour faire entendre davantage. Elle contient souvent une négation.

« J'ose vous dire ici qu'en l'état où je suis,
Peut-être assez d'honneurs environnaient ma vie
Pour ne pas souhaiter qu'elle me fût ravie. »

Jean Racine, *Iphigénie*, IV, 4 (1674).

Iphigénie fait comprendre à son père qu'elle souhaite vivre et exprime ainsi sa révolte envers celui qui veut la sacrifier.

V Les figures d'amplification et d'insistance

On peut regrouper dans cette catégorie l'hyperbole et des figures de construction reposant sur la répétition.

A L'hyperbole

Elle exagère une idée pour lui donner plus de portée.

« Tout se fait par intrigue et rien par loyauté.
L'Espagne est un égout où vient l'impureté
De toute nation. »

Victor Hugo, *Ruy Blas*, III, 2 (1838).

En assimilant l'Espagne à « un égout », le locuteur révèle tout le dégoût que ce pays lui inspire.

B La gradation

Des termes de force croissante sont énumérés. Le dernier est souvent hyperbolique.

« Ah ! Oh ! Je suis blessé, je suis troué, je suis perforé, je suis administré, je suis enterré. »

Alfred Jarry, *Ubu roi*, IV, 4 (1896).

Ubuesque est l'adjectif dérivé du nom d'Ubu : il qualifie un mélange grotesque de cruauté et de lâcheté. Il peut être synonyme d'absurde.

Ce propos accentue le caractère ridicule d'Ubu lors d'un combat dont il ressort vaincu.

C Le parallélisme

Il apparaît dans une phrase lorsqu'une construction identique est répétée plusieurs fois. On obtient ainsi un effet de symétrie qui met en évidence une similitude ou une opposition (il s'agit alors d'une antithèse).

« Les uns mouraient sans parler, les autres mouraient en parlant, les autres parlaient en mourant. »

François Rabelais, *Gargantua* (1534).

Ce parallélisme met en valeur le nombre de victimes massacrées. La répétition du verbe « mourir » insiste sur ce terrible carnage, celle du verbe « parler » introduit une idée de chaos, porteuse de comique.

D L'anaphore

C'est l'emploi répété d'un terme en tête d'un groupe de mots, de phrase. L'anaphore a un pouvoir de persuasion et une valeur rythmique.

« Rome, l'unique objet de mon ressentiment !
Rome, à qui vient ton bras d'immoler mon amant !
Rome, qui t'a vu naître, et que ton cœur adore !
Rome, enfin que je hais parce qu'elle t'honore ! »

Pierre Corneille, *Horace*, IV, 5 (1640).

Dans cette célèbre tirade, Camille clame sa haine à l'égard de son propre pays.

E L'allitération et l'assonance

- **L'allitération** est la répétition d'un son consonantique.

« Le fleuve à grand bruit roule un flot rapide et jaune,
Le vent trempe en sifflant les brins d'herbe dans l'eau. »

Victor Hugo, « Le mariage de Roland », *La Légende des siècles* (1859).

Cet extrait contient une allitération en [fl] qui semble imiter le vacarme d'une nature déchaînée et inquiétante.

- **L'assonance** est la répétition d'un son vocalique.

« Le printemps maladif a chassé tristement
L'hiver, saison de l'art serein, l'hiver lucide,
Et, dans mon être à qui le sang morne préside,
L'impuissance s'étire en un long bâillement. »

Stéphane Mallarmé, « Renouveau », *Poésies* (1899).

Cette strophe s'appuie sur deux assonances en [i] et en [ã]. Ces sonorités font entendre la plainte du poète tiraillé entre son idéal d'artiste inaccessible et la médiocrité de son existence.

VI Les figures de l'omission

A L'ellipse

Ce procédé supprime les termes qui seraient nécessaires à une construction complète, mais dont l'absence n'interdit pas la compréhension. Il permet d'accélérer le rythme d'une phrase ou d'alléger celle-ci en évitant une répétition.

« Je t'aimais inconstant, qu'aurais-je fait fidèle ? »

Jean Racine, *Andromaque*, IV, 5 (1667).

Ce vers dit d'une manière concentrée : « Je t'aimais alors que tu étais inconstant, combien t'aurais-je aimé si tu avais été fidèle ? »

B L'asyndète

On supprime des mots de liaison à l'échelle d'une phrase, d'un groupe de phrases, d'un paragraphe.

« Je suis venu, j'ai vu, j'ai vaincu. »

Jules César, cité par Plutarque, *Vies parallèles* (v.100-110).

Cette construction confère à la phrase un rythme enlevé, qui évoque la rapidité de la conquête menée par César.

RÉCAPITULONS

Une figure de style se repère facilement car elle ne relève pas d'un usage ordinaire de la langue.

- On peut distinguer différentes familles de figures de style, selon la logique à laquelle elles obéissent : analogie, opposition, substitution, atténuation, amplification, omission.
- À l'intérieur de ces familles, on trouve des figures qui jouent sur le sens des mots, leur place dans la phrase ou les sonorités. Originales, parfois insolites, elles révèlent le talent littéraire de l'écrivain.

Repérer et analyser une figure de style

LA DÉMARCHE

- Commencez par isoler et relever le mot ou la portion de phrase qui a attiré votre attention. Identifiez la figure de style et expliquez son fonctionnement à partir de la définition connue.
- Expliquez l'effet produit sur le lecteur.
- Montrez pourquoi l'auteur a effectué cet écart de langue.

L'EXEMPLE COMMENTÉ

Dans cet extrait du roman Les Misérables, *Victor Hugo décrit Gavroche, gamin des rues, sur la barricade de 1832.*

« Le spectacle était épouvantable et charmant. Gavroche, fusillé, taquinait la fusillade. Il avait l'air de s'amuser beaucoup. C'était le moineau becquetant les chasseurs. Il répondait à chaque décharge par un couplet. On le visait sans cesse, on le manquait toujours. Les gardes nationaux et les soldats riaient en l'ajustant. »

Victor Hugo, *Les Misérables* (1862).

oxymore
métaphore
parallélisme

Dans ce court extrait, Victor Hugo utilise pas moins de trois figures de style, mises en évidence ci-dessus. Quels effets produisent-elles ?

- La **métaphore** du « moineau » évoque la petitesse et la fragilité de Gavroche. Mais le **parallélisme** « On le visait sans cesse, on le manquait toujours » démontre son indéniable supériorité.
L'**oxymore** « épouvantable et charmant » introduit une ambiguïté dans le texte : certes Gavroche offre un spectacle divertissant, mais la mort n'est pas très loin. Elle finira d'ailleurs par l'atteindre quelques lignes plus tard.
- Le lecteur a l'impression d'avoir sous les yeux un être doté de pouvoirs surnaturels, capable d'affronter des forces qui devraient le dépasser. Il est fasciné par ce gamin des rues qui nargue les soldats, avec une légèreté et une insolence déconcertantes.
- Dans ce célèbre morceau de bravoure, Hugo rend **hommage**, à travers la figure de Gavroche, à l'esprit de liberté et de résistance. Il procède à un **grandissement épique** : Gavroche devient l'incarnation d'un martyr de la liberté, dans un suprême et dernier pied de nez au pouvoir.

SE TESTER QUIZ

1 Le procédé ironique qui consiste à sous-entendre le contraire de ce que l'on dit est :

- ☐ **a.** l'antithèse
- ☐ **b.** la paraphrase
- ☐ **c.** l'antiphrase

2 La répétition d'un son vocalique se nomme :

- ☐ **a.** une assonance
- ☐ **b.** une allitération
- ☐ **c.** une redondance

3 « Ce garçon-ci n'est pas sot, et je ne plains pas la soubrette qui l'aura. » (Marivaux, *Les Jeux de l'amour et du hasard*)
Quelle figure de style cette réplique contient-elle ?

☐ **a.** une litote ☐ **b.** un parallélisme ☐ **c.** un euphémisme

4 Quel mot faut-il utiliser pour retrouver l'oxymore créé par Corneille : « Cette ... clarté qui tombe des étoiles » **?**

☐ **a.** « lumineuse » ☐ **b.** « spectrale » ☐ **c.** « obscure »

S'ENTRAÎNER

5 Dans les extraits suivants, repérez les figures d'analogie en expliquant le fonctionnement de l'image.

« **a.** Tout à coup l'orage accourt
Avec ses grosses bottes mauves
Il piétine les bégonias les blés les prés
Il marche sur les chênes. »

Raymond Queneau, « L'Orage », *Battre la campagne*, © Gallimard (1968).

> Pour retrouver les figures d'analogie, identifiez **le comparé et le comparant** en expliquant le point commun qui les unit.

« **b.** Quel dieu, quel moissonneur de l'éternel été,
Avait, en s'en allant, négligemment jeté
Cette faucille d'or dans le champ des étoiles. »

Victor Hugo, « Booz endormi », *La Légende des siècles* (1883-1884).

« **c.** Le bonheur des méchants comme un torrent s'écoule. »

Jean Racine, *Athalie*, II, 7 (1691).

6 Identifiez les figures de style et justifiez votre réponse.

« **a.** La société serait bien mal faite si l'argent allait au talent, si les honneurs allaient au mérite, les places à la capacité. Où serait l'égalité sociale ? »

Alexandre Vialatte.

« **b.** Un noble s'il vit chez lui dans sa province, il vit libre mais sans appui ; s'il vit à la cour, il est protégé mais il est esclave. »

Jean de La Bruyère, « De la cour », *Les Caractères* (1688).

« **c.** Je n'avance guère. Le temps beaucoup. »

Eugène Delacroix.

« **d.** Lorsque la pluie en courtes aiguillettes rebondit aux prés saturés, une naine amphibie, une Ophélie manchote, grosse à peine comme le poing, jaillit parfois sous les pas du poète et se jette au prochain étang. »

Francis Ponge, « La Grenouille », *Pièces*, © Gallimard (1962).

Ophélie est l'une des figures tragiques du théâtre de Shakespeare. Accablée de malheur, elle devient folle et finit par se noyer.

« **e.** Quand je suis tout de feu, d'où vous vient cette glace ? »

Jean Racine, *Phèdre*, V, 1 (1677).

7 Expliquez par quels moyens stylistiques Céline dénonce la guerre.

« Serais-je donc le seul lâche sur la terre ? pensais-je. Et avec quel effroi !… Perdu parmi deux millions de fous héroïques et déchaînés et armés jusqu'aux cheveux ? Avec casques, sans casques, sans chevaux, sur motos, hurlants, en autos, sifflants, tirailleurs, comploteurs, volants, à genoux, creusant, se défilant, caracolant dans les sentiers, pétaradant, enfermés sur la terre comme dans un cabanon, pour y tout détruire, Allemagne, France et Continents, tout ce qui respire, détruire, plus enragés que les chiens, adorant leur rage (ce que les chiens ne font pas), cent, mille fois plus enragés que mille chiens et tellement plus vicieux ! Nous étions jolis ! Décidément, je le concevais, je m'étais embarqué dans une croisade apocalyptique. »

Céline, *Voyage au bout de la nuit*, © Gallimard (1952).

Commencez par étudier la ponctuation et les termes à forte connotation, puis isolez les expressions qui vous paraissent s'écarter d'un usage ordinaire de la langue.

SE TESTER

1 Réponse **c**.

2 Réponse **a**.

3 Réponse **a**. La phrase en dit plus qu'il n'y paraît (ce garçon est très intelligent, j'aimerais être la soubrette qui l'épousera).

4 Réponse **c**.

S'ENTRAÎNER

5 **a. Personnification.** Par la personnification, l'orage apparaît comme une sorte de géant doté d'une force destructrice considérable. Est ainsi recréé l'univers merveilleux des contes.

b. Métaphore. Les termes « moissonneur », « été », « faucille », « champ » renvoient à une réalité agricole, la moisson, et évoquent de manière imagée Dieu (le moissonneur), créateur de la lune (la faucille) et du ciel (le champ des étoiles). L'ensemble de ces termes constitue une **métaphore filée**.

c. Comparaison. L'outil de comparaison « comme » établit un rapprochement entre le bonheur des méchants et le torrent car tous deux sont destructeurs et difficilement contrôlables.

6 **a. Antiphrase.** Vialatte sous-entend le contraire de ce qu'il dit pour condamner des fonctionnements sociaux générateurs d'injustice et d'inégalité.

b. Antithèse. La Bruyère évoque les contradictions du noble qui doit choisir entre la liberté ou la prison dorée que constitue la cour du Louis XIV.

c. Ellipse. Delacroix exprime par cette figure son angoisse face au temps qui passe : « Je n'avance guère tandis que le temps, lui, avance », aurait-il pu écrire.

d. Périphrase. Les expressions « une naine amphibie, une Ophélie manchote » désignent une grenouille.

e. Antithèse. Phèdre exprime ici un mal profond. Elle brûle d'amour pour son beau-fils, Hyppolite mais ressent une douleur extrême : la culpabilité.

7 Céline dénonce ici l'horrible absurdité de la guerre.
Il se fonde essentiellement sur des **procédés ironiques** tournant en dérision cette invention humaine : l'antiphrase « Nous étions jolis ! », perceptible grâce au point d'exclamation, les oxymores (« fous héroïques », « croisade apocalyptique ») ou les nombreuses hyperboles (« cent mille fois plus enragés que mille chiens »).

La **gradation** « Allemagne, France et Continents, tout ce qui respire » évoque clairement cette fureur destructrice, qui s'étend, à la manière d'une épidémie, ce que corrobore la métaphore de la rage. Les hommes sont d'ailleurs animalisés, puisqu'ils sont assimilés à des « chiens » ; la guerre a achevé de les déshumaniser.

L'ensemble de ces procédés permet à Céline de tisser une **complicité avec le lecteur**, forcé de réagir et susceptible de dénoncer à son tour l'atrocité de la guerre.

Contrairement à ce que pourrait laisser croire son nom – un pseudonyme emprunté à sa grand-mère – **Céline** est un homme. Son style hâché, émotionnel, novateur, en fait l'un des romanciers les plus inventifs du XXe siècle.

www.annabac.com

CHAPITRE

6 Les registres

Un registre se définit en fonction des émotions et des réactions qu'un texte suscite. Souvent relié à un genre littéraire, il ne s'y restreint pas pour autant. Par exemple, le registre tragique n'appartient pas seulement à la tragédie, il peut également se rencontrer dans un poème ou un roman.

I Le registre tragique

Son but consiste à inspirer **terreur et pitié** au lecteur.

A Un thème privilégié : la fatalité

Forcément présente dans le registre tragique, la fatalité peut se manifester de plusieurs manières : volonté des dieux (l'homme n'est qu'un jouet entre leurs mains), passions (amour, haine, etc.) qui conduisent le héros. Quel que soit le type de fatalité, l'homme en est toujours victime, vaincu au terme d'une lutte héroïque mais inutile.

On suppose que le mot « **tragédie** » vient des termes grecs qui signifient « chant du bouc » (chant religieux qui accompagnait le sacrifice d'un bouc aux fêtes de Dionysos). Ce genre aurait donc vraisemblablement une origine religieuse.

B Les éléments caractéristiques

Les critères formels du registre tragique sont multiples.
On distingue :
- le champ lexical de la **fatalité** ;
- les moyens syntaxiques et lexicaux qui montrent que l'homme ne maîtrise plus la situation mais qu'il la subit, tels que la **tournure passive** ;
- la **ponctuation expressive** : points d'interrogation et d'exclamation, points de suspension ;
- les **figures d'amplification** : hyperbole, gradation, anaphore ;
- les **figures d'opposition** : antithèse, oxymore, chiasme.

« Je suis une force qui va !
Agent aveugle et sourd de mystères funèbres
Une âme de malheur faite avec des ténèbres !
Où vais-je ? Je ne sais. Mais je me sens poussé
D'un souffle impétueux, d'un destin insensé. »

Victor Hugo, *Hernani*, III, 4 (1830).

Ce texte de Hugo appartient au registre tragique puisque l'on retrouve le champ lexical de la fatalité et du malheur (mots en rouge), la voix passive (« je me sens poussé ») ainsi que la ponctuation expressive.

II Le registre lyrique

Son but est d'exprimer les sentiments et les émotions du locuteur. Quand le lyrisme exprime la plainte du locuteur, on parle de **lyrisme élégiaque**.

La **poésie lyrique** était, dans l'Antiquité, une poésie chantée, initialement accompagnée à la lyre, d'où le terme « lyrique ».

A Les thèmes récurrents

Tous les sentiments peuvent être exprimés de façon lyrique. Ce peut être l'amour, l'ennui, l'enthousiasme, la tristesse, la nostalgie, le bonheur, le regret, la mélancolie...

B Les éléments caractéristiques

Les éléments caractéristiques sont :
- les marques de la **première** et de la **deuxième personne** : le locuteur se met en scène mais n'hésite pas à apostropher son interlocuteur ;
- le lexique des **sentiments** et des **sensations** ;
- la **ponctuation expressive** : points d'interrogation et d'exclamation, points de suspension ;
- les **images** qui permettent de se représenter les émotions décrites : métaphore, comparaison, allégorie, personnification ;
- les **figures de l'amplification** (hyperbole, gradation, anaphore...) ou de l'opposition (antithèse, oxymore, chiasme...).

« Percé jusques au fond du cœur
D'une atteinte imprévue aussi bien que mortelle,
Misérable vengeur d'une juste querelle,
Et malheureux objet d'une injuste rigueur,
Je demeure immobile et mon âme abattue
Cède au coup qui me tue,

Si près de voir mon feu récompensé,
Ô Dieu ! l'étrange peine ! »

Corneille, *Le Cid*, I, 6 (1636).

Dans cet extrait appartenant au registre lyrique, on repère la présence de la première personne (« je », « mon »), le champ lexical du chagrin (en rouge), la ponctuation expressive, la métaphore de la blessure développée dans les deux premiers vers, ainsi que l'hyperbole : « cède au coup qui me tue ».

III Le registre pathétique

Son but est d'éveiller la compassion du lecteur.

Étymologiquement, le terme « **compassion** » signifie « souffrir avec ».

A Les thèmes récurrents

Tous les thèmes abordés sont liés à la **souffrance** d'un individu, qu'elle soit physique ou morale.

B Les éléments caractéristiques

Parmi les critères propres au registre pathétique, on distingue :
- le champ lexical de la **souffrance**, de la **douleur** ;
- les marques de la **deuxième personne** et les **apostrophes** qui servent à interpeler l'interlocuteur ;
- la **ponctuation expressive** : points d'interrogation et d'exclamation, points de suspension ;
- les **images poignantes** permettant d'émouvoir le lecteur.

« La vue de cette aimable personne, exposée à un si terrible danger, nous remplit de douleur et de désespoir.[…] Tous les matelots s'étaient jetés à la mer. Il n'en restait plus qu'un sur le pont. […] Il s'approcha de Virginie avec respect ; nous le vîmes se jeter à ses genoux, et s'efforcer même de lui ôter ses habits ; mais elle, le repoussant avec dignité, détourna de lui sa vue. On entendit aussitôt ces cris redoublés des spectateurs : "Sauvez-la, sauvez-la ; ne la quittez pas !" »

Bernardin de Saint-Pierre, *Paul et Virginie* (1787).

Cet extrait appartient au registre pathétique. On distingue le champ lexical du sentiment (en rouge) et les phrases impérative et exclamative fermant l'extrait insistent sur le caractère inacceptable de la disparition de Virginie. Enfin, les marques de la deuxième personne et les apostrophes s'adressent aux marins, comme au lecteur.
À cet appel au secours (« Sauvez-la »), le lecteur ne peut qu'être gagné par l'émotion, ici la pitié.

ZOOM

Une scène pathétique

▲ *Le Mauvais Fils puni*, de Jean-Baptiste Greuze (1765), musée du Louvre, Paris.

▶ Greuze a peint un diptyque (une œuvre en deux parties) formé d'un premier tableau, *Le Fils ingrat* et d'un second, *Le Mauvais Fils puni.* Cette scène de genre (scène de la vie quotidienne) relève du registre pathétique.

▶ Le sujet, en premier lieu, est pathétique : le fils arrive trop tard au chevet de son père puisque celui-ci est déjà mort.

D'autres éléments relèvent du registre pathétique, comme la **pauvreté** (les meubles sont rares et la pièce vétuste) ou la **douleur** des enfants : ceux qui sont placés autour du lit sont effondrés de douleur comme l'indiquent leurs postures. Quant au « mauvais fils », il apparaît accablé de chagrin et de remords : il porte une main à sa tête et se frappe la poitrine avec le poing. La mère, un mouchoir à la main, le prend à témoin : son départ a causé la mort de son père.

IV Le registre épique

Le but du registre épique est de célébrer un héros hors du commun (un personnage ou une collectivité), une force, abstraite ou non, un événement. Ce registre cherche à impressionner le lecteur ou le spectateur et à susciter chez lui des sentiments d'admiration devant la grandeur des faits racontés.

A Les thèmes récurrents

Ses thèmes de prédilection sont la lutte entre le héros et un adversaire, le combat du bien contre le mal, de la lumière contre les ténèbres, de l'ordre contre le chaos, etc.

B Les éléments caractéristiques

Les critères formels du registre épique sont constitués de tous les procédés permettant de grandir le héros, la force, le fait, l'événement dont on parle :
- les champs lexicaux de la **lutte**, du **combat**, indissociables du registre épique ;
- un **vocabulaire valorisant** ;
- les **pluriels** et les **noms collectifs** qui donnent de l'ampleur à la lutte en insistant sur le nombre des combattants, des armes, etc. ;
- les **superlatifs** (*le plus, suprême*...) ;
- les **phrases exclamatives** qui expriment des sentiments d'effroi, d'admiration ;
- **différentes figures** d'opposition, la comparaison et la métaphore, les figures de l'amplification et de l'insistance ;
- les références aux **modèles antiques et mythologiques** (épisode de la Bible, de l'*Iliade*, d'une chanson de geste, etc.).

Une **chanson de geste** est un poème du Moyen Âge racontant les hauts faits (*gesta* en latin) d'un personnage illustre. La chanson de geste la plus célèbre est *La Chanson de Roland.*

« Déjà, bien avant l'aube, ils combattaient dans l'ombre. [...]
C'est le duel effrayant de deux spectres d'airain[1],
Deux fantômes auxquels le démon prête une âme,
Deux masques dont les trous laissent voir de la flamme.
Ils luttent, noirs, muets, furieux, acharnés. »

Victor Hugo, « La Mort de Roland », *La Légende des siècles* (1883-1884).

1 **Airain** : bronze.

Cet extrait appartient au registre épique. On retrouve le champ lexical du combat (« combattaient », « luttent ») ainsi que des métaphores qui assimilent successivement les combattants à « deux spectres d'airain », « deux fantômes », « deux masques ». Quant aux termes « spectres », « fantômes » et « masqués », ils insistent sur le caractère inhumain des protagonistes devenus des sortes de machines à tuer. Le poète fait enfin référence à la mythologie : ses personnages semblent sortis des Enfers (« démons », « trous », « laissent voir la flamme »). Le combat est grandi et amplifié dans le sens du terrible et du fabuleux.

V Le registre polémique

Le registre polémique caractérise des textes le plus souvent **argumentatifs**. Son but est de combattre ou de discréditer violemment un adversaire ou une situation scandaleuse lors d'un débat d'idées ou d'un conflit qui nécessite l'engagement de l'écrivain.

A Les thèmes récurrents

Tous les sujets peuvent donner lieu à un discours polémique. Il peut s'agir de valeurs morales, d'un thème de société, d'une œuvre d'art...

B Les éléments caractéristiques

Les critères formels du registre polémique sont :
- un **lexique dépréciatif** qui peut aboutir à une caricature ;
- les **marques de présence du locuteur** qui s'implique dans le combat qu'il mène ;
- tous les moyens qui permettent au locuteur de **capter l'attention du destinataire** et de le rallier à sa cause : apostrophes, marques de la deuxième personne, questions rhétoriques ;
- tout ce qui relève de l'**amplification** et de l'**opposition** : hyperbole, superlatif, anaphore, antithèse, accumulation ; ces figures introduisent contrastes réducteurs et provocation dans le discours polémique ;
- l'**ironie** est l'un des instruments privilégiés du registre polémique ; elle se détecte grâce à la ponctuation expressive, la connaissance de l'auteur et du contexte dans lequel il écrit, ainsi qu'à des figures de style comme l'antiphrase ou l'oxymore.

L'Inquisition était un tribunal ecclésiastique institué par le pape pour la répression des crimes d'hérésie, des faits de sorcellerie et de magie ; l'usage de la torture et la condamnation à mort y étaient fréquents. Voltaire dénonce l'existence d'une telle institution.

« Au reste, on connaît assez toutes les procédures de ce tribunal ; on sait combien elles sont opposées à la fausse équité et à l'aveugle raison de tous les autres tribunaux de l'univers. On est emprisonné sur la simple dénonciation des personnes les plus infâmes ; un fils peut dénoncer son père, une femme son mari ; on n'est jamais confronté devant ses accusateurs ; les biens sont confisqués au profit des juges : c'est ainsi du moins que l'Inquisition s'est conduite jusqu'à nos jours : il y a là quelque chose de divin ; car il est incompréhensible que les hommes aient souffert ce joug patiemment. »

Voltaire, « Inquisition », *Dictionnaire philosophique* (1764).

Ce texte appartient au registre polémique puisque Voltaire cherche à enrôler le lecteur dans son combat.
– Il utilise le pronom indéfini « on » englobant le locuteur et le lecteur. Le pronom « on » désigne d'abord ceux qui détiennent le savoir puis ceux qui sont des victimes possibles de l'Inquisition [« on n'est jamais confronté »].
– Le lexique est dévalorisant [en rouge].
– Enfin, Voltaire a recours à l'ironie produite par l'antiphrase dans la deuxième phrase ainsi que dans la dernière. Dans le premier cas, il faut comprendre que ce tribunal se caractérise par « la fausse équité » ; dans le second, « il y a là quelque chose de divin » signifie que l'Inquisition est véritablement diabolique et que les hommes sont stupides.

VI Le registre comique

Le registre comique vise à faire rire ou sourire le lecteur.

A Les thèmes récurrents

Il n'y a pas de thèmes de prédilection : tout peut devenir objet de comique. Les possibilités sont infinies de même que les procédés pour le faire naître.

B Les éléments caractéristiques

Le comique peut naître de jeux sur le langage ou d'une situation.

1. Le comique de mots

Il recourt notamment :
- à des **langages divers** comme le jargon, le patois, les langues étrangères ou prétendues telles, les langages spécialisés (médical, juridique...) ;
- à l'utilisation d'un **niveau de langue exagérément soutenu ou familier** ;
- au **double langage** ;
- à la **répétition** d'un même terme ou d'une même expression ;
- à l'**exagération** et à la **parodie**.

La **parodie** est une imitation qui détourne les intentions de l'œuvr[e] originale dans le but de se moquer. Le théâtre de Molière est rempli d[e] parodies ponctuelles o[ù] il se moque du langage des médecins, des femmes savantes, etc.

« À l'heure où commencent à se gercer les doigts roses de l'aurore, je montai tel un dard rapide dans un autobus à la puissante stature et aux yeux de vache de la ligne S au trajet sinueux. »

Raymond Queneau, « Ampoulé », *Exercices de style*, © Gallimard (1947).

Queneau raconte l'histoire d'un homme qui prend l'autobus, sur le modèle du récit homérique, l'*Iliade*. Le choix volontaire d'un niveau de langue inadapté, du registre épique et des procédés qui le caractérisent produisent un effet de décalage.

2. Le comique lié à la situation

On distingue plusieurs procédés :
- le **quiproquo** qui peut porter sur un personnage, un objet, etc. On croit s'adresser à quelqu'un alors qu'on s'adresse à une autre personne ou bien encore le locuteur et l'interlocuteur croient parler de la même chose tandis qu'ils ont à l'esprit des réalités fort différentes ;
- l'**écart** ou l'**opposition** entre l'attitude, le statut social, le caractère d'un personnage, et la situation peut susciter le rire ;
- la **répétition d'une même situation**, qu'on s'y attende ou non, est source de plaisir et très souvent de comique. La répétition d'une situation permet de mettre en relief certains traits des personnages et d'accentuer leur caractère mécanique ;
- le **retournement de situation** correspond au principe de « l'arroseur arrosé » ;
- les **gestes** peuvent redoubler la parole ou la contredire : mimiques, coups de bâton, chutes, etc.

Le mot « **quiproquo** » vient du latin médiéval *qui pro quod* signifiant « quelque chose pour quelque chose ». En pharmacie, on employait ce mot pour désigner la substitution d'un médicament à la place d'un autre.

« HARPAGON. – Approche : viens confesser l'action la plus noire, l'attentat le plus horrible qui jamais ait été commis.

VALÈRE. – Que voulez-vous, Monsieur ?

HARPAGON. – Comment, traître, tu ne rougis pas de ton crime ?

VALÈRE. – De quel crime voulez-vous donc parler ?

HARPAGON. – De quel crime je veux parler, infâme ? Comme si tu ne savais pas ce que je veux dire. C'est en vain que tu prétendrais de le déguiser : l'affaire est découverte, et l'on vient de m'apprendre tout. Comment abuser ainsi de ma bonté, et s'introduire exprès chez moi pour me trahir ? pour me jouer un tour de cette nature ?

VALÈRE. – Monsieur, puisqu'on vous a découvert tout, je ne veux point chercher de détours et vous nier la chose.

MAÎTRE JACQUES. – Oh, oh ! aurais-je deviné sans y penser ?

VALÈRE. – C'était mon dessein de vous en parler, et je voulais attendre pour cela des conjonctures favorables ; mais puisqu'il est ainsi, je vous conjure de ne vous point fâcher, et de vouloir entendre mes raisons.
HARPAGON. – Et quelles belles raisons peux-tu me donner, voleur infâme ?
VALÈRE. – Ah ! Monsieur, je n'ai pas mérité ces noms.

Molière, *L'Avare* (1668).

Tandis qu'Harpagon accuse Valère, amant de sa fille Élise, de lui avoir volé son argent, le jeune homme pense que le vieil avare lui reproche d'aimer la jeune fille. De ce quiproquo naît une incompréhension, source de comique.

RÉCAPITULONS

Un registre se définit en fonction du type particulier d'émotion ou de réaction qu'un texte suscite.

- Le tragique suscite à la fois la terreur et la pitié.
- Le pathétique engendre la compassion.
- Le lyrique exprime les sentiments du locuteur.
- L'épique provoque un sentiment d'admiration.
- Le polémique veut emporter l'adhésion.
- Le comique fait rire ou sourire.

Retrouver le registre d'un texte

LA DÉMARCHE

- Demandez-vous quel est le **thème** du texte et quelle **émotion** l'auteur a voulu susciter chez son lecteur, puis déduisez-en le registre utilisé.
- Justifiez votre réponse en relevant dans le texte les **critères formels** qui le caractérisent.

L'EXEMPLE COMMENTÉ

Dans cet extrait du roman Les Misérables, *Victor Hugo intercale une digression où il évoque les événements révolutionnaires de 1848.*

« Cette barricade était forcenée ; elle jetait dans les nuées une clameur inexprimable ; à de certains moments, provoquant l'armée, elle se couvrait de foule et de tempête ; une cohue de têtes flamboyantes la couronnait ; un fourmillement l'emplissait ; elle avait une crête épineuse de fusils, de sabres, de bâtons, de haches, de piques et de baïonnettes ; un vaste drapeau rouge y claquait dans le vent ; on y entendait les cris du commandement, les chansons d'attaque, des roulements de tambours, des sanglots de femmes, et l'éclat de rire ténébreux des meurt-de-faim. Elle était démesurée et vivante, et, comme du dos d'une bête électrique, il en sortait un pétillement de foudres. »

Victor Hugo, *Les Misérables* (1862).

noms collectifs
hyperboles
lexique du combat
la barricade, animal fabuleux

- Le thème du texte est un **épisode révolutionnaire**.
- L'auteur veut susciter l'admiration du lecteur pour le peuple qui se trouve derrière la barricade. Hugo a donc recours au **registre épique**.
- Plusieurs éléments caractéristiques de ce registre sont repérables :
  - le lexique propre au combat, plus précisément celui de la révolution ;
  - les noms collectifs et l'énumération des armes, qui produisent un effet de nombre ;
  - les hyperboles, qui font ressortir la grandeur de l'action révolutionnaire ;
  - des termes et expressions présentant la barricade sous les traits d'un animal fabuleux (une sorte de dragon), la hissant ainsi au niveau du mythe.

SE TESTER QUIZ

1 Vrai ou faux ? Complétez le tableau suivant.

	Vrai	Faux
a. Le registre comique ne se trouve que dans la comédie.	☐	☐
b. La satire et le pamphlet sont des discours où est utilisé le registre polémique.	☐	☐
c. Le registre pathétique fait éprouver terreur et pitié.	☐	☐
d. Le registre tragique suscite la compassion.	☐	☐
e. Le registre lyrique est utilisé pour célébrer les exploits d'un personnage illustre.	☐	☐
f. Le registre épique provoque le sourire ou le rire du lecteur.	☐	☐
g. Dans le registre tragique, il existe nécessairement une forme de fatalité.	☐	☐

S'ENTRAÎNER

2 À partir du relevé effectué dans ce poème de Louise Labé, déduisez-en son registre.

« Je vis, je meurs ; je me brûle et me noie.
J'ai chaud extrême en endurant froidure ;
La vie m'est et trop molle et trop dure.
J'ai grands ennuis entremêlés de joie.

Tout à un coup je ris et je larmoie,
Et en plaisir maint grief[1] tourment j'endure ;
Mon bien s'en va, et à jamais il dure ;
Tout en un coup, je sèche et je verdoie.

Ainsi Amour inconstamment me mène.
Et quand je pense avoir plus de douleur,
Sans y penser je me trouve hors de peine.

champ lexical du sentiment
hyperboles
allégorie
oppositions et antithèses

1 **Grief** : pénible.

Puis quand je crois ma joie être certaine,
Et être au haut de mon désiré heur[2],
Il me remet en mon premier malheur. »

Louise Labé, « Je vis, je meurs… », *Sonnets* (1555).

2 **Heur** : bonheur.

3 Ce texte de Diderot appartient au registre pathétique. Quels sont les éléments qui vous permettent de l'affirmer ?

Parce qu'elle veut quitter le couvent dans lequel ses parents l'ont enfermée de force, Suzanne rédige un mémoire destiné à faire annuler ses voeux et à lui redonner la liberté. La supérieure, aidée de quelques soeurs, décide de punir sévèrement l'héroïne.

« On me jeta une chemise, on m'ôta mes bas, on me couvrit d'un sac, et l'on me conduisit, la tête et les pieds nus, à travers les corridors. Je criais, j'appelais à mon secours ; mais on avait sonné la cloche pour avertir que personne ne parût. J'invoquais le ciel, j'étais à terre, et l'on me traînait. Quand j'arrivai au bas des escaliers, j'avais les pieds ensanglantés et les jambes meurtries ; j'étais dans un état à toucher des âmes de bronze. Cependant l'on ouvrit avec de grosses clefs la porte d'un petit lieu souterrain, obscur, où l'on me jeta sur une natte que l'humidité avait à demi pourrie. […] Mon premier mouvement fut de me détruire ; je portai mes mains à ma gorge ; je déchirai mon vêtement avec mes dents ; je poussai des cris affreux ; je hurlais comme une bête féroce ; je me frappai la tête contre les murs ; je me mis toute en sang ; je cherchai à me détruire jusqu'à ce que les forces me manquassent, ce qui ne tarda pas. »

Denis Diderot, *La Religieuse* (éd. posth. 1796).

- Observez, par exemple, le ou les champs lexicaux, et les personnes utilisées.
- Pensez à analyser les figures de style comme l'hyperbole.

4 Lisez le texte de Voltaire puis répondez aux questions.

a. Quel est le but recherché par l'auteur ?

b. Quelle est la figure de style dominante dans cet extrait ?

c. Relevez puis analysez le champ lexical de la religion.

d. À quel registre ce texte appartient-il ?

Décidé à s'attaquer à la censure qui musèle les philosophes des Lumières, Voltaire fait tenir à son personnage, Joussouf Chéribi, chef suprême de la religion ottomane, le discours suivant.

« À ces causes et autres, pour l'édification des fidèles et pour le bien de leurs âmes, nous leur défendons de jamais lire aucun livre, sous peine de damnation éternelle. Et, de peur que la tentation diabolique ne leur prenne de s'instruire, nous défendons aux pères et aux mères d'enseigner à lire à leurs enfants. Et, pour prévenir toute contravention à notre ordonnance, nous leur défendons expressément de penser, sous les mêmes peines ; enjoignons[1] à tous les vrais croyants de dénoncer à notre officialité, quiconque aurait prononcé quatre phrases liées ensemble, desquelles on pourrait inférer un sens clair et net. Ordonnons que dans toutes les conversations on ait à se servir de termes qui ne signifient rien, selon l'ancien usage de la Sublime-Porte[2]. [...]
Donné dans notre palais de la stupidité, le 7 de la lune de Muharem, l'an 1143 de l'hégire[3]. »

Voltaire, *De l'horrible danger de la lecture* (1765).

1 **Enjoignons** : ordonnons. 2 **Sublime-Porte** : Empire ottoman. 3 **Hégire** : début de l'ère musulmane.

5 Lisez le texte de Racine puis répondez aux questions.

a. Quel est le thème de cet extrait ?

b. Quelle émotion le texte suscite-t-il chez le lecteur ? Justifiez votre réponse en vous appuyant sur le texte.

c. À quel registre ce texte appartient-il ?

«

Thésée

Ô ciel ! Œnone est morte, et Phèdre veut mourir ?
Qu'on rappelle mon fils, qu'il vienne se défendre !
Qu'il vienne me parler, je suis prêt de l'entendre.
Ne précipite point tes funestes bienfaits,
Neptune ; j'aime mieux n'être exaucé jamais.
J'ai peut-être trop cru des témoins peu fidèles,
Et j'ai trop tôt vers toi levé mes mains cruelles.
Ah ! de quel désespoir mes vœux seraient suivis !

SCÈNE 6

Thésée, Théramène

Thésée

Théramène, est-ce toi ? Qu'as-tu fait de mon fils ?
Je te l'ai confié dès l'âge le plus tendre.
Mais d'où naissent les pleurs que je te vois répandre ?
Que fait mon fils ?

THÉRAMÈNE

Ô soins tardifs et superflus !
Inutile tendresse ! Hippolyte n'est plus.

THÉSÉE

Dieux !

THÉRAMÈNE

J'ai vu des mortels périr le plus aimable,
Et j'ose dire encor, Seigneur, le moins coupable.

THÉSÉE

Mon fils n'est plus ? Hé quoi ! quand je lui tends les bras,
Les dieux impatients ont hâté son trépas ? »

Jean Racine, *Phèdre*, V, 5 et 6 (1677).

SE TESTER

1 **a.** Faux. **b.** Vrai. **c.** Faux. **d.** Faux. **e.** Faux. **f.** Faux. **g.** Vrai.

S'ENTRAÎNER

2 Louise Labé s'efforce de décrire la passion qui la ronge afin de l'exorciser et d'en partager l'intensité avec le lecteur. Le **champ lexical du sentiment** et les **hyperboles** témoignent de la violence de la passion amoureuse. L'**allégorie de l'Amour** tend à montrer la femme comme objet et victime du sentiment amoureux, d'autant plus qu'elle est COD dans la phrase : « Ainsi Amour inconstamment me mène ». Ce sonnet appartient donc au **registre lyrique**.

3 Le texte appartient au **registre pathétique**.

- L'exposé de la souffrance physique et morale amène le lecteur à éprouver de la pitié pour l'héroïne. Ce texte est marqué par le champ lexical de la souffrance (« ensanglantés », « meurtries », « cris affreux », « toute en sang ») et les manifestations de révolte (« je déchirai », « je poussai », « je hurlais », « je me frappai »).
- L'emploi des pronoms montre que Suzanne passe du statut de victime passive (« me ») à celui de sujet. Elle est son propre bourreau souhaitant se donner la mort.

La violence qui s'exerce contre Suzanne est d'autant plus insupportable qu'elle est collective ; celle-ci est seule contre un groupe inhumain (voir l'utilisation du pronom « on »). Le récit à la 1re personne amène le lecteur à se mettre à la place de la narratrice.

- L'état dans lequel se trouve Suzanne (évoqué à travers l'hyperbole métaphorique « j'étais dans un état à toucher des âmes de bronze ») aurait dû exciter la pitié la plus intense. Il n'en est rien.

L'utilisation de la **2e personne** n'est pas le seul moyen d'impliquer le lecteur. Ici, Diderot a recours au récit d'un narrateur-personnage.

4 **a.** Voltaire prend la défense de la lecture et de la connaissance, il dénonce la censure qui sévit et veut faire adhérer le lecteur à sa cause.

b. La figure dominant l'extrait est **l'ironie** qui lui permet, par le jeu des antiphrases, de présenter comme nocif à l'homme ce qui lui est bénéfique.
Le titre du pamphlet sous-entend le contraire de ce qu'il dit, tout comme les propositions : « nous leur défendons de jamais lire aucun livre », « nous défendons aux pères et aux mères d'enseigner à lire à leurs enfants », « nous leur défendons expressément de penser ». Cette structure anaphorique souligne l'autoritarisme tyrannique qui préside à ces propos. Les interdictions se succèdent et s'aggravent suivant un principe de gradation qui aboutit à l'absurde : « Ordonnons que dans toutes les conversations on ait à se servir de termes qui ne signifient rien. » La mention du « palais de la stupidité » confirme cette dénonciation ironique.

c. Le champ lexical de la religion : « édification des fidèles », « leurs âmes », « damnation éternelle », « tentation diabolique ». Voltaire semble ainsi assimiler la religion musulmane et le régime despotique turc au catholicisme et à la monarchie absolue de Louis XV dont il critique l'oppression et le manque de liberté. Ces **éléments satiriques** font que le texte relève à certains égards du registre comique.

d. L'ironie, comme le comique, sont ici au service de la dénonciation, de la critique. Le registre du texte est donc **polémique**.

5 **a.** Le thème de ce texte est l'annonce à un père de la mort de son fils, mort que le père a lui-même provoquée.

b. Le texte provoque la **terreur et la pitié**.

c. Le registre est donc tragique. Les critères sont nombreux.

- On trouve le champ lexical de la mort (« mourir », « n'est plus », « périr », « trépas »), de la douleur (« désespoir », « pleurs »), de la fatalité personnifiée par les « Dieux » (« ciel », « Neptune », « dieux impatients »). S'ajoutent les termes (« trop tôt », « tardifs et superflus », « inutile ») qui soulignent l'affreux concours de circonstances dont sont victimes le père et le fils.
- Les exclamations et les interrogations expressives traduisent l'intensité des émotions des personnages.

www.annabac.com

CHAPITRE 7 Genres et formes du récit : le roman et la nouvelle

Le récit est un texte dans lequel un narrateur rapporte des faits réels ou fictifs, ordonnés logiquement sous la forme d'une histoire. Il en existe plusieurs sortes : le roman, récit relativement long, souvent complexe ; la nouvelle, récit bref de composition rigoureuse ; le conte, qui explore souvent le domaine du merveilleux.

I Les différents types de récit

A La nouvelle

- La nouvelle privilégie un **cadre spatio-temporel resserré** et un **petit nombre de personnages**. Ceux-ci sont perturbés par un événement ou une crise qui constitue le cœur de la nouvelle.
- La brièveté de la nouvelle exige une structure efficace, qui s'accompagne d'un dénouement inattendu, la **chute**.

B Le conte

- Contrairement à la nouvelle, généralement ancrée dans son époque, le conte se déroule dans un lieu et à une époque indéterminés. Peuplé de créatures surnaturelles, il fait la part belle au **merveilleux**.
- Loin de se contenter de distraire son public, il cherche aussi à l'**édifier moralement**.

Le **conte philosophique**, cher à Voltaire, devient ainsi le moyen de faire passer un message philosophique en se mettant à la portée de tous.

C Le roman

- Le roman désigne initialement la langue parlée durant le Haut Moyen Âge, la langue écrite étant le latin. Il désigne ensuite un **genre littéraire**.
- Plus long que la nouvelle ou le conte, le roman raconte les **aventures imaginaires** de personnages **inspirés de la réalité**. Le public y trouve donc à la fois un vrai dépaysement et des échos à ses états d'âme ou aux événements de son existence.

- Le roman se veut vraisemblable et cultive une certaine **liberté formelle** pour représenter la vie dans son foisonnement.

II La structure d'un récit

A Le schéma narratif

Afin de capter et de conserver l'attention du lecteur, le récit comprend plusieurs étapes qui s'enchaînent logiquement.

- La **situation initiale**, souvent définie dans les premières pages du livre ou **incipit**, présente le cadre spatio-temporel et les personnages.
- L'**élément perturbateur** vient bouleverser l'équilibre qui caractérise la situation initiale.
- Les **péripéties** sont des actions qui ont des retentissements sur la vie des personnages. Elles constituent le cœur du récit.
- La **résolution** met un terme aux actions et mène à la situation finale.
- La **situation finale**, constitue un retour à l'équilibre et souligne la réussite ou l'échec des personnages. Elle apparaît dans les dernières pages du roman (**explicit**).

B L'intrigue

Elle peut être **unique** (comme dans une nouvelle) ou **complexe**, quand il s'agit de plusieurs histoires entremêlées.

Une intrigue secondaire peut être insérée dans l'intrigue principale quand l'un des principaux personnages intervient pour raconter une histoire annexe. Cette structure, nommée **récits enchâssés**, confère souvent au récit plus de réalisme.

Synonyme d'« encastrer », « **enchâsser** » s'emploie à propos d'une pierre que l'on insère dans une monture.

« Là, nous nous assîmes sur un banc à dossier vert, et il commença : "Mon cher, c'est là une histoire qu'il faut aller chercher déjà loin…" »

Barbey d'Aurevilly, *Le bonheur est dans le crime* (1874).

Le premier narrateur cède la parole au docteur Torty qui devient à son tour narrateur. En s'identifiant au premier narrateur, le lecteur a l'impression que c'est à lui que le docteur Torty s'adresse.

ZOOM

L'intrigue du *Père Goriot* résumée à l'aide des schémas narratif et actantiel

Voici l'intrigue du célèbre roman de Balzac, *Le Père Goriot* (1835).

▶ Eugène de Rastignac est venu à Paris faire des études de droit. Il loge à la pension Vauquer où il fait connaissance du père Goriot, un père qui a tout sacrifié à ses filles, et d'un ancien bagnard nommé Vautrin. Il se fait inviter au bal donné par Madame de Bauséant, ce qui lui permet d'entrer dans le beau monde et de commencer son **ascension sociale**. À la fin du roman, après avoir enterré le père Goriot, le héros ambitieux lance un défi à Paris.

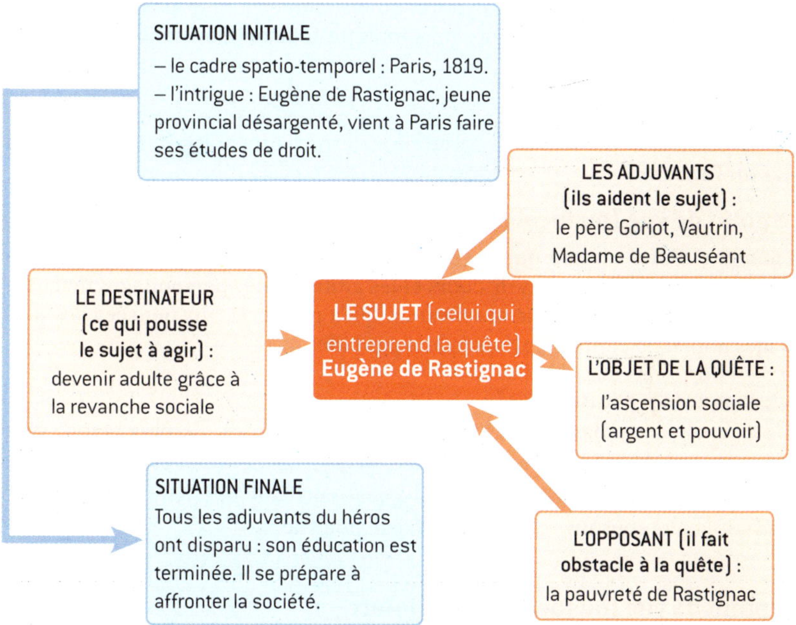

▶ Cette intrigue peut être représentée sous une forme synthétique à l'aide des **schémas narratif et actantiel**, comme ci-dessus (pour le schéma narratif, seules la situation initiale et la situation finale ont été reproduites).

Le schéma actantiel précise les **relations** qui existent entre les **différents actants d'une intrigue** (personnages, sentiments, aspirations…).

III Le narrateur

A Le statut du narrateur

1. Le narrateur interne à l'histoire

Le narrateur apparaît comme **personnage de son propre récit**. Il peut parfois n'être qu'un simple témoin, comme celui de la nouvelle de Barbey d'Aurevilly, *Le bonheur est dans le crime* (voir p. 80). Dans tous les cas, le récit est mené à la **1re personne**.

Dans le cadre d'une **autobiographie**, le narrateur, l'auteur et le personnage principal sont une seule et même personne.

2. Le narrateur extérieur à l'histoire

Il **n'est pas un personnage de l'histoire**, qui est contée à la **3e personne**. Il a la possibilité de rester caché, sans que l'on apprenne aucune information à son sujet.

B Le point de vue

Dans un récit à la 3e personne, le narrateur externe peut choisir différents points de vue sur l'action.

1. Le point de vue (ou focalisation) externe

À la manière d'une caméra qui se contente de filmer ce qu'elle a devant elle, le narrateur rapporte l'action, les discours et les attitudes des personnages de façon **neutre**, objective, sans analyse ni réflexion. Il n'a pas accès aux pensées des personnages dont il ne connaît parfois même pas l'identité.

« Deux hommes parurent.
L'un venait de la Bastille, l'autre du Jardin des Plantes. Le plus grand, vêtu de toile, marchait le chapeau en arrière, le gilet déboutonné et sa cravate à la main. Le plus petit, dont le corps disparaissait dans une redingote marron, baissait la tête sous une casquette à visière pointue. »

Gustave Flaubert, *Bouvard et Pécuchet* (éd. posth. 1881).

2. Le point de vue (ou focalisation) interne

Le narrateur choisit de se glisser dans la conscience d'un personnage et de nous décrire ce qu'il perçoit et ressent. Ce point de vue est **subjectif**.

« Pauline s'était levée, et debout devant la fenêtre, elle tâchait de voir. Depuis le potager, elle regardait cette fenêtre s'obscurcir, devenir peu à peu d'un noir d'encre. Maintenant, c'était un mur impénétrable, une masse de ténèbres où tout avait sombré, le ciel, l'eau, le village, l'église elle-même. Sans s'effrayer des plaisanteries de son cousin, elle cherchait la mer, elle était tourmentée du désir de savoir jusqu'où cette eau allait monter ; et elle n'entendait que la clameur grandir, une voix haute, monstrueuse, dont la menace continue s'enflait à chaque minute, au milieu des hurlements du vent et du cinglement des averses. »

Émile Zola, *La Joie de vivre* (1883).

La subjectivité prédomine à travers les verbes de perception [en rouge], la métaphore « c'était un mur impénétrable » ou la personnification de la mer assimilée à « une clameur », « une voix haute ».

3. Le point de vue omniscient (ou focalisation zéro)

Tel Dieu, le narrateur a une vision surplombante qui lui permet de **tout savoir**. Il est susceptible de se promener dans le temps (anticipations, rétrospections), d'être à plusieurs endroits en même temps (**don d'ubiquité**) et de connaître tout sur les personnages. Enfin, il intervient souvent en son nom pour émettre des jugements ou des commentaires.

« Pons dégustait comme une vengeance le verre de vin de Porto, la caille au gratin qu'il avait commencé de savourer, se disant à lui-même :
– Ce n'est que trop payé !
Aux yeux du moraliste, il se rencontrait cependant en cette vie des circonstances atténuantes. En effet, l'homme n'existe que par une satisfaction quelconque. Un homme sans passion, le juste parfait, est un monstre, un demi-ange qui n'a pas encore ses ailes. »

Honoré de Balzac, *Le Cousin Pons* (1846).

En rouge figure le commentaire que le narrateur émet, adoptant la posture de moraliste.

IV L'espace et le temps romanesques

A L'espace

- Les lieux évoqués donnent l'**illusion du réel** et impliquent efficacement le lecteur dans l'histoire.

- Dotés d'une **fonction symbolique**, certains lieux peuvent également révéler les sentiments du héros ou annoncer des événements. Il revient alors au lecteur d'en décrypter le sens. Dans le texte de Zola (voir p. 82), le paysage décrit par Pauline lui permet d'exprimer ses angoisses et appréhensions.

B La chronologie

1. L'ordre du récit

Les faits se suivent généralement, mais le narrateur peut opérer des **anticipations** (projection dans l'avenir) et des **rétrospections** (retours dans le passé).

2. Le rythme du récit

Les temps de la narration et de la fiction coïncident parfois, mais ce n'est pas toujours le cas.

- La **scène** donne l'illusion d'assister à ce qui est raconté. Il semble y avoir une coïncidence entre le temps de l'histoire et le temps du récit.
- Des événements peuvent être omis par le narrateur : on parle d'**ellipse**.
- D'autres peuvent être résumés dans ce que l'on nomme un **sommaire** : le rythme de la narration s'accélère alors.
- Certains éléments ralentissent le rythme du récit, de sorte que l'action et la narration semblent suspendues. Ils provoquent une **pause** ; c'est le cas de la description. Dans le texte de Balzac ci-dessous, le portrait de Louise (partiellement cité ici) est long et minutieux ; il dure bien plus longtemps que le regard jeté par Lucien et qui saisit la femme dans son ensemble.

> « La file s'arrêta par suite d'un encombrement. Lucien put voir Louise dans sa transformation, elle n'était pas reconnaissable : les couleurs de sa toilette étaient choisies de manière à faire voir son teint ; sa robe était délicieuse ; ses cheveux arrangés gracieusement lui seyaient bien, et son chapeau d'un goût exquis était remarquable à côté de celui de Mme d'Espard, qui commandait à la mode. »

Honoré de Balzac, *Les Illusions perdues* (1837-1843).

La narration au passé simple (« s'arrêta », « put ») s'interrompt pour laisser place à la description que Lucien fait de Louise à l'imparfait (verbes en rouge). Le verbe de perception « voir » signale que le personnage a un point de vue interne.

ZOOM

Une vue subjective de Paris au XIXe siècle

▲ *La Vue sur Paris depuis Montmartre*, de Vincent Van Gogh (1886), Kunst museum, Bâle.

▶ Arrivé à Paris en 1886, le peintre hollandais Van Gogh s'installe sur la butte Montmartre. À la manière des impressionnistes, **il se met à peindre ce qu'il a sous les yeux** : le quartier, l'intérieur des restaurants, les moulins de la Butte, le panorama qu'une position élevée offre de Paris.

▶ Dans ce tableau, Van Gogh tente de rendre l'impression fugitive qu'il ressent face au spectacle de Paris s'étendant sous ses yeux. Le **sujet réaliste** n'est pas l'essentiel : il n'est qu'un prétexte pour traduire les effets de la lumière sur la ville, pour rendre compte d'une atmosphère particulière. Comme le montrent les traces de peinture dans le ciel, ou le flou dans la représentation des bâtiments et des toits, la touche est libre, multiple et visible, typique de l'impressionnisme.

▶ Le tableau présente la ville sous un **point de vue subjectif**.

V Le personnage

A La caractérisation du personnage

Le personnage est présenté au lecteur qui se familiarise progressivement avec lui grâce aux caractérisations directe et indirecte.

La **caractérisation directe** correspond au portrait et à tous les renseignements donnés par le narrateur et les autres personnages.

La **caractérisation indirecte** est plus implicite puisqu'elle se dégage des actions et des propos du personnage qu'il s'agit d'interpréter.

Cependant, le personnage est d'abord l'acteur de l'intrigue. Incarnant parfois un **type social**, il peut servir à transmettre la **vision que l'auteur a de la société**.

« La demoiselle portait deux grosses tresses noires et, si le livre dit vrai qui rapporte tout cela, jamais il n'y eut de créature aussi parfaitement laide, pas même en enfer. Jamais on n'aurait pu voir métal plus noir que ne l'étaient son cou et ses mains, et encore est-ce peu de chose auprès du reste de sa laideur. Ses yeux, aussi petits que ceux d'un rat, semblaient deux trous ; elle avait un nez de singe ou de chat, des oreilles d'âne ou de bœuf. Ses dents rappelaient la couleur du jaune d'œuf, elles étaient rousses – et elle avait une barbe de bouc ; au milieu de la poitrine une bosse, l'échine toute courbée, les reins et les épaules bien faits assurément pour mener le bal ; bosse dans le dos et jambes torses. »

Chrétien de Troyes, *Perceval ou le Conte du Graal* (vers 1181-1185).

Chrétien de Troyes est le premier grand écrivain français. Ses héros appartiennent au cycle de la Table Ronde, qui réunissait autour du roi Arthur des chevaliers valeureux et exemplaires.

Du fait de son apparence difforme et hybride, le personnage semble diabolique. L'absence d'harmonie et le caractère animal qui émanent de lui font de cet être une créature particulière et monstrueuse qui contraste avec le monde élégant et raffiné de la cour dans lequel il fait irruption, juché sur une mule.

B Les paroles rapportées

Il existe plusieurs façons de retranscrire les paroles, voire les pensées d'un personnage : le discours direct, le discours indirect et le discours indirect libre.

1. Le discours direct

Le discours direct rapporte les paroles sous la forme exacte dans laquelle elles ont été prononcées. Annoncé par une **ponctuation forte** (point, deux-points) et le plus souvent encadré par des **guillemets**, le discours direct se détache nettement du récit dans lequel il s'insère.
Si le discours direct est présenté sous la forme d'un **dialogue**, un **tiret** en début de ligne marque la prise de parole de chaque interlocuteur ; il n'est pas rare qu'une **proposition incise**, c'est-à-dire insérée dans le discours direct et caractérisée par l'inversion du sujet, précise l'identité du locuteur.

Les temps, les pronoms personnels et les adverbes sont ceux du discours (emploi du présent comme temps de référence, de la 1re et de la 2e personnes, des adverbes *ici* et *maintenant* comme repères dans l'espace et dans le temps).

« Alors pourquoi que tu veux l'être institutrice ?
– Pour faire chier les mômes, répondit Zazie. [...]
– Tu sais, dit Gabriel avec calme, d'après ce que disent les journaux, c'est pas du tout dans ce sens-là que s'oriente l'éducation moderne. [...] D'ailleurs, [...] dans vingt ans, y aura plus d'institutrices : elles seront remplacées par le cinéma, la tévé, l'électronique, des trucs comme ça. [...]
– Alors, déclara-t-elle, je serai astronaute.
– Voilà, dit Gabriel approbativement. Voilà, faut être de son temps.
– Oui, continua Zazie, je serai astronaute pour aller faire chier les Martiens. »

Raymond Queneau, *Zazie dans le métro*, © Gallimard (1959).

2. Le discours indirect

Le discours indirect rapporte des paroles en les modifiant afin de les **intégrer grammaticalement dans le récit**.

Il est constitué de propositions subordonnées introduites par la conjonction *que* après un verbe déclaratif, ou d'interrogatives indirectes après un verbe interrogatif. Tous les pronoms personnels sont à la 3e personne et les verbes sont soumis à la **concordance des temps** par rapport au verbe introducteur.

« Une longue barre d'écume rejaillissait au pied en cadence. Cela formait ensuite des bouillonnements, des tourbillons, mille courants opposés, et qui finissaient par se confondre en une seule nappe limpide.
Louise murmura qu'elle enviait l'existence des poissons. »

Gustave Flaubert, *L'Éducation sentimentale* (1869).

3. Le discours indirect libre

Le discours indirect libre est un intermédiaire entre les discours direct et indirect.

- **Du discours direct**, il conserve l'absence de subordination et une ponctuation souvent expressive. Il cherche souvent à restituer les marques de l'oralité.
- **Du discours indirect**, il conserve les temps du récit, la modification des pronoms et des adverbes de temps et de lieu.

Le discours indirect libre permet de suivre les pensées d'un personnage dans le cas du **monologue intérieur**. Le narrateur peut fusionner sa voix avec celle du personnage ou s'en dissocier pour créer de l'ironie.

« Il sait bien que tout est du faux-semblant. Sa vie. La piscine. Riquet. La guerre. La Chope du Clair de Lune… Le drôle de nom… Tout ça, ce sont des raisons qu'on se donne, des contretemps qu'on s'invente. »

Louis Aragon, *Aurélien*, © Gallimard (1945).

Le discours indirect libre, introduit par le verbe « sait », est ici constitué d'une énumération de groupes nominaux qui transcrivent la pensée chaotique du personnage. L'utilisation des points de suspension introduit une sorte de flottement qui restitue une pensée qui vagabonde. L'effet d'oralité, déjà perceptible dans l'énumération, est renforcé par l'utilisation du démonstratif « ça » et du pronom indéfini « on ».

RÉCAPITULONS

- Un narrateur est dit interne à l'histoire si le récit est à la 1re personne.
- S'il n'en est pas un personnage, il est extérieur à l'histoire. Il peut alors adopter trois points de vue distincts, en fonction de l'étendue de ses connaissances : externe, interne ou omniscient.
- La narration se confond rarement avec l'histoire. Elle peut en modifier l'ordre et le rythme, souligner la symbolique d'un lieu ou mettre en évidence les caractéristiques d'un personnage.
- Dans tous les cas, il appartient au lecteur de prêter attention à la façon dont l'histoire est contée, et aux objectifs visés par le narrateur.

Analyser le point de vue dans un texte narratif

LA DÉMARCHE

- Vérifiez que le récit est bien à la 3e personne.
- Demandez-vous ensuite où est posté le narrateur, s'il reste invisible ou si l'on peut entendre sa voix, s'il est caché derrière un personnage.
- Proposez une hypothèse en rappelant en quoi consistent les spécificités de la focalisation identifiée.
- Repérez enfin des indices susceptibles de corroborer votre hypothèse.

L'EXEMPLE COMMENTÉ

« Habitué à obéir sans retenue à sa jeunesse, Angelo ne voyait pas que ses pensées manquaient d'originalité, et même étaient fausses. Il avait vingt-cinq ans, certes, mais à cet âge, combien déjà font des calculs ! Il était de ces hommes qui ont vingt-cinq ans pendant cinquante ans. […]

Angelo sauta sur le rebord de la galerie et s'avança sur les toits. Il était difficile et dangereux de marcher là-dessus avec des bottes, mais, en embrassant une cheminée, Angelo put se pencher sur le vide.

Il ne vit d'abord que des gens en tas. Ils semblaient piller quelque chose à la façon des poules sur du grain. Ils piétinaient et sautaient quand le cri jaillit encore plus aigu et plus blond de dessous leurs pieds. C'était un homme qu'on tuait en lui écrasant la tête à coups de talons. »

Jean Giono, *Le Hussard sur le toit*, © Gallimard (1951).

indices d'un point de vue omniscient

indices d'un point de vue interne

- Le récit est mené à la **3e personne**. Le point de vue est d'abord **omniscient** puis **interne** à partir du deuxième paragraphe.
- Au début, le **narrateur intervient** pour donner son opinion sur son propre personnage dont il remarque la naïveté et l'immaturité (indices en jaune).
À partir du deuxième paragraphe, le **narrateur donne le point de vue** d'Angelo en nous rapportant le spectacle auquel ses yeux horrifiés assistent. Parce qu'il ignore qu'il est témoin d'un meurtre collectif, avant d'entendre le cri, Angelo utilise l'image « des poules » afin de décrire le comportement des individus qu'il regarde du toit (indices en rose).

SE TESTER QUIZ

1 Qu'est-ce qu'un récit enchâssé ?

- ☐ **a.** un récit mené à la 1re personne
- ☐ **b.** un récit dans un récit
- ☐ **c.** un élément perturbateur

2 Quand un narrateur effectue un retour dans le passé, on parle de :

- ☐ **a.** flashback
- ☐ **b.** rétrospection
- ☐ **c.** ellipse

3 Quelle est la focalisation utilisée dans l'extrait suivant ?

« Wallas introduit son jeton dans la fente et appuie sur un bouton. Avec un ronronnement agréable de moteur électrique, toute la colonne d'assiettes se met à descendre ; dans la case vide située à la partie inférieure apparaît, puis s'immobilise, celle dont il s'est rendu acquéreur. Il la saisit, ainsi que le couvert qui l'accompagne, et pose le tout sur une table libre. »

Alain Robbe-Grillet, *Les Gommes*, © Éditions de Minuit (1953).

☐ **a.** externe ☐ **b.** interne ☐ **c.** omniscient

S'ENTRAÎNER

4 Comment la description de Julien est-elle ici introduite ? Quelle focalisation l'auteur privilégie-t-il pour faire ce portrait ? Prouvez-le avec deux indices.

« Avec la vivacité et la grâce qui lui étaient naturelles quand elle était loin des regards des hommes, madame de Rênal sortait par la porte-fenêtre du salon qui donnait sur le jardin, quand elle aperçut près de la porte d'entrée la figure d'un jeune paysan presque encore enfant, extrêmement pâle et qui venait de pleurer. Il était en chemise bien blanche, et avait sous le bras une veste fort propre en ratine[1] violette. Le teint de ce petit paysan était si blanc, ses yeux si doux, que l'esprit un peu romanesque de madame de Rênal eut d'abord l'idée que ce pouvait être une jeune fille déguisée, qui venait demander grâce à M. le maire. »

Stendhal, *Le Rouge et le Noir* (1830).

1 **Ratine :** tissu de lainage épais.

5 a. Quelles remarques pouvez-vous faire à propos de la chronologie dans l'extrait suivant ?

b. Relevez et commentez au moins trois éléments indiquant que Paris est décrit à travers le regard de Saccard.

Pour repérer les marques de subjectivité, lisez le texte en relevant les images. Demandez-vous ensuite en quoi celles-ci reflètent les obsessions de Saccard, un homme d'affaires qui s'enrichit en faisant des spéculations immobilières.

« Ce jour-là, ils dînèrent au sommet des buttes [Montmartre], dans un restaurant dont les fenêtres s'ouvraient sur Paris, sur cet océan de maisons aux toits bleuâtres, pareils à des flots pressés emplissant l'immense horizon. Leur table était placée devant une des fenêtres. Ce spectacle des toits de Paris égaya Saccard. Au dessert, il fit apporter une bouteille de bourgogne.

Il souriait à l'espace, il était d'une galanterie inusitée. Et ses regards, amoureusement, redescendaient toujours sur cette mer vivante et pullulante, d'où sortait la voix profonde des foules. On était à l'automne ; la ville, sous le grand ciel pâle, s'alanguissait, d'un gris doux et tendre, piqué çà et là de verdures sombres, qui ressemblaient à de larges feuilles de nénuphars nageant sur un lac ; le soleil se couchait dans un nuage rouge, et, tandis que les fonds s'emplissaient d'une brume légère, une poussière d'or, une rosée d'or tombait sur la rive droite de la ville, du côté de la Madeleine et des Tuileries. C'était comme le coin enchanté d'une cité des Mille et une Nuits, aux arbres d'émeraude, aux toits de saphir, aux girouettes de rubis. Il vint un moment où le rayon qui glissait entre deux nuages fut si resplendissant, que les maisons semblèrent flamber et se fondre comme un lingot d'or dans un creuset.

– Oh ! vois, dit Saccard, avec un rire d'enfant, il pleut des pièces de vingt francs dans Paris ! »

Émile Zola, *La Curée* (1871).

OBJECTIF BAC

Question sur le corpus

6 Prenez connaissance du corpus puis répondez à la question suivante.

Dans les trois documents ci-après, des artistes expriment une vision personnelle, subjective de Paris. Quels points communs percevez-vous entre ces œuvres ?

POUR VOUS AIDER

- Intéressez-vous d'abord au sujet choisi par les artistes, avant de vous pencher sur le point de vue adopté (« il » renvoie à Rastignac, voir Zoom, p. 81).
- N'oubliez pas que le lieu est essentiel et qu'il est porteur d'une symbolique forte.
- Aidez-vous aussi des réponses aux questions 4 et 5 ; elles peuvent vous donner des éléments d'analyse supplémentaires.

Des descriptions subjectives de Paris

Document 1. Honoré de Balzac, *Le Père Goriot* (1835).
Document 2. Émile Zola, *La Curée* (1871).
Document 3. Vincent Van Gogh, *La Vue sur Paris depuis Montmartre* (1886).

DOCUMENT 1

« Le jour tombait, un humide crépuscule agaçait les nerfs, il regarda la tombe et y ensevelit sa dernière larme de jeune homme, cette larme arrachée par les saintes émotions d'un coeur pur, une de ces larmes qui, de la terre où elles tombent, rejaillissent jusque dans les cieux. Il se croisa les bras, contempla les nuages, et, le voyant ainsi, Christophe le quitta. Rastignac, resté seul, fit quelques pas vers le haut du cimetière et vit Paris tortueusement couché le long des deux rives de la Seine où commençaient à briller les lumières. Ses yeux s'attachèrent presque avidement entre la colonne de la place Vendôme et le dôme des Invalides, là où vivait ce beau monde dans lequel il avait voulu pénétrer. Il lança sur cette ruche bourdonnante un regard qui semblait par avance en pomper le miel, et dit ces mots grandioses : « À nous deux maintenant ! » Et pour premier acte du défi qu'il portait à la Société, Rastignac alla dîner chez madame de Nucingen. »

Honoré de Balzac, *Le Père Goriot* (1835).

DOCUMENT 2 Voir p. 91.

DOCUMENT 3 Voir p. 85.

SE TESTER

1 Réponse **b.**

2 Réponse **b.** « Flashback » appartient au lexique d'analyse filmique.

3 Réponse **a.** Une froideur objective accompagne la narration : son action est rapportée dans des termes presque scientifiques, sans pensée ni émotion.

S'ENTRAÎNER

4 La description est introduite par une **pause** dans la narration, comme l'indique le passage du passé simple (« aperçut ») à l'imparfait (« était »).
Le verbe de perception (« aperçut ») introduit le portrait que madame de Rênal fait de Julien ; Stendhal opte donc pour une **focalisation interne**. Le portrait de Julien est dressé à travers le regard séduit de madame de Rênal. La répétition de l'adverbe d'intensité « si » ainsi que la référence à « l'esprit un peu romanesque » de l'héroïne suggère la naissance d'une émotion, d'un sentiment amoureux chez elle.

5 **a. Les événements sont ici rapportés dans un ordre chronologique**, puisqu'ils se suivent. Le narrateur s'arrête sur un moment unique (« Ce jour-là ») : un dîner sur les hauteurs de Montmartre. Il évoque le cadre spatial avant de s'attarder, au dessert, sur la contemplation de Paris à laquelle se livre Saccard, puis le discours qu'elle lui inspire. Les verbes au passé simple rendent compte de cette chronologie : « ils dînèrent », « il fit apporter », « dit Saccard ». Le narrateur marque une pause avec la description de Paris.

b. Paris est ici décrit à travers le regard de Saccard qui projette sur la ville son avidité, parce qu'il voit dans la capitale la source de son enrichissement.

- Le **champ lexical des pierres précieuses et de l'or** sature le texte, comme l'indiquent les métaphores présentes dans l'énumération « aux arbres d'émeraude, aux toits de saphir, aux girouettes de rubis », ou la répétition du motif de l'or : « poussière d'or, rosée d'or, lingot d'or ».
- La **comparaison avec « une cité des Mille et une Nuits »** révèle également les fantasmes financiers que le héros cristallise sur cette ville. Il voit la capitale comme un lieu féerique, magique, presque fantastique, qui va lui apporter la fortune.
- L'avidité du héros se perçoit aussi à travers la **personnification de Paris**, décrite comme une femme qui s'abandonne, à travers les termes « s'alanguissait », « galanterie inusitée », « amoureusement » ou la référence à une toilette dont la femme se serait parée « d'un gris doux et tendre, piqué çà et là ».

À la fin de l'extrait, Saccard assimile les rayons du soleil à une pluie d'or qui s'abattrait sur la ville. Le **mythe de Danaé** est ici sous-jacent : pour s'accoupler avec Danaé, Zeus se transforme en pluie d'or.

- Enfin, la **métaphore de l'élément aquatique** court tout au long de la description. Elle est filée à travers les termes « cet océan de maisons, des flots, bleuâtres, mer vivante, lac, fonds, rosée, rive, pluie... ». En s'opposant à l'élément du feu évoqué ci-dessus, elle poétise la ville qui prend l'apparence d'un spectacle grandiose, celui d'un coucher de soleil sur l'immensité de la mer.

OBJECTIF BAC

6 - Les œuvres nous donnent à voir le Paris du XIXe siècle. Par souci de **réalisme**, chacune évoque au moins **un lieu précis** existant : la Seine, la colonne de la place Vendôme, le dôme des Invalides chez Balzac ; la Seine et « la rive droite de la ville, du côté de la Madeleine et des Tuileries » chez Zola ; l'un des moulins de Montmartre situé sur le côté gauche de la toile de Van Gogh.

> L'extrait de *La Curée* et le tableau de Van Gogh sont plus étroitement liés à la fois par le thème envisagé, les toits de Paris vus de Montmartre, mais aussi par leur date de réalisation.

- La position dans l'espace est identique : les trois spectateurs sont en hauteur et ils contemplent la ville qui s'étend sous leurs yeux.

- Les deux textes s'appuient sur un **point de vue interne**, qui nous donne accès aux pensées des personnages.
Le tableau, quant à lui, nous place à l'endroit même où le peintre se tient. La perspective qui se construit à partir des toits présents au premier plan, nous donne l'illusion que la ville est à nos pieds.

- Dans ces trois œuvres, la **lumière** occupe une place prédominante. Rastignac évoque les lumières de la ville qui trouent l'obscurité du crépuscule. La métaphore du miel introduit une couleur qui rappelle étrangement celle de l'or présente dans le texte de Zola.
Dans les deux textes, il s'agit bien de percevoir Paris comme un lieu de réussite, d'ascension sociale, propice à enrichir l'ambitieux. Dans l'extrait de *La Curée*, les références à la lumière dorée, comme aux couleurs, abondent : « bleuâtre », « gris doux », « nuages rouges », « toits de saphir », « émeraude », « or », « rubis », confèrent au texte une dimension picturale.
Chez Van Gogh, la blancheur du ciel fait écho aux touches claires formées par une fumée, un toit, la Seine... Les couleurs sont pratiquement toutes cassées avec du blanc.

> Le tableau n'utilise que peu de couleurs sombres comme le noir, essentiellement présent sur les côtés gauche et droit de la toile.

- Une **forte subjectivité** empreint ces trois visions de Paris.
Les deux héros y voient un reflet des ambitions qui les tenaillent. Pour preuves, la métaphore de la ruche utilisée par Balzac, celles des pierres précieuses, de l'or et de la transformation alchimique filées par Zola.

En outre, les deux romanciers **personnifient la ville** à la façon d'une femme désirable, « tortueusement couchée » ou « s'alanguiss[ant] ». Paris est le lieu de tous les possibles ; elle est aussi un espace à conquérir. Ce n'est d'ailleurs pas un hasard si Van Gogh vient y chercher fortune en 1886.

Les panoramas de Paris que nous donnent Zola et Van Gogh tirent parti des **techniques impressionnistes** ; il s'agit bien de traduire ce que l'œil voit par des couleurs, des touches lumineuses, plutôt que par des formes. La description de Saccard évoque des taches grâce aux termes « nuage », « brume », « rosée », « poussière ». L'absence de contours, de formes, dans la toile de Van Gogh, exprime aussi cette sensation d'imprécision.

Quand vous étudiez un récit, *a fortiori* une description, interrogez-vous sur les désirs ou les volontés des personnages. L'objet, le lieu décrit nous renseignent sur les préoccupations du spectateur puisqu'il y projette ses états d'âme.

www.annabac.com

CHAPITRE 8

Le roman et la nouvelle au XIXe siècle : réalisme et naturalisme

Contrairement au romantisme qui s'épanouit dans des genres variés (théâtre, poésie lyrique, roman, etc.), le réalisme opte pour un genre dominant : le récit, sous la forme du roman ou de la nouvelle. Dans les années 1880, le naturalisme s'impose comme radicalisation du réalisme. Zola en est le père fondateur et le représentant le plus illustre.

I Le réalisme

A Le contexte historique

Le courant litteraire appelé « réalisme » se développe tout au long du XIXe siècle, à compter des années 1830. Il s'inscrit dans un contexte spécifique.

- La France subit alors une grande **instabilité politique**, qui lui fait connaître de nombreux régimes : monarchie de Juillet, IIe République, Second Empire, IIIe République.
- L'avènement de l'**ère industrielle** s'accompagne de la formation d'un prolétariat ouvrier, tandis que le pouvoir passe aux mains de la bourgeoisie.
- Le développement des **méthodes expérimentales** par les scientifiques traduit un effort vers l'objectivité et l'observation précise.

B Le « réalisme », un mot de ralliement

- Le mot « réalisme » apparaît vers 1830 et connaît une fortune rapide. À partir des **années 1850**, des critiques le jettent à la tête du peintre Gustave Courbet qui vient de peindre l'*Enterrement à Ornans*, tableau représentant une scène d'enterrement, sans chercher à l'embellir ou à l'idéaliser (voir p. 99).
- Ce qui est considéré comme une injure par des critiques bornés va devenir un signal de ralliement pour toute une génération d'artistes, peintres ou écrivains.

Souvent déçus par le romantisme, les **réalistes** rejettent toute idéalisation du réel et le culte voué à la figure de l'artiste ainsi qu'à l'expression des sentiments.

ZOOM

Une peinture emblématique du réalisme

▲ *Enterrement à Ornans*, de Gustave Courbet (1849-50), musée d'Orsay, Paris.

▶ Gustave Courbet (1819-1877) provoque un **scandale** au Salon de 1850 avec son tableau *Enterrement à Ornans*. Pourquoi ?

• Réunissant une galerie de 46 personnages, l'œuvre représente une **scène ordinaire**, se déroulant dans un cadre banal. Les personnages ont posé dans l'atelier du peintre : ils sont des membres de sa famille ou des habitants de sa ville, Ornans.

• En choisissant une toile de **grandes dimensions** (6,68 m x 3,15 m), Courbet choque car ce type de format était jusque-là réservé aux sujets historiques ou religieux.

• L'œuvre mêle indifféremment des bourgeois et le peuple, ce qui est insupportable pour ceux qui croient à la supériorité de la bourgeoisie. En outre, les personnages représentés sont **laids**. Les critiques ont accusé Courbet de peindre « le trivial », « l'ignoble », le vulgaire.

▶ *Enterrement à Ornans* est donc une œuvre manifeste du réalisme dont Courbet sera le chef de file dans le domaine de la peinture.

C Les caractéristiques du réalisme

1. La reproduction du réel

Les auteurs réalistes ont un même dessein : donner à voir la réalité, la reproduire telle qu'elle est. Les premiers romans réalistes sont dus à Stendhal et Balzac. Si le premier définit le roman comme « un miroir qu'on promène le long d'un chemin », le second déclare vouloir « concurrencer l'état civil ».

2. Le souci de l'objectivité

La littérature refuse désormais ce qu'il était convenu de considérer comme de beaux sujets offrant une perception idéalisée de l'existence. Vouloir montrer le réel en toute objectivité implique que la littérature fasse une place à la **réalité sociale la plus modeste**, voire la plus laide : vie de province, monde ouvrier, existence d'êtres marginaux en tout genre, menus faits d'un quotidien médiocre... On aboutit nécessairement à une peinture pessimiste de la destinée humaine.

3. Le recours aux méthodes scientifiques

Le roman réaliste est le résultat d'un nouveau regard : l'écrivain se fait entomologiste, homme de laboratoire. Souvent, les romanciers réalistes qualifient leurs œuvres d'**études** ou d'analyses. Tels des scientifiques, ils prennent l'habitude de consigner dans des carnets leurs observations, leurs recherches documentaires.

Un **entomologiste** est un scientifique spécialisé dans l'étude des insectes. La minutie de son travail justifie le rapprochement que l'on fait avec un écrivain réaliste.

D Quelques œuvres majeures du réalisme

1. *Le Rouge et le Noir* (1830) de Stendhal

En 1827, pour écrire son œuvre la plus célèbre, Stendhal s'inspire d'un fait divers : le fils d'un artisan, ayant choisi de devenir prêtre, a été jugé et condamné à mort pour avoir assassiné son ancienne maîtresse, l'épouse d'un notable qui l'avait engagé comme précepteur de ses enfants.

Julien Sorel, le héros du roman, ***Le Rouge et le Noir***, est un jeune ambitieux, fasciné par Napoléon, qui tente de s'élever au-dessus de sa condition sociale.

2. *La Comédie humaine* (1830-1856) de Balzac

- *La comédie humaine* désigne un vaste ensemble de **91 romans** et de nombreuses **nouvelles**. Travailleur forcené, Balzac crée **2 209 personnages** qui reviennent d'un récit à l'autre, accentuant le réalisme de l'œuvre.

La Comédie humaine est conçue comme un **grand livre d'histoire du XIXe siècle**, celui des mœurs. Dans sa préface, Balzac écrit : « La société française allait être l'historien, je ne devais être que le secrétaire. »

Les **mœurs** sont les habitudes de vie, les usages et coutumes d'un peuple, d'une société.

Voici quelques-uns des romans les plus célèbres qui en font partie : *La Peau de chagrin, Eugénie Grandet, Le Père Goriot* (voir p. 92), *Splendeurs et misères des courtisanes.*

3. *Madame Bovary* (1857) et *L'Éducation sentimentale* (1869) de Flaubert

Le roman ***Madame Bovary*** fit scandale à sa parution et Flaubert fut traduit en justice pour atteinte aux bonnes mœurs et critique de la religion.

Emma Bovary est une **jeune femme victime de son imagination**. Grisée par des lectures romanesques, cette fille de paysan normand épouse un médecin médiocre, Charles Bovary, qu'elle trompe rapidement. Pour satisfaire ses goûts de luxe, elle s'endette et se ruine. Elle finit par s'empoisonner avec de l'arsenic. À travers ce roman, Flaubert condamne le romantisme et sa propension à tout enjoliver qui ne peut que générer désillusions et frustrations.

L'Éducation sentimentale est un roman d'apprentissage se déroulant à la fin de la monarchie de Juillet. Il raconte l'existence d'un **jeune homme voué à la médiocrité** car dépourvu de volonté. Comme Emma Bovary, Frédéric Moreau voit peu à peu ses rêves de jeunesse s'effondrer. Flaubert y évoque la perte de ses propres illusions, celle d'une génération que le romantisme a leurrée.

Chacun des romans de Flaubert est l'aboutissement d'un travail d'écriture minutieux et fastidieux, qui s'accompagne de nombreuses recherches documentaires.

4. *Une vie* (1883) et *Pierre et Jean* (1887) de Maupassant

Dans *Une vie*, une jeune aristocrate épouse un homme brutal et avare. Sa vie sera une suite d'épreuves et de désillusions.

Pierre et Jean raconte l'histoire d'une famille bourgeoise du Havre, dont l'harmonie apparente se fissure le jour où l'un des fils touche un gros héritage provenant de… son père biologique, l'ancien amant de sa mère.

Maupassant, **disciple de Flaubert**, dépeint les mœurs provinciales de sa Normandie natale ; domestiques, paysans et bourgeois du XIXe siècle y sont représentés avec beaucoup de pessimisme, voire de cruauté. Il est l'auteur de plus de 300 nouvelles, dans lesquelles il épingle la **médiocrité et l'égoïsme des hommes**.

II Le naturalisme

Pour Zola, le roman naturaliste, qu'il qualifie d'expérimental, « est une conséquence de l'évolution scientifique du siècle ».

A Le contexte culturel et scientifique

- Les **théories biologiques nouvelles** montrent que tout changement de milieu implique une modification chez l'être qui y vit.
- La philosophie de **Schopenhauer** (1788-1860) défend l'idée que tout être est soumis aux instincts (survie, pulsions sexuelles...).
- Les travaux de **Claude Bernard** (1813-1878) se fondent sur une méthode expérimentale : observation des faits, hypothèses, vérification par des expériences appropriées, classement des données de l'expérience.

B Les caractéristiques du naturalisme

- Les romanciers naturalistes s'inspirent des méthodes scientifiques nouvelles. **Zola se livre ainsi à des expériences** sur ses personnages en les faisant évoluer dans des contextes particuliers. Cette analyse du réel aboutit à un déchiffrement lucide et intelligent du fonctionnement de la société du second Empire. Il étudie ainsi sur une famille, les Rougon-Macquart, les **déterminismes héréditaires et sociaux**.
Ces principes amènent l'écrivain à faire la part belle aux instincts de l'homme, qu'ils soient sexuels ou autres, heurtant parfois les sensibilités de l'époque.
- Les romanciers naturalistes, plus encore que les réalistes, ont le **culte de la documentation**, comme le montrent les carnets d'enquête de Zola (voir p. 101).
- Si les naturalistes insistent sur la nécessité d'un **style simple et naturel**, Zola, leur chef de file, se distingue par un style puissant qui fait appel aux tonalités épique et fantastique, aux mythes et symboles. C'est peut-être son œuvre qui exprime le mieux la visée idéologique du mouvement litteraire : **œuvrer pour l'avenir de l'humanité**.

Avant de rédiger un roman, Zola constitue un **dossier colossal** contenant des plans, des témoignages, des observations prises s[ur] le vif, des anecdotes. Il s'en inspire pour multiplier les effets de réel dans ses œuvres

ZOOM

Plan de la mine dessiné par Zola pour *Germinal*

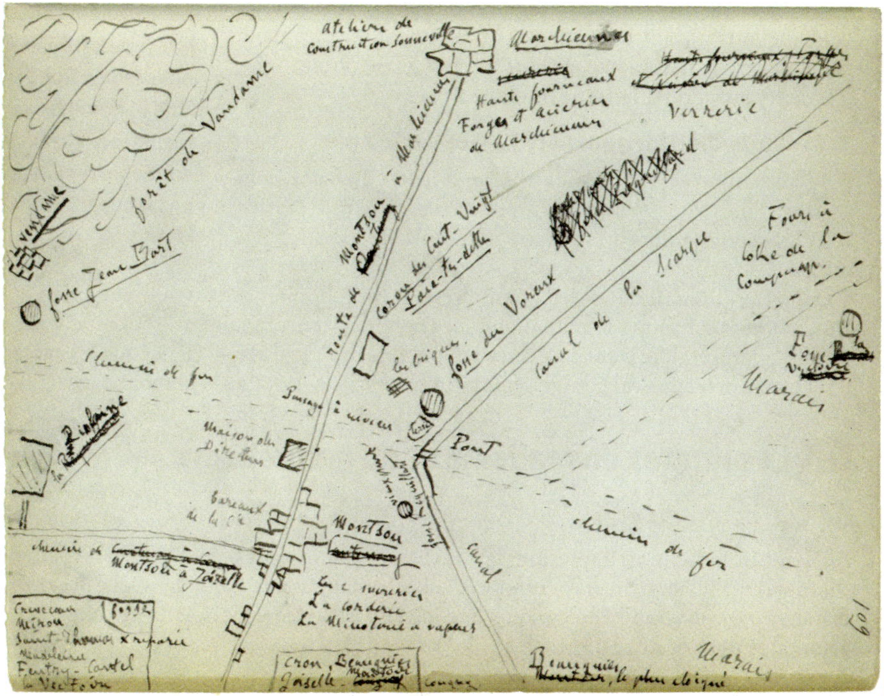

▲ Topographie d'ensemble de *Germinal*, dessinée par Émile Zola.

▶ Ce plan fait partie du dossier préparatoire constitué par Zola ; il lui permet d'ancrer son roman dans un cadre réaliste et de visualiser l'espace dans lequel les personnages évolueront.

▶ Il s'agit de la carte de la région de Marchiennes (Nord de la France), **dessinée par Zola, à partir de ses « enquêtes »** effectuées sur le terrain.

▶ Ce document correspond effectivement aux lieux évoqués dans son roman *Germinal*. Le chemin de fer qui traverse la carte dans sa largeur relie toutes les fosses, dont celle du Voreux où travaillent les personnages du roman.

C Les œuvres majeures du naturalisme

1. *Germinie Lacerteux* (1865) des frères Goncourt

Le roman raconte l'histoire tragique d'une fille du peuple venue à Paris travailler comme servante. Reconnu comme le premier roman naturaliste, ce livre permet à une domestique d'accéder au statut d'héroïne littéraire.

En 1896, Edmond de Goncourt crée le prix littéraire qui porte son nom, le **prix Goncourt**. Très honorifique, ce prix récompense chaque année un roman publié en langue française.

2. *Les Rougon-Macquart* (1871-1893) de Zola

- Rivalisant avec *La Comédie humaine* de Balzac, Zola conçoit une vaste *Histoire naturelle et sociale d'une famille sous le Second Empire* en mettant au premier plan « le grand oublié » : le peuple.
- Dans *Germinal*, il décrit les conditions de vie inhumaines des mineurs ; dans *L'Assommoir*, il évoque le milieu ouvrier cherchant dans l'alcool un soutien à son quotidien misérable. Dans *La Terre*, il dépeint le monde paysan. Dans tous les cas, il recourt à la langue du peuple pour faire entendre la voix de ses personnages.

III Les limites du réalisme et du naturalisme

A L'illusion du vrai

En peinture comme en littérature, si le réel est toujours représenté, l'artiste ne peut donner que l'illusion du vrai, comme l'explique Maupassant dans la préface de son roman *Pierre et Jean* : « J'en conclus que les Réalistes de talent devraient s'appeler plutôt **des Illusionnistes**. »

B La recréation du réel

De fait, le foisonnement du réel est incompatible avec les exigences de composition du roman. Pour donner un sens au réel, le romancier doit choisir, réorganiser, hiérarchiser les éléments qu'il emprunte à la réalité.

> « Le réaliste, s'il est un artiste, cherchera, non pas à nous montrer la photographie banale de la vie, mais à nous en donner la vision plus complète, plus saisissante, plus probante que la réalité même. »
>
> Guy de Maupassant, Préface de *Pierre et Jean*, (1888).

C Une inspiration picturale revendiquée

Fervent défenseur de la peinture impressionniste, Zola en apprécie les sujets inspirés de la réalité, l'importance accordée à la lumière. Il recourt parfois à ces techniques picturales, transformant certains de ses textes en tableaux impressionnistes. Il rejoint ainsi Maupassant, puisqu'il préfère restituer le réel à travers des sensations, des impressions, et non le reproduire parfaitement, comme pourrait le faire un appareil photo.

RÉCAPITULONS

- Le réalisme fait son apparition en 1830. Le naturalisme s'inscrit dans sa continuité et se constitue autour de Zola.
- Les principes communs aux deux mouvements sont la recherche de la vérité, une observation de la réalité que les artistes ont sous les yeux et un souci d'objectivité fondé sur une démarche scientifique.
- Le roman naturaliste est conçu comme le lieu d'une expérimentation scientifique. L'écrivain y analyse les réactions d'un individu placé dans un milieu spécifique.
- Les œuvres de ces mouvements réaliste et naturaliste ne sont pas, cependant, des reproductions exactes du réel. Elles reflètent bien souvent la personnalité de l'artiste.

Montrer le réalisme d'un texte

LA DÉMARCHE

Il vous faut relever des éléments qui donnent au lecteur l'illusion du vrai.

- Définissez le sujet du texte et son ancrage dans une réalité quotidienne.
- Relevez les précisions relatives au cadre spatio-temporel.
- Identifiez chez les personnages ce qu'ils ont d'ordinaire, de banal.
- Étudiez le rythme de l'extrait : comment donne-t-il au lecteur l'impression de vivre l'histoire ?

L'EXEMPLE COMMENTÉ

Dans ce chapitre 8 du roman de Maupassant, Pierre et Jean, *Pierre, le fils légitime décide de fuir sa famille dans laquelle il se sent exclu. Il s'engage comme médecin à bord d'un bateau, la Lorraine.*

« Le 1er octobre, la Lorraine, venant de Saint-Nazaire, entra au port du Havre, pour en repartir le 7 du même mois à destination de New York ; et Pierre Roland dut prendre possession de la petite cabine flottante où serait désormais emprisonnée sa vie. Le lendemain, comme il sortait, il rencontra dans l'escalier sa mère qui l'attendait et qui murmura d'une voix à peine intelligible :

“Tu ne veux pas que je t'aide à t'installer sur ce bateau ?

– Non, merci, tout est fini.”

Elle murmura : “Je désire tant voir ta chambrette.

– Ce n'est pas la peine. C'est très laid et très petit.”

Il passa, la laissant atterrée, appuyée au mur, et la face blême. Or Roland, qui visita la Lorraine ce jour-là même, ne parla pendant le dîner que de ce magnifique navire et s'étonna beaucoup que sa femme n'eût aucune envie de le connaître puisque leur fils allait s'embarquer dessus. Pierre ne vécut guère dans sa famille pendant les jours qui suivirent. Il était nerveux, irritable, dur, et sa parole brutale semblait fouetter tout le monde. Mais la veille de son départ il parut soudain très changé, très adouci. Il demanda, au moment d'embrasser ses parents avant d'aller coucher à bord pour la première fois :

“Vous viendrez me dire adieu, demain sur le bateau ?”

Roland s'écria : “Mais oui, mais oui, parbleu. N'est-ce pas, Louise ?” »

Guy de Maupassant, *Pierre et Jean* (1888).

- indices spatio-temporels
- pessimisme de Pierre sur son avenir, symbolisé par sa cabine sur le bateau

I Le sujet du texte

1. Le texte rapporte les **derniers moments passés par Pierre dans sa famille.** Les relations avec ses parents sont difficiles, puisque Pierre fait d'abord preuve de froideur à l'égard de sa mère, avant de devenir agressif. Il change ensuite d'attitude, à l'approche de son embarquement, le passé simple « il parut soudain très changé » se substituant à l'imparfait « sa parole brutale semblait fouetter tout le monde ».

2. Les dialogues entre le fils et ses parents sont conventionnels et attendus : nous sommes bien dans la **critique de l'hypocrisie bourgeoise** où la sauvegarde des apparences prédomine.

II Le cadre spatio-temporel

1. Le cadre spatio-temporel est **extrêmement précis** et participe du réalisme de l'extrait. Une date figure, le « 1er octobre », ainsi que le lieu où se situe l'histoire, la ville du Havre.

2. Ce souci de minutie se traduit également dans la **description du bateau** dont on nous rappelle l'origine et la destination « venant de Saint-Nazaire (…) à destination de New York », comme le jour et l'heure du départ : le 7 octobre à « onze heures juste ».

III Les personnages

1. Le **personnage de Pierre** traverse une période difficile : il quitte un cercle familial qui l'a exclu, pour une vie marquée par la solitude et l'absence d'épanouissement. Évoquons ainsi la description qu'il fait de sa chambre, métaphore de sa vie future, « C'est très laid et très petit ». L'image du cercueil n'est pas très loin, comme le montre l'expression « la petite cabine flottante où serait désormais emprisonnée sa vie ».

2. Le **couple formé par les parents** ne suscite pas non plus l'envie, puisque tout paraît les opposer. La mère est en retrait (« d'une voix à peine intelligible », « tout bas ») alors que le père accapare la conversation (« ne parla pendant le dîner que de ce magnifique navire »). Les personnages ne présentent ici rien d'héroïque ; ils incarnent chacun à leur manière **une vie d'échecs.**

IV Le rythme du récit

1. Un certain nombre de termes (« le lendemain », « ce jour-là même », « la veille de son départ ») constituent des marqueurs temporels qui insufflent un **rythme rapide**, celui d'un compte à rebours qui a commencé.

2. Le rythme du récit ne correspond pas au temps de la fiction, puisqu'il est accéléré par des **ellipses** (« lendemain », « ce jour-là même ») et des **sommaires** (« pendant les jours qui suivirent »). Pourtant, c'est lui qui donne au lecteur l'impression de vivre l'histoire, c'est-à-dire l'illusion du réel.

SE TESTER QUIZ

1 Quand apparaît le terme « réalisme » ?

- ☐ **a.** en 1810
- ☐ **b.** en 1830
- ☐ **c.** en 1870

2 Comment se nomme l'œuvre de Balzac ?

- ☐ **a.** *La Comédie humaine*
- ☐ **b.** *La Condition humaine*
- ☐ **c.** *La Comédie française*

3 « Un roman, c'est un miroir qu'on promène le long d'un chemin » signifie qu'il :

- ☐ **a.** représente le réel
- ☐ **b.** se veut scientifique et objectif
- ☐ **c.** se veut impressionniste

4 Le chef de file du naturalisme est :

- ☐ **a.** le peintre Gustave Courbet
- ☐ **b.** l'écrivain Guy de Maupassant
- ☐ **c.** l'écrivain Émile Zola

OBJECTIF BAC

Commentaire

5 Dans la perspective du commentaire de texte qui vous sera proposé à l'oral et à l'écrit du bac, répondez aux questions suivantes portant sur cet extrait de Zola.
Celles-ci peuvent constituer les deux parties d'un commentaire dont le projet de lecture porterait sur l'originalité de cette description de Paris.

a. Identifiez et commentez trois éléments qui prouvent que cette vision de Paris est subjective.

b. En quoi cette description de Paris est-elle influencée par la peinture ?

« Ce jour-là, ils dînèrent au sommet des buttes [Montmartre], dans un restaurant dont les fenêtres s'ouvraient sur Paris, sur cet océan de maisons aux toits bleuâtres, pareils à des flots pressés emplissant l'immense horizon. Leur table était placée devant une des fenêtres. Ce spectacle des toits de Paris égaya Saccard. Au dessert, il fit apporter une bouteille de bourgogne.

Il souriait à l'espace, il était d'une galanterie inusitée. Et ses regards, amoureusement, redescendaient toujours sur cette mer vivante et pullulante, d'où sortait la voix profonde des foules. On était à l'automne ; la ville, sous le grand ciel pâle, s'alanguissait, d'un gris doux et tendre, piqué çà et là de verdures sombres, qui ressemblaient à de larges feuilles de nénuphars nageant sur un lac ; le soleil se couchait dans un nuage rouge, et, tandis que les fonds s'emplissaient d'une brume légère, une poussière d'or, une rosée d'or tombait sur la rive droite de la ville, du côté de la Madeleine et des Tuileries. C'était comme le coin enchanté d'une cité des Mille et une Nuits, aux arbres d'émeraude, aux toits de saphir, aux girouettes de rubis. Il vint un moment où le rayon qui glissait entre deux nuages fut si resplendissant, que les maisons semblèrent flamber et se fondre comme un lingot d'or dans un creuset.

– Oh ! vois, dit Saccard, avec un rire d'enfant, il pleut des pièces de vingt francs dans Paris ! »

Émile Zola, *La Curée* (1871).

POUR VOUS AIDER

- Commencez par lire le chapitre sur le commentaire littéraire, p. 209.
- Intéressez-vous à la focalisation utilisée dans ce texte.
- Réutilisez les éléments de l'analyse comparative effectuée entre le texte de Zola et la toile de Van Gogh (voir p. 94).

SE TESTER

1 Réponse **b.** **2** Réponse **a.** **3** Réponse **a.** **4** Réponse **c.**

OBJECTIF BAC

5 a. Trois éléments du texte montrent que la vision de Paris est subjective (c'est celle de Saccard) : la focalisation interne, la description de Paris telle une cité d'or et sa personnification. Voici le plan que vous pourriez adopter dans cette première partie de votre commentaire.

I. Une vision subjective de Paris, celle du spéculateur Saccard

1. L'utilisation de la focalisation interne

- La scène est perçue par Saccard : du haut des « buttes » et placé « devant une des fenêtres », il contemple le « spectacle » de la ville. Occupant une place idéale, il regarde Paris et la décrit avec **subjectivité** (« spectacle des toits », « ses regards » qui « redescendaient toujours »).

- Le narrateur nous révèle les sentiments de Saccard à travers **des notations psychologiques** telles que « amoureusement », « égaya », « souriait », « rire ».

- L'**exclamation finale au discours direct** instaure un lien évident avec les images contenues par la description (pluie, lumière et argent) et qui suscitent l'enthousiasme de Saccard.

> En rouge, apparaissent ici des idées sur lesquelles vous pouvez vous fonder pour justifier la focalisation interne. Elles s'accompagnent toujours de citations à valeur de preuves.

2. La métamorphose de Paris en cité d'or

- Le **champ lexical** des pierres précieuses et de l'or sature le texte. **Les métaphores** présentes dans **l'énumération** (« aux arbres d'émeraude, aux toits de saphir, aux girouettes de rubis ») se mêlent à la répétition du motif de l'or présent dans les expressions « poussière d'or, rosée d'or, lingot d'or ». **La comparaison** avec « une cité des Mille et une Nuits » révèle également les fantasmes financiers que Saccard projette sur cette ville : un lieu féerique, qui va lui apporter la fortune.

- Saccard ambitionne de transformer ces maisons en argent, se livrant à une véritable opération magique, voire alchimique (dont le but est la transformation du plomb en or).

> En rouge, apparaissent dans la sous-partie 2, les outils d'analyse littéraire dont vous devez émailler votre commentaire. Dans l'idéal, un paragraphe s'appuie au moins sur deux ou trois procédés.

3. La personnification de la ville, objet de désir

- Paris est décrite comme une femme sensuelle qui s'abandonne, à travers le verbe « s'alanguissait » ou la référence à une toilette dont elle se serait parée « d'un gris doux et tendre, piqué çà et là ».

- Les pulsions de Saccard sont explicitement teintées d'érotisme : « galanterie inusitée », « amoureusement ». Elles donnent à sa position dominante une symbolique forte, celle du prédateur prêt à fondre sur sa proie.

b. La description de Paris proposée par Zola reprend la composition d'un tableau, accorde une grande importance à la lumière et s'appuie sur certaines techniques impressionnistes.
Voici le plan que vous pourriez adopter dans cette deuxième partie de votre commentaire.

II. Une description rivalisant avec un tableau impressionniste

1. Un vaste panorama urbain et réaliste

- La description de Paris commence par une vue d'ensemble : « Cet océan de maisons aux toits bleuâtres ». La **métaphore marine est filée** à travers d'autres termes donnant à voir cette immensité mouvante et bruyante : « des flots, bleuâtres, mer vivante ». L'évocation de la grandeur de Paris repose sur la **longueur des phrases** dont l'amplitude imite le gigantisme de l'océan.

- Se distinguent trois plans : le premier est occupé par les toits, le deuxième par les parcs et monuments (Tuileries, Madeleine) et le troisième par « les fonds [qui] s'emplissaient d'une brume légère ».

Les **grands travaux d'Haussmann** qui vont détruire et modifier le centre de Paris, permettent à Zola d'inscrire son récit dans un contexte moderne, celui de son temps.

2. L'importance dévolue à la lumière

- Zola tire parti des techniques impressionnistes en traduisant ce que l'œil voit par des couleurs, des touches lumineuses, plutôt que par des formes. Les références à la lumière dorée et aux couleurs abondent : « bleuâtre », « gris doux », « nuages rouges », conférant au texte une dimension picturale. Le **crépuscule et l'automne** sont souvent étudiés par les impressionnistes car ils impliquent une lumière dorée qui métamorphose le paysage urbain.

- « Il vint un moment [...] si resplendissant » indique une évolution des couleurs et de l'éclairage. Ce passage s'efforce de saisir, grâce à la temporalité que le récit introduit, contrairement à la peinture, ce changement d'éclairage. Grâce à la beauté du soleil couchant qui atteint son paroxysme dans cette dernière phrase, Paris est transfigurée. De **décor réaliste**, elle devient un lieu magique enrichissant le spectateur. Mais le regard pictural porté sur la ville donne à cette métamorphose une tonalité plus artistique, donc plus poétique.

Les **impressionnistes** veulent reproduire les variations de couleurs. Son chef de file, Claude Monet, a ainsi peint 18 vues de la cathédrale de Rouen en fonction des différentes heures de la journée.

3. Restituer le réel à travers les sensations : le choix de l'imprécision

- Zola, comme les peintres impressionnistes, procède par touches, par contrastes, **supprimant les contours et les formes**. Les maisons ne sont pas décrites et les toits suggèrent une masse (« océan de toits »). Les nuances de « pâle », « bleuâtres » exacerbent cette impression d'imprécision.

- Dans ce texte, deux voix se mêlent : celle du personnage aux rêves de puissance prémonitoires, celle de l'**écrivain qui rivalise avec le peintre**, en transposant dans sa description littéraire, les techniques picturales.

www.annabac.com

CHAPITRE 9 Genres et formes du théâtre : la comédie et la tragédie

Le mot « théâtre » est la transcription du grec *theatron*, qui signifie « lieu d'où l'on peut voir ». Le théâtre est par nature un spectacle, c'est-à-dire quelque chose que l'on regarde. Il est l'imitation d'une action qu'il représente sur scène, à la différence d'une narration qui raconte ce qui s'est fait ou dit.

I Les caractéristiques de la comédie et de la tragédie

A La comédie

Le terme « comédie » a une double acception. Au sens large, il peut désigner le **théâtre** en général (comme le montre le terme « comédien » qui désigne les acteurs de théâtre, quel que soit le genre de la pièce jouée). Mais, dans un sens restreint, il fait référence à un **sous-genre** particulier qui présente les caractéristiques suivantes :

- L'**action** se déroule à une époque contemporaine de celle de l'auteur.
- Les **lieux** peuvent être divers : intérieur bourgeois, forêt, rue, château…
- Les **personnages** appartiennent à l'humanité ordinaire : domestique, bourgeois, noble ; ils sont plus ou moins typés : le vieillard, le jeune premier, l'amoureuse, le pédant…
- Le **dénouement** est le plus souvent heureux mais il arrive que celui-ci se solde par la mort d'un personnage, voire du personnage principal. C'est le cas dans *Dom Juan* de Molière.

Le mot « **action** », qui se dit *drama* en grec, a donné en français le mot « dramatique ». Ainsi parle-t-on du genre dramatique – expression qui désigne le théâtre – et du dramaturge, nom de l'auteur de pièces de théâtre.

- La comédie peut être **en vers** ou **en prose**.
- La comédie cherche à **faire rire** ou sourire le spectateur. Elle a souvent une visée **didactique** : il s'agit de critiquer ou de dénoncer certains travers humains ou les dysfonctionnements de la société. Elle peut aussi vouloir explorer la psychologie humaine, comme chez Marivaux.

B La tragédie

- L'**action** d'une tragédie se situe dans un pays lointain et à une époque antérieure à celle de l'écriture ; ce peut être l'Antiquité grecque, romaine ou biblique.
- Les **personnages** sont légendaires ou historiques, mais dans tous les cas illustres.
- La **fatalité** est indispensable pour qu'il y ait tragique. Elle peut se manifester de plusieurs manières : volonté des dieux entre les mains desquelles l'homme n'est qu'un jouet, passions (amour, haine) qui entraînent le héros à sa perte.
- Le **dénouement** s'accompagne le plus souvent de la mort d'un au moins des personnages, mais ce n'est pas une règle absolue. Ainsi, *Bérénice* de Racine se termine non par la mort des amants mais par leur séparation définitive. Cependant, quel que soit le type de fatalité, l'homme en est toujours victime, vaincu au terme d'une lutte héroïque mais inutile. D'une manière ou d'une autre, la tragédie s'achève par la **défaite du héros**.
- La tragédie peut être **en vers** ou **en prose**.
- Elle suscite **la terreur** et **la pitié**.

C La tragi-comédie

- Elle se distingue de la tragédie par son action qui est **moins grave**. *Le Cid* de Corneille est, selon son auteur, une tragi-comédie car c'est l'amour - et non les questions d'intérêt d'État - qui est au cœur de la pièce.
- La tragi-comédie ne se dénoue pas par la mort.

D Le théâtre moderne : un nouveau tragique

- C'est la pièce d'Alfred Jarry, *Ubu roi* créée en 1896 qui, la première, annonce les tendances du théâtre du XXe siècle .
- Ce théâtre est difficile à cerner car ses productions n'entrent pas dans les catégories antérieures : ainsi, la distinction entre tragédie et comédie disparaît.

Il fait appel à des formes très proches de celles que l'on trouve dans la *commedia dell'arte*, le mime, le cirque, les clowneries, l'improvisation, sans être pour autant comique.

- Avec ce théâtre moderne **disparaissent l'intrigue et le personnage** tandis que **le langage se dérègle**, ce qui aboutit à un nouveau tragique.

ZOOM

La *commedia dell'arte*

▲ ***Farceurs français et italiens***, **peintre anonyme (1670), Comédie française, Paris.**

On situe généralement l'apparition de la *commedia dell'arte* au XVIe siècle.

▶ Le jeu des comédiens est caractérisé par l'**improvisation**, les comédiens brodant à partir d'un canevas et donnant libre cours à leur inspiration.

▶ Les acteurs ne jouent pas des personnages mais des **types fixes**. Ainsi, le **vieillard** Pantalon est un riche et avare marchand ; ***Il Dottore***, un docte pédant et ridicule. **Les serviteurs** ou *zanni* sont tantôt balourds, tantôt ingénieux. Les **soubrettes** s'appellent Zerbinetta ou Colombina. Les **amoureux** sont les personnages les moins typés.

▶ À chacun de ces types correspondent **un costume et des accessoires significatifs**, comme la batte d'Arlequin ; seuls les jeunes premiers et les rôles féminins sont vêtus à la mode du jour.

▶ Dans le tableau ci-dessus, les personnages traditionnels de la *commedia dell'arte* sont représentés au milieu de comédiens français (Molière est le premier personnage à gauche). On distingue : Le Capitan ou Matamore (4e personnage en partant de la gauche), Arlequin (au centre), Scaramouche, Pantalon, Polichinelle.

II Les structures dramatiques

A La structure externe

- Une pièce classique est le plus souvent divisée en **actes** sur le modèle des pièces de l'Antiquité latine. Elle en compte généralement cinq, en application du précepte contenu dans l'*Art poétique* d'Horace (65 ? – 8 av. J.-C.). Mais les exceptions sont nombreuses parmi les comédies, qu'il s'agisse de celles de Molière ou de celles de Marivaux. Chaque acte, centré sur un événement majeur, forme un tout et marque une progression par rapport au précédent.

> Les grandes comédies de Molière (par exemple *L'École des femmes, Le Tartuffe, Le Misanthrope*) sont composées en **cinq actes**, comme le veut Horace, et traitent de sujets graves.

- Les actes sont subdivisés en **scènes**. Il y a un changement de scène à chaque fois qu'entre ou sort un personnage. Le nombre de personnages est variable et renseigne sur le rythme de l'action : plus les scènes sont nombreuses, plus les apparitions sont courtes. À l'inverse, un petit nombre de scènes indique que le nombre et les mouvements des personnages sont limités.

- À partir du drame romantique, les pièces sont parfois divisées en **tableaux**, ce qui représente un assouplissement par rapport à la division en scènes.

- Dans le théâtre moderne, le découpage en actes n'existe souvent plus.

B La structure interne

1. L'exposition

- Elle commence à la scène 1 de l'acte I et se prolonge au maximum jusqu'à la fin de cet acte.

- Elle fournit au spectateur les éléments d'**informations nécessaires** à la compréhension de l'histoire : le cadre spatio-temporel, les personnages et leurs liens, l'action qui se met en place.

> *Le Tartuffe* de Molière est une des exceptions puisque son exposition ne s'achève qu'au troisième acte.

- Le spectateur situe immédiatement la pièce par rapport aux codes théâtraux. La pièce est-elle tragique ou comique ; en vers ou en prose ?

- L'exposition peut se faire sous la forme du **monologue** d'un personnage ou d'une **conversation** : selon le cas entre le héros et son confident, entre deux héros, entre deux personnages secondaires, ou encore entre tous les personnages de la pièce.

2. Le nœud

- Ce terme – synonyme d'**intrigue** – désigne la relation qui s'établit entre la volonté, les désirs d'un personnage et les obstacles qui s'opposent à leur réalisation.

- Le nœud s'étend de la fin de l'exposition jusqu'à la fin du quatrième acte. Il comporte des péripéties, appelées également **coups de théâtre**. Les péripéties provoquent des changements dans la situation créée précédemment par les obstacles.

3. Le dénouement

Il commence quand finit le nœud, au moment où le dernier obstacle disparaît. Il doit être :
- nécessaire : il doit découler naturellement et logiquement de la situation ;
- complet : il faut que le spectateur soit fixé sur le sort de tous les personnages et qu'aucune question ne soit laissée en suspens ;
- rapide : il doit se mettre en place à l'extrême fin de la pièce.

4. La structure des pièces modernes

Les pièces modernes ont des structures différentes. Le rejet d'une progression dramatique exprime une **vision du monde pessimiste**, comme dans *Huis clos* (1944) de Jean-Paul Sartre.

III La parole théâtrale

A La double énonciation

- Les paroles prononcées sont d'abord des messages que les personnages échangent entre eux mais à un second niveau, elles s'adressent au spectateur.
- Cette double énonciation justifie le recours à l'**aparté** et aux **scènes d'exposition** qui ne visent en fait qu'à renseigner le spectateur.

L'**aparté** est une réplique prononcée par un personnage pour les spectateurs et supposé ne pas être entendue des autres personnages

B Les didascalies

- Ce terme désigne toutes les **indications données par le dramaturge** : découpage du texte (actes, scènes, tableaux...), noms et conditions des personnages, lieux, temps, manière dont l'acteur doit dire sa réplique.
- L'**importance des didascalies** a varié au fil du temps. Rares dans la tragédie classique et souvent contenues dans les propos des personnages, elles sont nombreuses et généralement fort longues dans les pièces modernes. Cette évolution montre l'importance accordée non pas tant au texte lui-même qu'à sa **mise en scène**.

Cet **envahissement du texte théâtral par les didascalies** est aussi le symptôme d'une crise d langage. Parce que celui ci est jugé insuffisant, le objets, la gestuelle ont une importance accrue.

C Les paroles prononcées par les personnages

1. Le dialogue

- Il est constitué par l'échange de **répliques** prononcées par les personnages en présence.

- Ces répliques peuvent être de longueurs variables : si elles sont longues, ce sont des **tirades** ; si ce sont des répliques vers à vers ou hémistiche à hémistiche, il s'agit alors de **stichomythies**, comme dans l'exemple ci-dessous (lignes 5 à 11).

« SCAPIN. – Il faut, pour son honneur, et pour le vôtre, qu'il dise dans le monde que c'est de bon gré qu'il l'a épousée.
ARGANTE. – Et je veux moi, pour mon honneur et pour le sien, qu'il dise le contraire.
SCAPIN. – Non, je suis sûr qu'il ne le fera pas.
ARGANTE. – Je l'y forcerai bien.
SCAPIN. – Il ne le fera pas, vous dis-je.
ARGANTE. – Il le fera, ou je le déshériterai.
SCAPIN. – Vous ?
ARGANTE. – Moi.
SCAPIN. – Bon. »

Molière, *Les Fourberies de Scapin*, I, 4 (1671).

2. Le monologue

- Il est constitué par l'ensemble des paroles que profère un personnage **qui se parle à lui-même**, ou bien qui s'adresse à une entité ou à un être invisible.

- Dans le **théâtre classique**, il est, pour le personnage, l'occasion de s'analyser et donc de clarifier sa situation.

- Dans le **théâtre moderne,** à l'inverse, le monologue devient souvent l'expression d'une impossibilité à s'analyser et à communiquer.

IV Les éléments non verbaux

A L'espace scénique

- L'espace où la représentation a lieu peut être une salle en rond, à l'italienne, un cabaret, un cirque, ou encore la rue (sur des tréteaux).

- L'espace scénique a évolué depuis la Grèce antique jusqu'à nos jours. Il n'est pas neutre et commande un mode de relations entre la scène et le public.

zOOM

Deux grandes figures de la mise en scène de la fin du XXe siècle

▶ **Peter Brook** (1925-) est un metteur en scène de théâtre et de cinéma britannique. À Londres, il dirige la Royal Shakespeare Company pendant une dizaine d'années. Plus tard, en 1974, il fonde à Paris le CIRT (Centre International de Recherches Théâtrales) qui s'installe au théâtre des Bouffes du Nord. Le théâtre de Brook se caractérise par le **dépouillement** : les décors et les accessoires sont réduits à quelques signes.

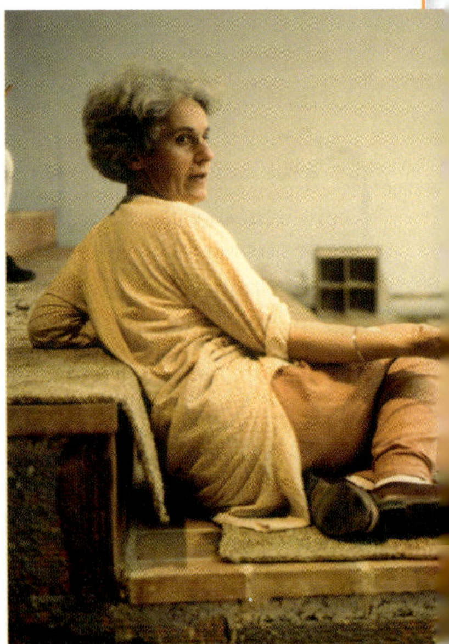

▶ **Ariane Mnouchkine** (1939-) est metteur en scène, fondatrice du Théâtre du Soleil installé à la Cartoucherie de Vincennes depuis 1970. Ses premiers spectacles reflètent les idées de Mai 1968 avec des **créations collectives** empruntant à des techniques scéniques populaires, telles que celles du cirque ou de la *commedia dell'arte*. Depuis 1980, les recherches de la troupe incluent des techniques traditionnelles orientales telles celles du Kabuki (théâtre japonais) ou du Kathakali (théâtre du sud de l'Inde).

B L'espace dramatique

Il s'agit du lieu imaginé par le dramaturge, celui où se déroule l'intrigue représentée, par exemple une chambre du palais de Néron, dans *Britannicus* de Racine.

C Le décor

Le décor a toujours un sens que le spectateur doit décrypter.
Voici le début d'*Oh les beaux jours*. La pièce s'ouvre sur une longue didascalie.

« *Étendue d'herbe brûlée s'enflant au centre en petit mamelon. Pentes douces à gauche et à droite et côté avant-scène. Derrière, une chute plus abrupte au niveau de la scène. Maximum de simplicité et de symétrie. Lumière aveuglante.*
Une toile de fond en trompe-l'oeil très pompier représente la fuite et la rencontre au loin d'un ciel sans nuages et d'une plaine dénudée.
Enterrée jusqu'au dessous de la taille, dans le mamelon, au centre précis de celui-ci, WINNIE [...]. »

Samuel Beckett, *Oh les beaux jours*, © Éditions de Minuit (1962).

Les termes indiqués en rouge suggèrent un décor représentant un univers hostile ; le personnage à demi enterré semble abandonné dans un lieu de solitude totale, sorte d'antichambre de la mort.

D Les costumes

- Selon le cas, ils renvoient à une époque précise ou intemporelle. Souvent ils indiquent **le rang social** du personnage ou renseignent sur **son caractère**.
- Quand le costume est en contradiction avec ce que disent les personnages, il **modifie le sens de l'action**.

Dans L'Avare, *le costume d'Harpagon souligne son avarice car il est vêtu, en 1670, selon la mode des années 1610. Quand la servante Frosine fait l'éloge de ce costume, à l'acte II, scène 5, cela ne pouvait que faire rire les contemporains de Molière.*

E Les accessoires

Ils sont révélateurs de ce que sont les personnages, de la situation dans laquelle ils se trouvent.

Dans En attendant Godot *de Beckett, le pliant de Pozzo a un double rôle, utilitaire et symbolique : siège du personnage, il symbolise aussi le pouvoir, la supériorité absolue qu'il a sur les autres personnages et particulièrement sur Lucky qu'il ne cesse d'opprimer.*

F Les éléments sonores

Le bruitage, les chansons, l'accompagnement musical, les onomatopées et les cris jouent également un rôle non négligeable.

RÉCAPITULONS

Une pièce de théâtre est à la fois un texte et un spectacle.

- Elle appartient à un genre ou en combine plusieurs.
- Elle se caractérise par une structure plus ou moins rigide : scène d'exposition, nœud et dénouement.
- Il faut examiner avec soin la parole théâtrale et ses modalités (dialogue, monologue, didascalies) comme les éléments non verbaux (espace, décors, costumes, accessoires, éléments sonores).

Étudier un dialogue de théâtre

LA DÉMARCHE

Pour étudier un dialogue, il faut se poser plusieurs questions.

- Quels sont les personnages en présence et les relations qui les unissent ?
- Comment caractériser les répliques (volume de parole de chacun des interlocuteurs, nature de leurs interventions) ? Qui ouvre et ferme le dialogue ?
- Quel est le rythme du dialogue ? Comment les répliques s'enchaînent-elles ?
- Quelle est la finalité du dialogue ?

L'EXEMPLE COMMENTÉ

Le roi Agamemnon veut délivrer Hélène, la femme de son frère, enlevée par un prince troyen. Faute de vent, les navires grecs ne peuvent appareiller vers Troie. Les dieux ordonnent alors au roi de sacrifier sa fille Iphigénie, qui ne se doute de rien.

« IPHIGÉNIE
J'ai cru n'avoir au ciel que des grâces à rendre.

AGAMEMNON (*à part*)
Grands Dieux ! à son malheur dois-je la préparer ?

IPHIGÉNIE
Vous vous cachez, Seigneur, et semblez soupirer ;
Tous vos regards sur moi ne tombent qu'avec peine.
Avons-nous sans votre ordre abandonné Mycène[1] ?

AGAMEMNON
Ma fille, je vous vois toujours des mêmes yeux.
Mais les temps sont changés, aussi bien que les lieux.
D'un soin cruel ma joie est ici combattue.

IPHIGÉNIE
Hé ! mon père, oubliez votre rang à ma vue.
Je prévois la rigueur d'un long éloignement. […]
Ai-je flatté ses vœux d'une fausse espérance ?
N'éclaircirez-vous point ce front chargé d'ennuis[2] ?

AGAMEMNON
Ah, ma fille !

1 Mycène: ville d'où vient Iphigénie. **2 Ennuis :** tourments.

IPHIGÉNIE

Seigneur, poursuivez.

AGAMEMNON

Je ne puis. […]

IPHIGÉNIE

Calchas[3], dit-on, prépare un pompeux sacrifice.

AGAMEMNON

Puissé-je auparavant fléchir leur injustice !

IPHIGÉNIE

L'offrira-t-on bientôt ?

AGAMEMNON

Plus tôt que je ne veux.

IPHIGÉNIE

Me sera-t-il permis de me joindre à vos vœux ?
Verra-t-on à l'autel votre heureuse famille ?

AGAMEMNON

Hélas !

IPHIGÉNIE

Vous vous taisez ?

AGAMEMNON

Vous y serez, ma fille,
Adieu. »

Jean Racine, *Iphigénie*, II, 2 (1674).

3 Calchas : prêtre grec.

Les personnages, la situation. Un roi à qui la raison d'État commande de sacrifier sa fille qu'il aime. Il s'agit d'une situation tragique.

Les répliques. Celles d'Iphigénie sont plus longues que celles de son père. Elle lui pose des questions, l'apostrophe pour attirer son attention et l'émouvoir. Iphigénie ouvre le dialogue mais c'est le roi qui le ferme. « Adieu » résonne lugubrement aux oreilles du spectateur : Iphigénie sera sacrifiée.

Le rythme. Les stichomythies et les phrases exclamatives introduisent un rythme rapide et dynamique qui met en scène le combat verbal que se livrent les personnages.

La finalité du dialogue. Il livre une information essentielle pour la suite (le sacrifice d'Iphigénie), manifeste le tragique de la situation et la douleur du roi.

SE TESTER QUIZ

1 Vrai ou faux ? Complétez le tableau suivant.

	Vrai	Faux
a. Une comédie ne compte pas toujours cinq actes.	☐	☐
b. Dans le théâtre moderne, la distinction entre comédie et tragédie est encore plus forte qu'à l'époque classique.	☐	☐
c. Les personnages de la tragédie classique sont de riches bourgeois.	☐	☐
d. Les expressions « espace scénique » et « espace dramatique » désignent la même réalité.	☐	☐

S'ENTRAÎNER

2 Lisez le texte extrait de *L'Île des esclaves*, de Marivaux, et répondez aux questions.

a. À quel genre dramatique cette pièce appartient-elle ? Justifiez votre réponse.

b. Du point de vue de la structure interne, dans quelle partie de la pièce cet extrait se situe-t-il ?

c. Étudiez les répliques.

d. Commentez les différentes didascalies. Qu'apprennent-elles ?

Naufragés, Iphicrate, le maître, et Arlequin, son serviteur, se retrouvent sur une île où la coutume oblige les maîtres à devenir les valets de leurs serviteurs. Arlequin vient d'être informé de cette situation.

« IPHICRATE, *à part les premiers mots.* – Le coquin abuse de ma situation, j'ai mal fait de lui dire où nous sommes ; Arlequin, ta gaieté ne vient pas à propos, marchons de ce côté.

ARLEQUIN. – J'ai les jambes si engourdies.

IPHICRATE. – Avançons, je t'en prie.

ARLEQUIN. – Je t'en prie, je t'en prie ; comme vous êtes civil[1] et poli ; c'est l'air du pays qui fait cela.

IPHICRATE. – Allons, hâtons-nous, faisons seulement une demi-lieue sur la côte pour chercher notre chaloupe, que nous trouverons peut-être avec une partie de nos gens et en ce cas-là, nous nous rembarquerons avec eux.

1 **Civil :** affable, courtois.

Arlequin, *en badinant*[2]. – Badin comme vous tournez[3] cela. *(Il chante.)*

L'embarquement est divin,
Quand on vogue, vogue, vogue ;
L'embarquement est divin
Quand on vogue avec Catin[4].

Iphicrate, *retenant sa colère.* – Mais je ne te comprends point, mon cher Arlequin.

Arlequin. – Mon cher patron, vos compliments me charment ; vous avez coutume de m'en faire à coups de gourdin qui ne valent pas ceux-là, et le gourdin est dans la chaloupe.[…]

Iphicrate. – Méconnais-tu[5] ton maître, et n'es-tu plus mon esclave ?

Arlequin, *se reculant d'un air sérieux.* – Je l'ai été, je le confesse à ta honte ; mais va, je te le pardonne : les hommes ne valent rien. Dans le pays d'Athènes j'étais ton esclave, tu me traitais comme un pauvre animal, et tu disais que cela était juste, parce que tu étais le plus fort : eh bien, Iphicrate, tu vas trouver ici plus fort que toi. […] Adieu, mon ami, je vais trouver mes camarades et tes maîtres.

Il s'éloigne.

Iphicrate, *au désespoir, courant après lui l'épée à la main.* – Juste Ciel ! Peut-on être plus malheureux et plus outragé que je le suis ? Misérable, tu ne mérites pas de vivre.

Arlequin. – Doucement ; tes forces sont bien diminuées, car je ne t'obéis plus, prends-y garde. »

Marivaux, *L'Île des esclaves*, pièce en un acte, scène 1 (1725).

2 **En badinant :** en parlant de manière légère, en plaisantant. 3 **Tournez :** arrangez.
4 **Catin :** nom de fille et surtout de fille de la campagne. Le mot désigne aussi une femme aux mœurs légères. 5 **Méconnais-tu :** ne reconnais-tu pas.

OBJECTIF BAC

Question sur le corpus

3 Les trois textes du corpus suivant mettent en scène un maître et son serviteur. Commentez cette relation à partir de l'étude des dialogues.

POUR VOUS AIDER

- Avant de traiter l'exercice, relisez les réponses de l'exercice 2.
- Confrontez les documents entre eux, ne les étudiez pas séparément l'un après l'autre.
- Essayez de problématiser votre réponse et développez-la en deux points distincts.

Maîtres et valets : une relation houleuse

Document 1. Molière, *Le Tartuffe ou l'Imposteur* (1669).
Document 2. Marivaux, *L'Île des esclaves* (1725).
Document 3. Samuel Beckett, *En attendant Godot,* © Éditions de Minuit (1952).

DOCUMENT 1

Orgon, le maître de maison, rentre de voyage et s'informe des nouvelles des siens.

« ORGON

[...]
Tout s'est-il, ces deux jours, passé de bonne sorte ?
Qu'est-ce qu'on fait céans ? comme est-ce qu'on s'y porte ?

DORINE

Madame eut avant-hier la fièvre jusqu'au soir,
Avec un mal de tête étrange à concevoir.

ORGON

Et Tartuffe ?

DORINE

Tartuffe ? il se porte à merveille.
Gros et gras, le teint frais, et la bouche vermeille.

ORGON

Le pauvre homme !

DORINE

Le soir, elle eut un grand dégoût,
Et ne put au souper toucher à rien du tout,
Tant sa douleur de tête était encor cruelle !

ORGON

Et Tartuffe ?

DORINE

Il soupa, lui tout seul, devant elle,
Et fort dévotement il mangea deux perdrix,
Avec une moitié de gigot en hachis.

ORGON

Le pauvre homme !

DORINE

La nuit se passa tout entière
Sans qu'elle pût fermer un moment la paupière ;
Des chaleurs l'empêchaient de pouvoir sommeiller,
Et jusqu'au jour près d'elle il nous fallut veiller.

ORGON

Et Tartuffe ?

DORINE

Pressé d'un sommeil agréable,
Il passa dans sa chambre au sortir de la table,
Et dans son lit bien chaud il se mit tout soudain,
Où sans trouble il dormit jusques au lendemain.

ORGON

Le pauvre homme !

Molière, *Le Tartuffe ou l'imposteur* (1669).

DOCUMENT 2 Voir p. 121.

DOCUMENT 3

Vladimir et Estragon, deux marginaux, voient apparaître Pozzo, le maître, dirigeant Lucky, son serviteur, au moyen d'une corde passée autour du cou.

« POZZO. – Savez-vous qui m'a appris toutes ces belles choses ? *(Un temps. Dardant son doigt vers Lucky.)* Lui !

VLADIMIR *(regardant le ciel).* – La nuit ne viendra-t-elle donc jamais ?

POZZO. – Sans lui je n'aurais jamais pensé, jamais senti, que des choses basses, ayant trait à mon métier de peu importe. La beauté, la grâce, la vérité de première classe, je m'en savais incapable. Alors j'ai pris un knouk.

VLADIMIR *(Malgré lui, cessant d'interroger le ciel.)* – Un knouk ?

POZZO. – Il y aura bientôt soixante ans que ça dure... *(Il calcule mentalement.)* Oui, bientôt soixante. *(Se redressant fièrement.)* On ne me les donnerait pas, n'est-ce pas ? *(Vladimir regarde Lucky.)* À côté de lui j'ai l'air d'un jeune homme, non ? *(Un temps. À Lucky.)* Chapeau ! *(Lucky dépose le panier, enlève son chapeau. Une abondante chevelure blanche lui tombe autour du visage. Il met son chapeau sous le bras et reprend le panier.)* Maintenant regardez. *(Pozzo ôte son chapeau. Il est complètement chauve. Il remet son chapeau.)* Vous avez vu ?

VLADIMIR. – Qu'est-ce que c'est, un knouk ?

POZZO. – Vous n'êtes pas d'ici. Êtes-vous seulement du siècle ? Autrefois on avait des bouffons. Maintenant on a des knouks. Ceux qui peuvent se le permettre.

VLADIMIR. – Et vous le chassez à présent ? Un si vieux, un si fidèle serviteur ?

ESTRAGON. – Fumier !

Pozzo de plus en plus agité.

VLADIMIR. – Après en avoir sucé la substance vous le jetez comme un... *(Il cherche.)*... comme une peau de banane. Avouez que...

POZZO *(gémissant, portant ses mains à sa tête.).* – Je n'en peux plus... plus supporter... ce qu'il fait... pouvez pas savoir... c'est affreux... faut qu'il s'en aille.... *(Il brandit les bras.)*... Je deviens fou... *(Il s'effondre, la tête dans les bras.)* Je n'en peux plus... peux plus...

Silence. Tous regardent Pozzo. Lucky tressaille. »

Samuel Beckett, *En attendant Godot*, © Éditions de Minuit (1952).

SE TESTER

1 **a.** Vrai. **b.** Faux. **c.** Faux. **d.** Faux.

S'ENTRAÎNER

2 **a.** La pièce est une **comédie** puisque :
- Arlequin est un nom traditionnel de valet dans la ***commedia dell'arte***.
- le niveau de langage est **familier**.

b. Les indications « pièce en un acte » et « scène 1 » permettent de dire qu'il s'agit ici d'une **scène d'exposition**. L'action se noue : on assiste à l'inversion des rapports sociaux entre le maître et l'esclave.

c. Différentes sortes de **répliques** sont utilisées dans cet extrait : des courtes, qui montrent la vivacité de l'échange, et une **tirade** qui échoit au valet, ce qui confère une importance inhabituelle à un personnage d'esclave considéré d'habitude comme secondaire. L'esclave est en position de force : Arlequin a le dernier mot, il est désormais le maître de la situation.

d. La didascalie, « *à part les premiers mots* », est un **aparté** d'Iphicrate qui se méfie d'Arlequin, devenu un ennemi possible.
« *En badinant* » et « *il chante* » rappellent la gaieté foncière d'Arlequin mais cela montre surtout qu'il ne craint plus l'autorité de son maître.
« *Retenant sa colère* » renseigne sur les sentiments éprouvés par les personnages et aident les comédiens à adopter **le ton et le jeu** qui conviennent.
La didascalie « *se reculant d'un air sérieux* » marque une rupture dans le comportement d'Arlequin, qui tutoie son maître, et lui parle d'égal à égal.
Les didascalies « *il s'éloigne* » et « *au désespoir, courant après lui l'épée à la main* » montrent que la rupture entre les deux personnages est consommée. Arlequin s'en va et Iphicrate utilise en dernier recours son épée. Symbole de la condition de noble et emblème de puissance, elle manifeste la violence d'Iphicrate et par conséquent son impuissance.

OBJECTIF BAC

3 Chacun des trois textes met en scène un maître et un serviteur mais la nature de cette relation diffère beaucoup de l'un à l'autre.

I. Attitude critique et franche rébellion

- Dans *Le Tartuffe*, Dorine, la servante d'Orgon, est l'incarnation du bon sens. Elle cherche, en vain, par l'ironie à faire entendre raison à son maître. Elle fait une description de Tartuffe qu'elle oppose point par point à celle d'Elmire (« Madame » dans le texte) : Tartuffe a bonne mine, Elmire a de la fièvre et mal à la tête ; Tartuffe s'empiffre, Elmire ne peut manger ; Tartuffe dort bien, Elmire est insomniaque. La servante insolente apparaît, dans cette situation, supérieure à son maître. Soucieuse des intérêts de sa maîtresse, elle s'érige en défenseur de celle-ci.

Le Tartuffe comme ***L'Île des esclaves*** sont des comédies. Les noms des personnages, leur condition, leur manière de parler et le comique le montrent.

- L'Arlequin de *L'Île des esclaves* possède des points communs avec Dorine : **insolence et ironie**. Lui aussi se moque de son maître : « J'ai les jambes si engourdies », « comme vous êtes civil et poli ; c'est l'air du pays qui fait cela. » D'ailleurs, il chante quand son maître lui parle.

Mais à la différence de Dorine qui a une attitude critique envers son maître mais ne remet pas en cause l'ordre social, Arlequin opte pour la franche rébellion. Dans la pièce de Marivaux, on assiste à l'inversion du rapport maître/esclave, le but du dramaturge étant de montrer que la domination et la servitude sont le fait de la coutume et non de la nature.

Molière reste par conséquent dans la **critique de caractère**, **de mœurs** tandis que Marivaux amorce une **réflexion de type philosophique et sociale**.

II. Indétermination dans le rapport maître/valet

- Dans la pièce de Beckett, le duo maître et valet diffère totalement des personnages de Molière ou de Marivaux.

Dans *En attendant Godot*, **la relation maître/serviteur est fondamentalement ambiguë**. Le maître discourt tandis que le serviteur reste muet ; pourtant tous les propos du maître ne concernent que Lucky qui est au centre de son discours.

La supériorité du maître – on observe qu'il tient Lucky en son pouvoir (cf. la corde, sorte de laisse avec laquelle il le tient, le tressaillement de peur de Lucky) – n'est peut-être que superficielle.

- Pozzo est, en effet, infiniment redevable à Lucky, c'est en quelque sorte ce dernier qui a fait son éducation et donc d'une certaine manière a été son maître : « Sans lui, je n'aurais jamais pensé, jamais senti, que des choses basses. »

Pozzo se définit également par rapport à son serviteur : « À côté de lui j'ai l'air d'un jeune homme, non ? »

Par ailleurs, à la fin de la scène, il apparaît brisé, torturé par la présence de son serviteur au point qu'il veuille le chasser alors qu'ils vivent ensemble depuis soixante ans. On assiste à un **retournement absurde de la situation** puisque le serviteur ne manifeste à aucun moment sa lassitude ou la moindre révolte.

www.annabac.com

CHAPITRE

10 Le théâtre au XVIIe siècle

Les dramaturges du XVIIe siècle sont sans doute parmi les auteurs qui ont le plus compté dans l'histoire de la littérature française. Ils sont à l'origine du rayonnement du théâtre français.

I Petit tour d'horizon du siècle

On distingue, d'une part, l'époque baroque, marquée par l'apparition d'une véritable crise de conscience, ce qui se traduit dans les arts par une vitalité exubérante et parfois déréglée ; d'autre part, l'époque classique, où l'art manifeste, au contraire, le souci de la composition, la mesure, simplicité et grandeur.

A La période baroque

La période baroque se situe entre la fin du XVIe siècle et la première moitié du XVIIe siècle.

Le terme « **baroque** » provient du portugais *barroco* et désigne une perle de forme imparfaite.

1. Le contexte religieux et politique

- Le baroque se développe en Europe dans le contexte religieux de la **Contre-Réforme**, vaste mouvement catholique qui vise à empêcher l'expansion du protestantisme.
- Sur le plan politique, les assassinats de Henri III et Henri IV ainsi que la succession de régences favorisent des **complots et oppositions** violentes.
- Cette instabilité politique et religieuse évoque un monde en perpétuel mouvement. L'esthétique baroque traduit l'**inquiétude** qu'il suscite.

2. Les caractéristiques baroques

- Les dramaturges baroques multiplient les lieux de l'action, les intrigues et privilégient des sujets sanglants. La représentation de viols, de meurtres ou de suicides n'est pas rare : ce chaos évoque le **désordre du monde**.
- **L'illusion et le songe** sont des thèmes souvent exploités. L'homme ne serait en effet qu'une marionnette sur le grand théâtre du monde. **Corneille**, avec sa pièce *L'Illusion comique*, est l'un des maîtres du théâtre baroque.

B La période classique

1. Le terme « classique »

- Le terme « classique » sert à caractériser une période particulière de l'histoire de la littérature. Il désigne la génération d'auteurs des années 1661-1715 : les dramaturges **Corneille** (1606-1684), **Molière** (1622-1673), **Racine** (1639-1699), mais aussi des écrivains tels que **La Fontaine** (1621-1695), **Pascal** (1623-1662), **La Rochefoucauld** (1613-1680), **Madame de La Fayette** (1634-1693).

Cet usage du terme « **classique** » date du XIXe siècle.

2. Le contexte politique

- L'année 1661 marque le début du **règne personnel de Louis XIV**, lequel durera jusqu'en 1715. La monarchie telle que Louis XIV la conçoit est absolue. Il est roi de droit divin et n'a de compte à rendre qu'à Dieu.
- Louis XIV donne un **éclat extraordinaire** à sa cour par souci de sa gloire et par calcul politique : réunir autour de lui les nobles lui permet de les surveiller. Il crée Versailles qui devient sa résidence officielle ainsi que celle de sa cour.
- L'**absolutisme** de Louis XIV s'exerce dans le gouvernement et l'administration mais également dans le domaine religieux ; le roi lutte férocement contre tout ce qui paraît menacer l'ordre et son pouvoir. En 1685, il révoque ainsi l'édit de Nantes qui accordait la liberté de culte aux protestants.

3. Les principes classiques

- Les classiques veulent **imiter les Anciens** (les Grecs et les Latins) qui, selon eux, auraient atteint la perfection.
- Ils veulent créer des **œuvres universelles**, dans lesquelles les hommes de toutes les époques puissent se reconnaître.
- Leur objectif est d'**instruire** et de **plaire**.

II La comédie

La comédie est un genre qui remonte à l'Antiquité. Les auteurs de comédie les plus fameux sont alors **Ménandre** (342-292), **Aristophane** (450-386), **Plaute** (254-184), **Térence** (190-159). Le genre se développe au XVIe siècle avec la *commedia dell'arte* (voir p. 112). Mais c'est Molière (1622-1673) qui, au XVIIe siècle, lui donne ses lettres de noblesse.

Molière était dramaturge mais aussi acteur, metteur en scène et directeur de troupe. Il mourut sur scène en interprétant Argan, le rôle-titre de la pièce *Le Malade imaginaire*.

ZOOM

Les troupes de théâtre au XVIIe siècle

▲ ***Molière le soir de sa mort, 17 février 1673***, **de M. Lenoir (1904).**

▶ Jusqu'en 1629, un monopole réservait le droit de donner des représentations dramatiques à la seule troupe des **comédiens du roi** installée à Paris dans l'Hôtel de Bourgogne. Cette année-là, une autre troupe s'installe au jeu de paume du Marais. Cette concurrence provoque une émulation qui dynamise la vie théâtrale.

▶ Aux environs de 1660, la **troupe de Molière**, qui devient la principale rivale de celle de l'Hôtel de Bourgogne, s'installe au Palais-Royal. En 1673, elle fusionne avec la troupe du Marais pour s'établir au théâtre Guénégaud. En 1680, les comédiens sont rejoints par la troupe de l'Hôtel de Bourgogne ; ainsi se constitue la **Comédie-Française**. Dès lors, c'est une troupe italienne qui prend possession de l'Hôtel de Bourgogne.

A Les farces

- Ces pièces font appel au **comique de situation** – lors d'une scène de ménage ou une dispute, par exemple – ou au comique **de mots** à travers l'emploi de jargons, de termes grossiers…

Dans cette scène de la pièce Les Fourberies de Scapin, *le valet fait croire au père de son maître qu'il est poursuivi par des tueurs. Il le persuade alors de se cacher dans un sac.*

« SCAPIN. – Cachez-vous : voici un spadassin[1] qui vous cherche. *(En contrefaisant sa voix.)* "Quoi ? Jé n'aurai pas l'abantage dé tuer cé Geronte, et quelqu'un par charité né m'enseignera pas où il est ?" *(à Géronte avec sa voix ordinaire.)* Ne branlez pas. *(Reprenant son ton contrefait.)* "Cadédis, jé lé trouberai, sé cachât-il au centre dé la terre." *(à Géronte avec son ton naturel.)* Ne vous montrez pas. […] "Qui, cé fat dé Geronte, cé maraut, cé velître ?" […] *(Il donne plusieurs coups de bâton sur le sac.)* "Tiens. Boilà cé qué jé té vaille pour lui." Ah, ah, ah ! Ah, Monsieur ! Ah, ah, Monsieur ! Tout beau. Ah, doucement, ah, ah, ah ! […] *(En se plaignant et remuant le dos, comme s'il avait reçu les coups de bâton.)* »

Molière, *Les Fourberies de Scapin*, III, 2 (1671).

1 **Spadassin :** tueur à gages ; homme se battant en duel.

Le valet insolent Scapin est un personnage hérité de la *commedia dell'arte*. Dans cette scène de farce, le comique de situation résulte de la ruse employée par Scapin qui lui permet d'enfermer Géronte dans un sac et de le frapper en toute impunité. Le comique de mots apparaît dans l'emploi de l'accent gascon.

- Les farces de Molière les plus connues sont : *La Jalousie du barbouillé* (1660), *Le Médecin volant* (1645), *Les Précieuses ridicules* (1659), *Les Fourberies de Scapin* (1671).

B Les grandes comédies

- Molière, décidé à explorer toutes les possibilités offertes par la comédie, a créé ce qu'on appelle la grande comédie ; elle est généralement **en cinq actes et en vers** et traite de sujets importants, voire graves, mais sur le registre comique.

- Molière met en scène des caractères comme l'hypocrite religieux (*Le Tartuffe*), le mari jaloux (*L'École des femmes*) ou l'hypocondriaque (*Le Malade imaginaire*) ; il aborde aussi des questions de société comme la religion (*Le Tartuffe*), le mariage (*L'École des femmes*), le rapport à la maladie et à la mort (*Le Malade imaginaire*). Ces **comédies**, qui sont **de caractère** ou **de mœurs** – le plus souvent les deux en même

Certaines pièces possèdent les caractéristiques de plusieurs genres ; ainsi ***Le Malade imaginaire*** (1673) relève à la fois de la farce, de la grande comédie et de la comédie-ballet.

temps –, critiquent les travers de la société et les vices des hommes. Le rire est au service de la satire sociale et vise à instruire les hommes par la représentation de leurs défauts.

Dans cette scène du Misanthrope, *le courtisan, Oronte, après avoir récité devant Alceste un sonnet médiocre et ridicule de sa composition, veut connaître son jugement.*

« ORONTE
Mais, pour vous, vous savez quel est notre traité ;
Parlez-moi, je vous prie, avec sincérité.
ALCESTE
Monsieur, cette matière est toujours délicate,
Et, sur le bel esprit, nous aimons qu'on nous flatte :
Mais un jour, à quelqu'un, dont je tairai le nom,
Je disais, en voyant des vers de sa façon,
Qu'il faut qu'un galant homme ait toujours grand empire
Sur les démangeaisons qui nous prennent d'écrire ;
Qu'il doit tenir la bride aux grands empressements
Qu'on a de faire éclat de tels amusements ;
Et que, par la chaleur de montrer ses ouvrages,
On s'expose à jouer de mauvais personnages. »

Molière, *Le Misanthrope*, II, 1 (1666).

Les grandes comédies déclenchent un rire beaucoup plus subtil que le rire immédiat de la farce. Ici, puisque Oronte cherche les compliments, Alceste passe par un subterfuge – le cas d'une connaissance qui écrit de mauvais vers – pour lui dire qu'il n'a pas apprécié son poème. Le courtisan est ridiculisé.

- Les grandes comédies les plus célèbres de Molière sont : *L'École des femmes* (1662), *Le Misanthrope* (1666), *L'Avare* (1668), *Le Tartuffe* (1664), *Les Femmes savantes* (1672)...

C Les comédies-ballets

- Les comédies-ballets font appel, comme leur nom l'indique, à la **musique et à la danse**. Ces séquences ou intermèdes sont intercalés dans la pièce entre les actes ou bien liés à l'intrigue.
- Dans *Le Bourgeois gentilhomme*, par exemple, la fin de chaque acte est ponctuée par un intermède de danse et de musique. De plus, au cours des différentes scènes, monsieur Jourdain apprend à chanter et à exécuter des pas de danse. Les deux arts font partie de la comédie qu'ils **illustrent et amplifient**.

Pour ses **comédies-ballets**, Molière collabore fréquemment avec le musicien d'origine italienne Lully (1632-1687) nommé par Louis XIV surintendant de la musique.

- Les comédies-ballets les plus connues de Molière sont : *Les Fâcheux* (1661), *L'Amour médecin* (1665), *Le Bourgeois gentilhomme* (1670), *Monsieur de Pourceaugnac* (1669), *Georges Dandin* (1668)...

III La tragédie

A Les caractéristiques de la tragédie classique

Pour réagir contre les excès de la tragédie baroque qui laissait une grande place à l'exubérance et à la fantaisie, des règles sont progressivement mises en place.

1. La règle des trois unités

- L'**unité d'action** ne signifie pas que l'action est unique. On dit qu'il y a unité d'action quand aucun des éléments de l'action ne peut être supprimé à moins d'entraîner l'incompréhension partielle de l'intrigue. Dès l'exposition, tous les éléments de l'intrigue doivent être posés et trouver leur conclusion dans le dénouement.

- L'**unité de temps** impose que l'action de la tragédie s'étende sur une durée maximale de vingt-quatre heures. Au XVIIe siècle, au nom de la vraisemblance, il est exigé que la durée de l'action coïncide avec la durée de la représentation, soit environ deux heures et demie.

- L'**unité de lieu** impose un espace unique : le palais du roi, un camp militaire, etc.

- Appliquées strictement, ces règles d'unité de temps et de lieu tuent toute vraisemblance, comme le dénoncera Victor Hugo dans la préface de *Cromwell* (1827). L'épuisement de la tragédie classique donnera naissance au drame romantique.

2. Les règles de vraisemblance et de bienséance

Le respect de la **vraisemblance** et l'acceptation des **bienséances**, témoignent de la volonté de ne pas choquer le public de l'époque.

- La **vraisemblance**. La pièce doit présenter des **vérités « raisonnables »**. Selon l'Abbé d'Aubignac (1604-1676), « il n'y a que le vraisemblable qui puisse raisonnablement fonder, soutenir et terminer un poème dramatique [expression équivalent à « pièce de théâtre »] ; ce n'est pas que les choses véritables et possibles soient bannies du théâtre, mais elles n'y sont reçues qu'en tant qu'elles ont de la vraisemblance » (*Pratique du théâtre*). En effet, le vrai peut ne pas être vraisemblable.

- Les **bienséances**. Il faut respecter les bienséances, c'est-à-dire que la pièce ne doit pas heurter les **idées morales** du public. Par exemple, les caractères des personnages doivent être conformes à l'image que l'on a d'eux. Ainsi, dans sa préface de *Phèdre* (1677), Racine explique pourquoi c'est au personnage de la confidente Œnone et non à l'héroïne Phèdre qu'il revient de calomnier le prince Hippolyte auprès de son père Thésée. Le dramaturge écrit : « j'ai cru que la calomnie avait quelque chose de trop bas et de trop noir pour la mettre dans la bouche d'une princesse qui a d'ailleurs des sentiments si nobles et si vertueux. Cette bassesse m'a paru plus convenable à une nourrice. »

B Les deux grands dramaturges tragiques : Corneille et Racine

1. Pierre Corneille

Certains confrères de Corneille, jaloux de son succès, déclenchèrent une **querelle**, parmi lesquels Scudéry (1601-1667). Ils reprochaient à Corneille d'avoir emprunté son sujet à l'auteur espagnol Guilhem de Castro (1569-1631) et de ne pas avoir respecté la règle des trois unités.

- Corneille appartient à la génération des dramaturges qui assurent la transition entre la tragédie baroque et la tragédie classique. Par ses dates (1606-1684), il appartient à la fois aux périodes **baroque et classique**.
À cet égard, ***Le Cid*** (1637) est très représentatif puisque c'est une pièce classique qui conserve quelques irrégularités propres au théâtre baroque. Corneille dira d'ailleurs que sa pièce est une tragi-comédie plutôt qu'une tragédie.
Le succès du *Cid* déchaîne une intense campagne de dénigrement, c'est ce qu'on appelle « la querelle du *Cid* ». L'Académie française s'en mêle, reprochant à l'auteur d'avoir créé un personnage, Chimène, plus habité par le sentiment amoureux envers Rodrigue que par l'amour filial envers son père. Toutefois l'Académie déclara que la pièce, bien que non conforme aux règles et aux bienséances, était pourtant bien séduisante !

- ***Cinna ou la Clémence d'Auguste*** (1641) est la **tragédie classique** par excellence ; elle ne comporte aucune irrégularité. Il s'agit d'un sujet historique traité avec vraisemblance : Émilie, la fille adoptive de l'empereur, veut venger la mort de son père en tuant Auguste, avec l'aide de son amant Cinna. Apprenant le complot, l'empereur décide de leur accorder son pardon.
L'intrigue est simple, et la pièce respecte la règle des trois unités (action, temps, lieu). Enfin, le dramaturge livre une réflexion sur la légitimité du pouvoir et propose un modèle du souverain clément.

ZOOM

Le héros cornélien

▲ **Francis Huster dans *Le Cid*, Théâtre Marigny, 17 janvier 1994.**

▶ Le héros cornélien est **généreux** : il est soucieux de sa gloire, c'est-à-dire de son honneur. Il a une haute idée de lui et fait tout pour correspondre à cette image. Sa gloire réside dans le **dépassement héroïque** et le renoncement à ce qu'il aime. Ainsi, dans *Le Cid*, Rodrigue est face à un **dilemme** : soit il venge l'honneur de son père en tuant le père de Chimène, soit il épouse Chimène ; parce qu'il est un héros généreux, il accepte de renoncer à l'amour.

▶ Le héros cornélien est **maître de son destin** : il est capable d'affirmer sa liberté et d'agir selon son libre-arbitre, contrairement aux héros raciniens. Dans *Cinna*, Auguste prend la décision de pardonner à ses ennemis au lieu de les condamner à la mort.

2. Jean Racine

- Il est le jeune rival du vieux Corneille. Mais alors que celui-ci met en scène des conflits politiques, Racine présente des **personnages dévorés par la passion**. Sous on empire, le héros racinien n'est pas libre, et se sent irrémédiablement coupable.
Par ailleurs, parce qu'il souffre sans cesse, il se montre d'une extrême cruauté. Cette caractéristique répond au précepte d'Aristote voulant que les personnages ne soient « ni tout à fait bons ni tout à fait méchants ».

La Bruyère, auteur du XVIIe siècle, a dit en parlant des personnages des deux dramaturges : « **Corneille** peint les hommes comme ils devraient être ; **Racine** les peint tels qu'ils sont. »

- **Sur le plan formel**, la tragédie de Racine est plus dépouillée que celle de Corneille. En effet, le vocabulaire est restreint si on le compare à celui de son rival. D'autre part, l'action est minimaliste : « L'invention, affirme Racine dans la préface de *Bérénice*, consiste à faire quelque chose de rien ». C'est précisément cette simplicité d'action et de langage qui ont fait dire à Voltaire et à la postérité que Racine est l'incarnation parfaite du **génie tragique français**.

RÉCAPITULONS

- La période baroque se situe entre la fin du XVIe siècle et la première moitié du XVIIe siècle ; la période classique s'étend de 1661 à 1715.
- Molière donne à la comédie ses lettres de noblesse. Avec lui, la comédie prend diverses formes : farce, grande comédie, comédie-ballet. Elle peut être également un mélange de ces formes.
- La tragédie classique renaît avec Corneille et connaît son apogée avec Racine. Le premier privilégie le conflit politique ; le second, la passion.
La tragédie est soumise à des règles : règle des trois unités, règles de vraisemblance et de bienséance.

Analyser les noms de personnages de théâtre

LA DÉMARCHE

- Analysez les noms des personnages pour découvrir le genre de la pièce et savoir si certains s'inscrivent dans une tradition théâtrale.
- Les noms peuvent aussi avoir une signification : par exemple, le nom Iphicrate comporte le suffixe *-crate* qui signifie « pouvoir » en grec. Les sonorités des noms ne sont pas anodines.
- Dans la liste des personnages, relevez le statut social des personnages, l'époque et le lieu où l'action est censée se dérouler. Il faut voir si tous les noms des personnages de la pièce renvoient à la même époque.
- Tout changement dans la manière de nommer un personnage au cours de l'action doit être analysé car il est porteur de sens. Par exemple dans *Cinna*, l'empereur est désigné tantôt par le nom d'Auguste, tantôt par celui d'Octave.

L'EXEMPLE COMMENTÉ

Voici quelques noms tirés de la liste des personnages de la tragédie Nicomède *de Corneille (1651).*

PRUSIAS, roi de Bythinie
FLAMINIUS, ambassadeur de Rome
ARSINOÉ, seconde femme de Prusias
LAODICE, reine d'Arménie
NICOMÈDE, fils aîné de Prusias, sorti du premier lit
ATTALE, fils de Prusias et d'Arsinoé

- Les noms des personnages attestent qu'ils sont de **rang illustre** ; ce sont des noms de rois ou de princes : Nicomède, Prusias, Laodice, Attale. La pièce appartient au **genre tragique**.
- On peut analyser les **sonorités du nom *Flaminius*** : la consonne initiale [f] suivie de la consonne liquide [l] adoucit la première syllabe [fla] tandis que la finale en [us] est un peu sifflante. Ces deux éléments évoquent un personnage insidieux, un diplomate qui n'attaque pas de front mais parvient à ses fins par la ruse.
- Ces noms et les précisions qui les accompagnent renseignent sur l'époque et le lieu où se déroule l'action : en Bythinie (région de l'Asie mineure), dans l'Antiquité (présence d'un ambassadeur de Rome).

SE TESTER QUIZ

1 Corneille a principalement puisé le sujet de ses pièces dans :

☐ **a.** la mythologie grecque

☐ **b.** l'histoire romaine

☐ **c.** la Bible

2 Qu'est-ce qu'un généreux au sens cornélien ?

☐ **a.** un héros qui fait largement profiter autrui de sa fortune

☐ **b.** un héros soucieux de son honneur

☐ **c.** un héros dévoué

3 Répondez par vrai ou faux aux questions suivantes.

	Vrai	Faux
a. Unité d'action veut nécessairement dire que l'action est unique.	☐	☐
b. Les classiques préfèrent qu'une action soit vraie plutôt que vraisemblable.	☐	☐
c. Racine peint les hommes tels qu'ils veulent être.	☐	☐
d. En général, l'action des pièces de Racine est plus simple, plus dépouillée que chez Corneille.	☐	☐

OBJECTIF BAC

Dissertation

4 Traitez le sujet de dissertation suivant. Un critique littéraire a déclaré : « L'objet du théâtre a été dès l'origine, et demeure encore, de présenter [...] au siècle même et à la société de son temps quels sont leur aspect et leur caractère. »
Cette affirmation vous paraît-elle fondée ? Vous répondrez à cette question sous la forme d'un plan détaillé en n'omettant pas de l'illustrer par des exemples.

POUR VOUS AIDER

- Commencez par lire le chapitre sur la dissertation, p.223.
- Reformulez avec vos propres mots l'affirmation de ce critique.
- Relisez le corpus du chapitre 9 (voir p. 122) et tentez de déterminer en quoi cette affirmation du dramaturge peut être ou non justifiée en notant les différents arguments étayant ou rejetant cette définition du théâtre.

SE TESTER

1 Réponse **b.** **2** Réponse **b.** **3** **a.** Faux. **b.** Faux. **c.** Faux. **d.** Vrai.

OBJECTIF BAC

4 Voici une propostion de plan détaillé.

Introduction

- Un critique littéraire affirme que « l'objet du théâtre a été dès l'origine, et demeure encore, de présenter [...] au siècle même et à la société de son temps quels sont leur aspect et leur caractère. »
- Cette réflexion pose la question de la **fonction du théâtre**.
- Pour tenter d'y répondre, nous entreprendrons d'abord de voir dans quelle mesure le théâtre peut être considéré ou défini comme un miroir de la société de son temps, puis nous nous demanderons dans quelle mesure le théâtre dépasse les préoccupations d'une époque pour atteindre à l'universel et à l'intemporel.

I. Le théâtre, miroir de la société contemporaine de l'auteur

1. La pièce, reflet de la société

Même si l'intention initiale du dramaturge n'est pas de décrire la société de son temps, la pièce la reflète.

Par exemple, les tragédies de Corneille de *Cinna* à *Suréna*, qui sont des réflexions sur le pouvoir royal, évoquent la monarchie absolue à travers la figure d'un empereur ou d'un roi.

2. Le dramaturge, un observateur avisé de son temps

Parfois, en évoquant sa propre histoire, le dramaturge **peint la société** dans laquelle il vit.

Par exemple, Molière dénonce dans *Le Tartuffe* la cabale des dévots qui s'obstinent à l'empêcher de jouer ce qu'il veut.

> La **cabale des dévots** désigne le groupe de pression (formé de religieux et de laïcs) qui, au nom de la religion, voulait empêcher Molière, par tous les moyens, de démasquer leur hypocrisie religieuse.

3. Le dramaturge engagé

Certains dramaturges choisissent de peindre des aspects particuliers de la société de leur temps, par **volonté politique**.

Par exemple, dans *Les Mains sales*, Sartre pose la question de l'engagement politique.

Qu'il y ait intention avouée ou non des dramaturges, le théâtre semble bien un miroir qui réfléchit la société de son temps. Mais peut-on pour autant affirmer que le théâtre se réduit à cette fonction ?

II. Le théâtre, spectacle universel et intemporel

1. Des types universels

Le théâtre crée des **types** qui se retrouvent dans toutes les époques.

Par exemple, dans le théâtre de Molière, le personnage de Tartuffe est devenu un nom commun désignant un hypocrite, celui d'Harpagon le nom désignant un avare.

Dans *L'Île des esclaves*, les personnages d'Iphicrate et d'Arlequin sont représentatifs des maîtres et des valets posant le problème du rapport des hommes dans une société inégalitaire.

2. Des thèmes existentiels

La parole théâtrale exprime les **préoccupations profondes** de l'homme.

Par exemple, *En attendant Godot* fait écho à nos angoisses, au sentiment de vide que l'on éprouve parfois devant le tragique de l'existence.

La **beauté d'un texte** dépasse l'époque à laquelle la pièce a été écrite.
Par exemple, aujourd'hui encore, certains vers de Corneille ou de Racine sont célèbres pour leur harmonie. Ils font partie d'un patrimoine culturel dont nous sommes fiers.

3. L'intemporalité révélée par la mise en scène

Les choix de mise en scène peuvent souligner la dimension intemporelle d'une pièce.

Par exemple, pour *L'Île des esclaves*, on pourrait imaginer des personnages portant des costumes de notre époque, ce qui montrerait que la question des rapports maître et valet n'a rien perdu de son actualité.

L'adaptation « flamenco » du *Cid* par Thomas Le Douarec est très surprenante. Renouant avec ses origines, l'Espagne, *Le Cid* se veut plus rythmé et coloré que la pièce imaginée à l'époque classique. Ici, les acteurs dansent le flamenco et les guitaristes jouent pendant les scènes les plus troublantes.

Conclusion

- L'existence de liens étroits entre théâtre et société est indéniable, mais on ne saurait réduire le théâtre à n'être que son miroir. Le théâtre dépasse souvent les préoccupations de son époque pour atteindre à l'intemporel et à l'universel.
- C'est dans cette double fonction que l'on trouve l'origine d'un succès qui ne se dément pas. La force du théâtre, à travers toute nouvelle mise en scène, réside ainsi dans sa capacité à pouvoir s'adapter à l'actualité, aux nouvelles préoccupations et sensibilités des spectateurs.

www.annabac.com

CHAPITRE

11 La poésie : formes, images et rythme

Le genre poétique s'est longtemps différencié des autres genres littéraires par son emploi du vers. Mais si l'on se rapporte à l'étymologie du mot « poésie », qui vient du grec *poïein* qui signifie « fabriquer, créer », la poésie possède avant tout un pouvoir de création : elle explore les virtualités du langage (sonorités, mots, images, formes, mise en page) et renouvelle ainsi notre perception du monde.

I Le vers et la strophe

A Le décompte des syllabes

Le **mètre** de chaque vers se définit en fonction du nombre de syllabes. Il faut faire attention au *e* muet qui n'est pas comptabilisé en fin de vers ni devant une voyelle. En revanche, il est prononcé devant une consonne.

Attention à la **diérèse** qui permet de prononcer distinctement deux voyelles réunies dans la langue courante (la prononciation normale s'appelle **synérèse**).

Le terme **« vers »** provient d'un verbe latin qui signifie « tourner », « retourner » ; il évoque ainsi le retour à la ligne typique de tout langage poétique classique.

« Des/ clo/ches/ tout/ à/ coup/ sau/tent/ a/vec/ fu/rie
Et/ lan/cent/ vers/ le/ ciel/ un/ af/freux/ hur/le/ment
Ain/si/ que/ des/ es/prits/ er/rants/ et/ sans/ pa/trie
Qui/ se/ met/tent/ à/ gein/dre o/pi/ni/â/tre/ment[1]. »

Charles Baudelaire, « Spleen », *Les Fleurs du mal* (1857).

1 **Opiniâtrement** : avec obstination.

Ces vers contiennent douze syllabes, ce sont des alexandrins. La diérèse contenue dans « opiniâtrement » est indispensable à la régularité du mètre ; en accentuant la voyelle *i*, elle donne à entendre le gémissement des esprits auxquels sont comparées les cloches.

ZOOM

Le mythe d'Orphée

▲ *Orphée*, de Gustave Moreau (1886), musée Gustave Moreau, Paris.

▶ Dans la mythologie grecque, Orphée avait le pouvoir de charmer les bêtes sauvages grâce à la beauté de son chant. Il est ainsi rapidement devenu l'**incarnation du génie poétique**.

▶ Le peintre symboliste Gustave Moreau (1826-1898) lui rend ici hommage : inspiré par Melpomène, la muse du chant et de l'harmonie musicale, Orphée déclame, le bras tendu. Des animaux l'encerclent et le contemplent, fascinés, comme figés.

▶ Dans ce décor champêtre, le poète Orphée est adossé à un socle sur lequel se dresse un sphinx. Cet animal mythologique est l'une des représentations privilégiées du symbolisme car il est une figure énigmatique, un esprit qui, comme Orphée et Moreau lui-même, se propose d'**élever les âmes vers une réalité supérieure**.

B Les différents types de vers

1. Les vers traditionnels

- Les **vers pairs** sont le tétrasyllabe (4 syllabes), l'hexasyllabe (6 syllabes), l'octosyllabe (8 syllabes), le décasyllabe (10 syllabes), l'alexandrin (12 syllabes).

- Les **vers impairs** sont le trisyllabe (3 syllabes), le pentasyllabe (5 syllabes), l'heptasyllabe (7 syllabes).

- Afin de créer un effet de rupture ou de surprise, le poète peut choisir de faire alterner les vers courts et longs.

« Un octogénaire plantait.
"Passe encor de bâtir, mais planter à cet âge !"
Disaient trois jouvenceaux[1], enfants de voisinage ;
Assurément il radotait[2]. »

Jean de La Fontaine, « Le Vieillard et les Trois jeunes hommes », *Fables* (1678).

1 **Jouvenceaux :** jeunes gens. 2 **Radotait :** perdait la raison.

L'alternance d'octosyllabes et d'alexandrins permet d'opposer le vieillard aux jeunes gens, ce qui est déjà perceptible dans le titre de la fable.

2. Les vers libres

Comme son nom l'indique, ce type de vers s'émancipe des règles traditionnelles. Il n'a pas de longueur régulière et ne rime pas. Marqué par un retour à la ligne, il a un rythme particulier qui illustre souvent son propos.

« La porte qui ne s'ouvre pas
La main qui passe
Au loin un verre qui se casse
La lampe fume
Les étincelles qui s'allument
Le ciel est plus noir
Sur les toits »

Pierre Reverdy, « Nomade », *Plupart du temps*, © Gallimard, Collection Poésie (1969).

C La strophe

- La strophe est une forme qui se répète dans le poème. Elle peut contenir de deux à douze vers.

- On distingue : le **distique** (2 vers), le **tercet** (3 vers), le **quatrain** (4 vers), le **quintil** (5 vers), le **sizain** (6 vers), le **huitain** (8 vers), le **neuvain** (9 vers), le **dizain** (10 vers), le **onzain** (11 vers) et le **douzain** (douze vers).

Les formes les plus couramment utilisées sont le tercet et le quatrain.

Forme fixe prédominante, le sonnet est formé de **deux quatrains** suivis de **deux tercets**.

II Le rythme

A La césure et la coupe

Le rythme est principalement défini par les **accents** qui sont toujours suivis d'une césure (//) ou d'une coupe (/).

- La **césure** est la coupe essentielle qui sépare un vers d'au moins huit syllabes en deux **hémistiches** (moitié de vers).
- La **coupe** correspond à une pause brève après une syllabe accentuée, généralement la dernière syllabe d'un mot ou groupe de mots, ou l'avant-dernière si la dernière syllabe est un *e* muet.
- L'étude du **rythme** (souvent binaire ou ternaire) fait apparaître la force des effets produits sur le lecteur grâce à la musicalité émanant du poème.

« Mon cœur,/ lassé de tout,// même de l'espérance,/
N'ira plus/ de ses vœux// importuner le sort/ »

Alphonse de Lamartine, « Le Vallon », *Méditations poétiques* (1820).

Le recueil de Lamartine, ***Méditations poétiques***, marque les débuts de la poésie romantique. L'auteur y exprime ses états d'âme, ses regrets et ses accès de mélancolie.

B Rejet, contre-rejet et enjambement

Le rythme est également défini par le décalage entre la phrase et le vers. Certains mots sont ainsi mis en relief et l'attention du lecteur se porte davantage sur eux.

1. Le rejet

Un mot ou un court groupe de mots est rejeté au vers suivant.

« Le loup, par ce discours flatté,
S'approcha. Mais sa vanité
Lui coûta quatre dents ; le cheval lui desserre
Un coup ; et haut le pied. Voilà mon loup par terre,
Mal en point, sanglant et gâté. »

Jean de La Fontaine, « Le Renard, le Loup et le Cheval », *Fables* (1692).

Les deux rejets imposent un rythme rapide et mouvementé à la fable ; le second est savoureux car il imite la violence du coup inattendu décoché par le cheval.

2. Le contre-rejet

Un mot ou un court groupe de mots est rejeté au vers précédent.

« Car elle me comprend, et mon cœur, transparent
Pour elle seule hélas ! cesse d'être un problème. »

Paul Verlaine, « Mon rêve familier », *Poèmes saturniens* (1866).

Le contre-rejet met ici l'accent sur un adjectif qui définit la relation idéale et fusionnelle à laquelle le poète aspire et qui lui permettrait de rompre sa solitude.

3. L'enjambement

La phrase déborde le cadre du vers et se poursuit sur le vers suivant.

« En quelque endroit que j'aille, il faut fendre la presse
D'un peuple d'importuns qui fourmillent sans cesse. »

Nicolas Boileau, « Les Embarras de Paris », *Satires,* VI (1666).

L'auteur choisit l'enjambement afin de restituer le parcours chaotique du piéton pris aux pièges du rythme frénétique de la capitale.

III La rime

Les sonnets traditionnels exploitent toute la gamme des rimes. Les différents exemples ci-dessous sont issus du sonnet de Du Bellay « Déjà la nuit en son parc amassait » (appartenant au recueil *L'Olive,* paru en 1550), dans l'ordre d'apparition des strophes.

Le mot « **sonnet** » vient de l'italien *sonnetto* qui veut dire « petit son » car il était, à ses débuts, chanté ou récité.

A Nature et alternance des rimes

- Les rimes **féminines** se finissent par un *e* muet, toutes les autres sont appelées **masculines**.

« Déjà la nuit en son parc amassait
Un grand troupeau d'étoiles vagabondes,
Et pour entrer aux cavernes profondes,
Fuyant le jour, ses noirs chevaux chassait ; »

Les rimes des vers 1 et 4 sont masculines ; celles des vers 2 et 3 sont féminines.

- L'**alternance** des rimes féminines et masculines constitue l'une des règles les plus respectées jusqu'au XIXe siècle.

ZOOM

Magritte, le pouvoir provocateur de « la poésie peinte »

◂ *Perspective 1 : Madame Récamier par David*, de René Magritte (1949).

Madame Récamier, de Jacques-Louis David (1800), musée du Louvre, Paris. ▸

▸ Dans une série intitulée *Perspective*, le **peintre surréaliste Magritte parodie** des portraits connus dans lesquels il s'amuse à remplacer les personnages par des cercueils (tableau 1).

▸ Il s'agit ici du portrait fait par le peintre David de Madame Récamier (tableau 2), une grande séductrice connue pour son esprit et les salons littéraires qu'elle animait. Avec ironie, Magritte ne garde du modèle que sa posture couchée et le vêtement blanc. C'est une façon de rappeler aux hommes que leur passage sur Terre est de courte durée.

B La qualité des rimes

- Une rime est **pauvre** si les mots qui riment n'ont qu'un son commun.
- Une rime est **suffisante** si les mots qui riment ont deux sons communs.
- Une rime est **riche** si les mots qui riment ont trois sons communs ou plus.

« Déjà le ciel aux Indes rougissait,
Et l'Aube encor de ses tresses tant blondes,
Faisant grêler mille perlettes rondes,
De ses trésors les prés enrichissait : »

Les rimes des vers 5 et 8 sont riches ; celles des vers 6 et 7 sont suffisantes.

C La disposition des rimes

- Les rimes **plates** ou **suivies** se suivent selon le schéma AABB.
- Les rimes **croisées** se croisent selon le schéma ABAB.
- Les rimes **embrassées** sont disposées selon le schéma ABBA.

« Quand d'occident, comme une étoile vive,
Je vis sortir dessus ta verte rive,
Ô fleuve mien ! une nymphe en riant.

Alors voyant cette nouvelle Aurore,
Le jour honteux d'un double teint colore
Et l'Angevin et l'Indique orient. »

Les rimes 9 et 10 sont plates, et les rimes 11 à 14 sont embrassées.

IV Les jeux de sonorités

Le genre poétique cherche à exploiter la richesse du mot, dans ses significations comme dans son matériau sonore. La musicalité du poème provient du rythme et de la combinaison des sons. Grâce à elle, le langage poétique se distingue clairement du langage ordinaire.

- L'étude des **allitérations** et **assonances** est essentielle mais inséparable des répétitions d'ordre lexical et syntaxique (voir chapitre 5, page 57).

De nombreux poèmes ont été mis en **musique**. Léo Ferré, Serge Gainsbourg ou Jean-Louis Murat ont ainsi chanté des textes de Baudelaire.

On dit qu'il y a une **harmonie imitative** lorsque des sons imitent le bruit de ce dont on parle, de façon à avoir un impact réel sur la sensibilité du lecteur.

> « Ils se battent – combat terrible ! – corps à corps.
> Voilà déjà longtemps que leurs chevaux sont morts ;
> Ils sont là seuls tous deux dans une île du Rhône.
> Le fleuve à grand bruit roule un flot rapide et jaune,
> Le vent trempe en sifflant les brins d'herbe dans l'eau. »

Victor Hugo, « Le Mariage de Roland », *La Légende des siècles* (1859-1877).

Les allitérations en [k] et en [r] évoquent la violence du combat que se livrent Olivier et Roland. L'harmonie imitative due aux sons [fl] semble reproduire le vacarme d'une nature déchaînée. L'angoisse est manifeste et se diffuse au lecteur.

V Les créations lexicales

Le langage poétique s'émancipe de la réalité quotidienne en proposant une utilisation originale des mots. Il se plaît à les assembler entre eux, à les modifier, pour les charger de nouvelles significations.

A Les jeux sur les mots

Parmi les **homophonies**, on distingue :
- le **calembour**, jeu de mots fondé sur l'homophonie ou l'homonymie ;

> « Comme on voit sur la branche au mois de Mai la rose
> En sa belle jeunesse, en sa première fleur
> Rendre le ciel jaloux de sa vive couleur,
> Quand l'Aube de ses pleurs au point du jour l'arrose »

Pierre de Ronsard, « Sur la mort de Marie », *Second Livre des Amours* (1578).

- les **vers holorimes**.

> Gal, amant de la reine, alla, tour magnanime
> Galamment de l'arène à la tour Magne, à Nîmes.

Vers attribués à Victor Hugo.

Les **néologismes** (nouveaux mots) comme le **mot-valise** permettent de fabriquer un terme à partir de deux autres.

Dans Le Parti pris des choses, *Francis Ponge s'amuse à faire de « cageot » un mot-valise « à mi-chemin de la cage au cachot ».*

- Le **zeugme** associe deux termes dont l'un est concret et l'autre abstrait.

« Sous le pont Mirabeau coule la Seine / Et nos amours »

Guillaume Apollinaire, « Le Pont Mirabeau », *Alcools* (1912).

B La force des images

La parole poétique peut concevoir des images pour exprimer une émotion que le langage ordinaire peine à traduire. Elle s'aventure dans des territoires inexplorés : associations de mots insolites, rapprochements incongrus… Les figures d'analogie sont très exploitées ; elles participent de ce nouveau regard sur le monde que le poète nous invite à adopter (voir chapitre 5, page 51).

« Le matin s'écroule comme une pile d'assiettes
En milliers de tessons de porcelaine et d'heures
Et de carillons
Et de cascades
Jusque sur le zinc de ce bistrot très pauvre
Où les étoiles persistent dans la nuit du café »

Robert Desnos, « À l'aube », *Destinée arbitraire*, © Gallimard (1975).

La comparaison entre le matin et la pile d'assiettes est singulière, car elle associe une dimension temporelle, donc abstraite (celle du matin ou des « heures ») et une réalité triviale et matérielle (celle de la pile d'assiettes et des « tessons de porcelaine »). Elle permet de matérialiser cette irruption de la vie quotidienne et bruyante quand la nuit laisse la place au jour.

RÉCAPITULONS

- Un poème traditionnel obéit à des critères formels, des règles de versification très strictes (mètre, rime, vers, strophe).
- La forme et le sens sont inséparables en poésie : il faut être attentif au choix des mots, du rythme et des sonorités pour en percevoir toute la richesse, et comprendre ce que le poète cherche à exprimer.
- Le genre poétique invite le lecteur à jeter sur le monde un nouveau regard, plus profond.

Étudier la forme d'un poème

LA DÉMARCHE

- Notez la **structure** d'ensemble du poème (strophes, mètres, rimes...).
- Observez les effets de **rythme** marquants (accents, répétitions, rejets...).
- Repérez des **jeux de sonorités** évidents et utiles.
- Justifiez ces remarques en les mettant en relation avec le **message** que souhaite véhiculer le poète.

L'EXEMPLE COMMENTÉ

Ce poème évoque Paris occupé par les Allemands. En se servant de sa plume comme d'une arme, Éluard appelle à la résistance contre l'envahisseur.

—	allitérations
	anaphores
	assonances

« Paris ma belle ville
Fine comme une aiguille forte comme une épée
Ingénue et savante
Tu ne supportes pas l'injustice
Pour toi c'est le seul désordre
Tu vas te libérer Paris
Paris tremblant comme une étoile
Notre espoir survivant
Tu vas te libérer de la fatigue et de la boue
Frères ayons du courage
Nous qui ne sommes pas casqués
Ni bottés ni gantés ni bien élevés
Un rayon s'allume en nos veines
Notre lumière nous revient
Les meilleurs d'entre nous sont morts pour nous
Et voici que leur sang retrouve notre cœur
Et c'est de nouveau le matin un matin de Paris
La pointe de la délivrance
L'espace du printemps naissant
La force idiote a le dessous
Ces esclaves nos ennemis
S'ils ont compris
S'ils sont capables de comprendre
Vont se lever. »

Paul Éluard, « Courage », *Au rendez-vous allemand*, © Éditions de Minuit (1944).

I La structure du poème

Les vers sont libres : il n'y a pas de strophe et les vers sont de longueur irrégulière (le vers 1 est un hexasyllabe, le vers 2 un alexandrin, le vers 6 un octosyllabe...).

Autre preuve de modernité, on note l'absence de rimes et de ponctuation, en dehors du point final. Le poème donne donc l'impression de mélanger **poésie et langage parlé**.

II Les effets de rythme

- Le poème contient plusieurs **répétitions** :
  - « Paris » revient quatre fois, en tête et en fin de vers, à des places stratégiques ;
  - aux vers 11 et 12 – qu'il faut lire d'une traite –, la négation « ne... pas... ni », appuyée par l'**assonance** en [e], permet d'opposer le groupe des résistants (« Frères », « nous ») aux soldats allemands ;
  - l'**anaphore** finale « S'ils » met aussi l'accent sur l'hypothèse ardemment désirée par le poète : la révolte des Parisiens contre les occupants allemands. Cet élan se perçoit aussi dans l'anaphore des vers 16 et 17 et dans le **parallélisme** des vers 6 et 9.

- Le **rythme binaire** apparaît plusieurs fois, marqué par les accents : par exemple, l'antithèse du vers 2 est construite sur une césure à l'hémistiche.

III Les jeux de sonorités

Pour pallier l'absence de rimes, Éluard joue sur les **allitérations** en [t] aux vers 4, 5, 6, 7 et 9 et [p] aux vers 17, 18 et 19. Il a également recours aux **assonances**.

IV Le message du poète

- Le poète exhorte les Parisiens à réagir et à oublier leur malheur pour résister à l'envahisseur. Tous les procédés sonores, rythmiques et syntaxiques vont dans ce sens : Éluard réveille le lecteur et l'incite à prendre les armes.

- La liberté formelle du poème « Courage » est à mettre en relation avec le thème de la Libération de Paris.

- Le lexique sobre, les images simples, un rythme régulier et marquant rendent cette **poésie accessible** à tous, et surtout efficace car **persuasive**.

- Se dessine ici une conception **engagée** et non élitiste de la poésie.

SE TESTER QUIZ

1 Indiquez la ou les réponse(s) exacte(s).

« Une froideur secrètement brûlante
Brûle mon corps, mon esprit, ma raison,
Comme la poix[1] anime le tison[2]
Par une ardeur lentement violente. »

Joachim du Bellay, « Une froideur secrètement brûlante… », *L'Olive* (1550).

1 **Poix :** matière visqueuse à base de résine. 2 **Tison :** reste d'un morceau de bois en partie brûlé.

- ☐ **a.** Ces vers sont des alexandrins.
- ☐ **b.** Les assonances en nasales expriment une forte mélancolie.
- ☐ **c.** L'adjectif « violente » contient une synérèse.
- ☐ **d.** Les rimes sont croisées.
- ☐ **e.** L'alternance rimes féminines/masculines est respectée.

2 Que signifie la métaphore soulignée dans les vers suivants d'Apollinaire ?

« Et <u>tes mains feuilles de l'automne</u> / Que jonchent aussi nos aveux »

- ☐ **a.** La fin de l'amour entre le poète et Marie, destinataire du poème.
- ☐ **b.** La fragilité de cette femme.
- ☐ **c.** La confiance du poète envers cette femme dont la tendresse le rassure.

S'ENTRAÎNER

3 Dans ce poème de Verlaine, relevez et commentez quatre éléments poétiques propres à traduire la mélancolie, voire l'angoisse du poète.

Intéressez-vous d'abor[d] au thème traité, avant de vous attacher à l'écriture poétique (jeu[x] de sonorités, de rythme[,] images…).

« Une aube affaiblie
Verse par les champs
La mélancolie
Des soleils couchants.
La mélancolie
Berce de doux chants
Mon coeur qui s'oublie
Aux soleils couchants.
Et d'étranges rêves
Comme des soleils
Couchants sur les grèves,
Fantômes vermeils,
Défilent sans trêves,
Défilent, pareils
À des grands soleils
Couchants sur les grèves. »

Paul Verlaine, « Soleils couchants », *Poèmes saturniens* (1866).

OBJECTIF BAC

Questions sur le corpus

4 Après avoir pris connaissance du corpus, répondez aux questions.

a. Dans le cadre d'une réflexion sur la fuite du temps, quels sont les éléments communs abordés par ces divers documents ?

b. Quel point commun y a-t-il dans les démarches de Magritte et de Queneau ?

POUR VOUS AIDER

- N'oubliez pas : vous ne devez pas traiter les documents séparément ! Dans votre réponse, efforcez-vous de proposer un plan à partir des éléments communs aux différents documents.
- Prêtez attention au fait que Queneau s'est largement inspiré du poème de Ronsard présent dans le corpus. Vous avez ainsi le point de départ de votre réflexion.

La fuite du temps ou la déchéance de la femme

Document 1. Pierre de Ronsard, « Quand vous serez bien vieille... », *Sonnets pour Hélène* (1578).
Document 2. Charles Baudelaire, « Remords posthumes », *Les Fleurs du mal* (1857).
Document 3. Raymond Queneau, « Si tu t'imagines », *L'Instant fatal*, © Gallimard (1946).
Document 4. René Magritte, *Perspective 1 : Madame Récamier par David* (1949).

DOCUMENT 1

« Quand vous serez bien vieille, au soir, à la chandelle,
Assise auprès du feu, dévidant et filant,
Direz, chantant mes vers, en vous émerveillant :
"Ronsard me célébrait du temps que j'étais belle !"

Lors[1], vous n'aurez servante oyant[2] telle nouvelle,
Déjà sous le labeur à demi sommeillant,
Qui au bruit de Ronsard ne s'aille réveillant,
Bénissant votre nom de louange immortelle.

1 **Lors** : alors. 2 **Oyant** : entendant.

Je serai sous la terre et, fantôme sans os,
Par les ombres myrteux[3] je prendrai mon repos :
Vous serez au foyer une vieille accroupie,

Regrettant mon amour et votre fier dédain.
Vivez, si m'en croyez, n'attendez à demain :
Cueillez dès aujourd'hui les roses de la vie. »

Pierre de Ronsard, « Quand vous serez bien vieille… », *Sonnets pour Hélène* (1578).

3 Par les ombres myrteux : à l'ombre des bois de myrte qui accueilleraient dans les enfers, les couples amoureux. Ces arbrisseaux seraient le symbole de l'immortalité.

DOCUMENT 2

« Lorsque tu dormiras, ma belle ténébreuse,
Au fond d'un monument construit en marbre noir,
Et lorsque tu n'auras pour alcôve et manoir
Qu'un caveau pluvieux et qu'une fosse creuse ;

Quand la pierre, opprimant ta poitrine peureuse
Et tes flancs qu'assouplit un charmant nonchaloir,
Empêchera ton coeur de battre et de vouloir,
Et tes pieds de courir leur course aventureuse,

Le tombeau, confident de mon rêve infini
(Car le tombeau toujours comprendra le poète),
Durant ces grandes nuits d'où le somme est banni,

Te dira : "Que vous sert, courtisane imparfaite,
De n'avoir pas connu ce que pleurent les morts ?"
– Et le ver rongera ta peau comme un remords. »

Charles Baudelaire, « Remords posthumes », *Les Fleurs du mal* (1857).

DOCUMENT 3

« Si tu t'imagines
si tu t'imagines
fillette fillette
si tu t'imagines
xa va xa va xa
va durer toujours
la saison des za
saison des za
saison des amours
ce que tu te goures fillette fillette
ce que tu te goures
si tu crois petite
tu crois ah ah
que ton teint de rose
ta taille de guêpe
tes mignons biceps

tes ongles d'émail
ta cuisse de nymphe
et ton pied léger
si tu crois petite
xa va xa va xa
va durer toujours
ce que tu te goures
fillette fillette
ce que tu te goures
les beaux jours s'en vont
les beaux jours de fête
soleils et planètes
tournent tous en rond
mais toi ma petite
tu marches tout droit
vers sque tu vois pas
très sournois s'approchent
la ride véloce[1]
la pesante graisse
le menton triplé
le muscle avachi
allons cueille cueille
les roses les roses
roses de la vie
et que leurs pétales
soient la mer étale
de tous les bonheurs
allons cueille cueille
si tu le fais pas
ce que tu te goures
fillette fillette
ce que tu te goures. »

Raymond Queneau, « Si tu t'imagines », *L'Instant fatal*, © Gallimard (1946).

1 **Véloce** : rapide.

DOCUMENT 4 Voir p. 146.

SE TESTER

1 Réponses vraies **b.** et **e.** Les autres sont fausses car les vers sont des **décasyllabes**, « violente » est une **diérèse** et les rimes sont **embrassées**.

2 Réponse **a.** L'automne connote la mélancolie et la tristesse. L'évocation des feuilles mortes qui « jonchent » le sol ne peut qu'évoquer la fin d'une relation.

S'ENTRAÎNER

3 ▪ Le crépuscule, moment choisi par Verlaine, est propice à la tristesse. Le soleil couchant installe une atmosphère morbide comme le prouvent l'adjectif « affaiblie » accolé à « l'aube » et la répétition du nom « mélancolie ».

▪ Les images évoquent l'angoisse du poète. La **personnification** de l'aube, les **comparaisons** des rêves avec des fantômes, puis des soleils couchants, font glisser le poème dans un registre fantastique. Les pluriels associés aux soleils et aux fantômes, renforcent l'impression d'hallucinations.

- Fondé sur un **jeu d'échos**, le poème donne une sensation d'obsession. Le choix du mètre (les pentasyllabes), les répétitions (de « Soleils couchants » ou « Défilent ») ainsi que les nasales (« ch<u>am</u>ps », « mél<u>an</u>colie », « couch<u>an</u>ts », « ch<u>an</u>ts ») renforcent cette impression angoissante.

- Si la confusion de l'aube et du couchant évoque le flou, propice à la rêverie, elle suggère surtout la perte des repères.
La longueur des phrases et le contre-rejet (« pareils ») participent de ce désir d'exprimer la dissolution des formes et la disparition de tout repère rassurant.
Le poète pensait échapper à son mal-être grâce à une douce mélancolie, il se retrouve enfermé dans son angoisse. Le paysage ici décrit permet à Verlaine de transcrire ses sensations et sentiments : il s'agit d'un **paysage état d'âme**.

> Verlaine a intitulé son recueil *Poèmes saturniens* pour évoquer ceux qui, nés sous le signe fatal de Saturne, sont condamnés à la mélancolie, à une « Bonne part de malheur et bonne part de bile ».

OBJECTIF BAC

4 a. Les éléments communs aux documents

- L'action destructrice du temps est perçue à travers une **figure féminine**. Chez Ronsard, il s'agit d'une « vieille », comme chez Queneau qui met en évidence des détails révélateurs de sa déchéance physique : « la ride véloce/ la pesante graisse/ le menton triplé/ le muscle avachi ». Dans les deux autres documents, la femme est morte et enterrée, comme l'indique la présence du cercueil dans le tableau ou le vaste champ lexical de la mort utilisé par Baudelaire (« caveau », « fosse », « pierre », « tombeau »).

- Les effets dévastateurs du temps sont représentés sous forme d'**images poétiques** comme la rose se fanant (poèmes 1 et 3), ou d'**images crues** comme le cercueil dans le tableau ou le ver rongeant le cadavre chez Baudelaire.

- Les femmes des poèmes 1 et 3 et du tableau sont vaniteuses et coquettes, elles éconduisent les hommes parmi lesquels le poète lui-même (Ronsard et Queneau, peut-être Baudelaire qui déplore le manque d'amour de la courtisane). La vieillesse les rattrape et leur décrépitude physique retentit comme un **châtiment**. Des renversements de situation sont d'ailleurs fréquemment utilisés, comme dans le poème de Baudelaire, celui de Queneau ou la toile de Magritte : de séduisantes, les femmes deviennent repoussantes.

> Ancrez vos analyses dans les documents pour prouver ce que vous avancez. Appuyez-vous sur des références précises (détails, citations...).

- Les quatre artistes interviennent personnellement pour **se railler** des femmes punies par le temps. Ils s'adressent à elles à travers des apostrophes comme « ma belle ténébreuse » (poème 2) ou « fillette fillette » (poème 3), ou des impératifs tels que « Vivez (...) n'attendez (...) Cueillez » dans le sonnet de Ronsard ou « cueille cueille » chez Queneau.

Les marques de la deuxième personne saturent les textes : le vouvoiement utilisé par Ronsard cède la place au tutoiement familier des autres poètes.

- Si la poésie confère **gloire et immortalité** à Ronsard, elle lui permet, comme aux autres poètes, de conjurer son **angoisse de mort** grâce à la création artistique.

Magritte, quant à lui, tourne en **dérision** cette mort inéluctable, ironise sur la vanité de l'existence.

Ce corpus prouve que le motif épicurien du ***carpe diem*** (« Profite du jour ou de l'instant », en latin) traverse les époques.

b. Une démarche parodique

- Queneau s'inspire de Ronsard, comme Magritte de David. Queneau s'adresse à une jeune fille qu'il cherche à conquérir en l'invitant à prendre conscience de la fuite du temps. Il reprend l'image de la rose qui symbolise la beauté éphémère de la jeune femme. La **métaphore filée** de la rose occupe une place importante dans le poème de Queneau ; chez Ronsard, l'image apparaît dans la chute du sonnet. Quant à Magritte, il reprend la **composition** du tableau de David. Le mobilier est identique, tout comme le décor dépouillé de la scène.

- Il ne s'agit pas d'une imitation fidèle et servile : Queneau et Magritte reprennent des éléments essentiels en les **caricaturant** ou en les **parodiant**.

Ronsard se contente de répéter le terme « vieille » alors que Queneau se montre plus cruel. En effet, celui-ci propose une vision crue de la vieillesse : chaque qualité devient défaut par une inversion systématique. Le « teint de rose » devient la « ride », la « taille de guêpe » se transforme en « pesante graisse ». Queneau s'éloigne ouvertement du **lyrisme amoureux et traditionnel** de Ronsard.

Magritte, lui, modifie le sujet du tableau. En le remplaçant par un **cercueil personnifié** (il se tient dans la même attitude que le modèle), il rappelle que la mort est inéluctable. Le portrait n'immortalise qu'un individu devenu poussière.

Une **parodie** est l'imitation assumée d'une œuvre, dans une intention comique, voire moqueuse.

www.annabac.com

CHAPITRE 12 L'évolution de la poésie, du romantisme au surréalisme

Genre mineur au XVIIIe siècle, la poésie s'affirme au XIXe siècle comme un moyen d'expression privilégié. C'est aussi à cette époque qu'elle connaît de grands changements que le XXe siècle se chargera d'amplifier et de généraliser. Progressivement libéré des règles et contraintes fixées par la tradition, le genre poétique s'impose comme lieu d'expérimentation du langage et de recherche du sens d'une sensibilité moderne.

I La poésie romantique (1820-1848)

A Les thèmes de prédilection

1. Le lyrisme ou l'expression intime des sentiments personnels

Le moi romantique est passionné, souvent inquiet, voire révolté. Il aime à s'épancher dans ses écrits, à combler sa solitude en partageant ses états d'âme avec son lecteur.

2. Les relations étroites avec la nature

Le poète considère la nature comme un refuge, une **confidente**. Il préfère les lieux propices à l'exaltation et à la quête d'infini, comme les forêts, les montagnes, les océans tumultueux…

> Pour les romantiques, tous les sujets méritent d'être abordés en poésie. Élégiaque, lyrique, épique, satirique, de nombreux registres y sont exploités (voir p. 64).

3. L'idéalisation de la femme

La passion amoureuse est vitale pour le romantique ; elle est une source d'élévation et d'inspiration unique.

4. L'évasion à travers l'exotisme, le fantastique, le goût du passé

Pour oublier son insatisfaction et ses souffrances, le poète tend à fuir le monde qui l'entoure. L'imagination, le surnaturel, les rêves lui offrent une matière illimitée à explorer.

B La fonction du poète

- Chez les romantiques, la poésie n'est plus seulement un art, elle devient un moyen de connaissance, le moyen idéal d'**accéder à la vérité**. L'univers est rempli de signes, de voix que le poète est en effet le seul à pouvoir percevoir et déchiffrer.

- Véritable interprète, le poète offre au lecteur des clés pour comprendre le monde et ses mystères. Pour Victor Hugo, le poète romantique a pour mission de **guider le peuple**, il est un mage et un voyant, un intermédiaire entre Dieu et les hommes.

- La poésie romantique relève donc du **sacré** : elle est à la fois intime et universelle, cosmique et inspirée.

- Rien de surprenant donc à ce que le poète romantique s'engage dans son temps, et même en politique.

Deux poètes romantiques ont mené des **carrières politiques** conséquentes : après avoir été élu député, **Lamartine** se présenta à l'élection présidentielle (décembre 1848). Quant à **Hugo**, il fut pair de France puis député de la IIe République.

C Les innovations formelles

1. L'assouplissement de l'alexandrin

L'expression des sentiments passionnés est incompatible avec le carcan formel de la poésie classique. Les poètes romantiques disloquent « ce grand niais d'alexandrin » (Victor Hugo) en multipliant les rejets et les enjambements. Pour éviter la césure automatique à la sixième syllabe (hémistiche), ils préconisent l'emploi du trimètre (rythme ternaire 4/4/4).

> « Il vit un œil / tout grand ouvert / dans les ténèbres. »
>
> Victor Hugo, « La Conscience », *La Légende des siècles* (1859).

2. L'usage d'une versification audacieuse

Tout en restant partiellement fidèles aux contraintes de l'écriture poétique, les romantiques explorent les potentialités du vers. Ils diversifient les rythmes en multipliant les **ruptures** et n'hésitent pas à recourir à des vers extrêmement courts (deux ou trois syllabes).

3. L'invention du poème en prose

- En 1842, un recueil est publié, qui participe de la naissance d'une forme poétique. Publié un an après la mort de son auteur Aloysius Bertrand, *Gaspard de la nuit* est composé de poèmes en prose. Pour la première fois sont réunies dans un texte deux formes jusque-là incompatibles.

- Le poème en prose possède son unité propre et forme un tout cohérent. C'est un texte court, structuré à l'aide de paragraphes distincts grâce aux alinéas.

- Du poème, il conserve les images, la brièveté, la mise en page. À la prose, il emprunte l'absence de vers et de rimes, un lexique courant, voire trivial, des thèmes peu poétiques. Il raconte d'ailleurs parfois une histoire. L'absence de vers et de rimes est palliée par un jeu accru sur les sonorités et le recours fréquent aux figures de la répétition (anaphore, parallélisme).

Dans le poème d'Aloysius Bertrand intitulé « Un rêve » (voir p. 168), on retrouve un certain nombre de thèmes propres au « romantisme noir » : onirisme, fantastique, histoire sanglante, cadre médiéval.

D Quelques recueils de poésie romantique

1. *Méditations poétiques* (1820) d'Alphonse de Lamartine

Dans ses *Méditations,* Lamartine veut atteindre l'**Idéal**, s'élever vers une consolation divine. Grâce au lyrisme, à l'exaltation de son moi, le poète exprime sa subjectivité, son émotion toute personnelle. « Je n'imitais plus personne, je m'exprimais pour moi-même, ce n'était pas un art, c'était un soulagement de mon propre cœur, qui se berçait de ses propres sanglots. Je ne pensais à personne en écrivant ces vers si ce n'est à une ombre et à Dieu » (Préface des *Méditations*).

2. *Les Nuits* (1835-1837) d'Alfred de Musset

Dans ce recueil, le poète évoque la violence des sentiments que lui impose la passion amoureuse ainsi que le rôle de la souffrance dans la création poétique. C'est à sa muse qu'il confie ses tourments. De sa souffrance naissent ses plus beaux vers : **« Les plus désespérés sont les chants les plus beaux. »**

3. *Les Châtiments* (1853) de Victor Hugo

Dans ce recueil, Hugo se révolte contre Napoléon III et dénonce son coup d'État. Sous la plume du poète, l'empereur devient Napoléon le Petit. À cause de lui, Hugo est obligé de s'exiler. Toutefois, le poète continue d'écrire, et ce recueil, qui se veut un **pamphlet**, est une arme pour combattre la politique de Napoléon III. À travers le poète, **c'est le peuple qui parle**.

Relisez le poème p. 46.

4. *Les Contemplations* (1856) de Victor Hugo

Le recueil est un **hommage à sa fille**, Léopoldine, morte noyée. Il est empreint de chagrin et de nostalgie. Hugo invite son lecteur à une réflexion universelle sur la mort : **« Prenez donc ce miroir et regardez-vous-y. »** Le recueil est divisé en deux parties – « Autrefois » et « Aujourd'hui » –, s'articulant autour de la mort de Léopoldine. Tandis que la première partie évoque le souvenir heureux des moments passés avec sa fille ou ses engagements politiques, le second est entièrement tourné vers le deuil.

ZOOM

Victor Hugo, la représentation du poète romantique

▲ Victor Hugo assis sur le rocher des proscrits, à Jersey (été 1853).

- Alors qu'il est exilé sur l'île anglo-normande de Jersey, Victor Hugo s'intéresse à la **photographie**, ce nouvel art en plein essor. Si son fils Charles assume la partie technique, c'est lui qui se charge des mises en scène.
- L'écrivain est ici représenté dans la **posture du poète romantique**, entre terre et ciel, le rocher matérialisant ce statut bien particulier d'intermédiaire ou de guide. Tourné vers la gauche, dos à l'océan qui le sépare des rivages français, il semble regarder vers le passé, en proie à une forte nostalgie. Il chantera dans ses poèmes élégiaques la douleur de l'exil auquel son **engagement** en faveur de la liberté l'a condamné.

II La poésie symboliste (1857-1900)

A La doctrine

- Le symbolisme correspond à une réaction contre le réalisme, le naturalisme et l'apologie du progrès scientifique. L'artiste symboliste refuse de se limiter à une connaissance rationnelle du monde, il prône au contraire ce qui relève d'un **univers supérieur et invisible**.

- Comme les romantiques, les poètes symbolistes se considèrent comme des intermédiaires entre les hommes et les secrets de l'univers, comme des **guides inspirés**.

- À la différence des romantiques, ils s'élèvent au-dessus du commun des mortels et se distinguent par un véritable **élitisme**. C'est la raison pour laquelle ils aiment employer un vocabulaire précieux et rare, des phrases à la syntaxe élaborée, de nombreux symboles. Leur poésie est parfois qualifiée d'hermétique, d'obscure car elle est difficile à comprendre.

B La prédominance des correspondances

- L'étymologie du mot « symbolisme » signifie « être en rapport » : l'**analogie** est donc une notion-clé de ce mouvement qui se propose de rapprocher une idée abstraite de l'image sensible qui la matérialise.

- **Baudelaire** est perçu comme le précurseur du symbolisme, puisqu'il s'est intéressé aux synesthésies. Dans son poème « Correspondances », un vers célèbre résume cette théorie : « Les parfums, les couleurs et les sons se répondent ».

- Par sa puissance évocatrice, la poésie exerce un **pouvoir ensorcelant** sur le lecteur et lui offre un accès au monde des symboles.

La **synesthésie** désigne un jeu de correspondances entre plusieurs sensations. « Il est des parfums frais comme des chairs d'enfants,/ Doux comme des hautbois, verts comme des prairies » (« Correspondances »). Dans ces deux vers, Baudelaire associe à l'odorat le toucher, l'ouïe et la vue.

C Les précurseurs : Baudelaire, Verlaine, Rimbaud

1. Charles Baudelaire

- Son œuvre majeure, ***Les Fleurs du mal*** (1857), s'inscrit dans la modernité, qu'il définit comme « intimité, spiritualité, couleur, aspiration vers l'infini exprimées par tous les moyens que contiennent l'art ». Obsédé par la perfection formelle, il

Les Fleurs du mal seront condamnées pour immoralité et expurgées de plusieurs poèmes.

voue un **culte à la beauté**, comme le feront ses contemporains, **les parnassiens**, adeptes de « l'art pour l'art ».

- Son œuvre traduit l'opposition, qui le hante, entre le **Spleen**, cet état dépressif propre à la nature humaine, et l'**Idéal**, un monde rêvé, gouverné par la pureté et l'harmonie. Baudelaire aspire d'ailleurs à extraire la beauté du mal, « l'or » de la « boue ».

2. Paul Verlaine

- Dans son « Art poétique » (1884), Verlaine exprime sa vision de la poésie. Le poète couche sur le papier les tourments de son âme qu'il matérialise sous la forme d'un **paysage poétique** (voir p. 152).

- La **mélodie,** la **musicalité des vers** jouent un rôle essentiel, restituant les émotions et sentiments personnels.

- Le **vers impair** constitue l'une des spécificités de l'écriture verlainienne.

En 1884, **Verlaine** publie *Les Poètes maudits*, une œuvre qu'il consacre à ces poètes incompris et provocateurs, qui rejettent la société et n'hésitent pas à se mettre en danger en se plongeant dans des « paradis artificiels » (alcool, drogue).

> « De la musique encore et toujours !
> Que ton vers soit la chose envolée
> Qu'on sent qui fuit d'une âme en allée
> Vers d'autres cieux à d'autres amours. »

Paul Verlaine, « Art poétique », *Jadis et naguère* (1884).

3. Arthur Rimbaud

- Ce jeune prodige rebelle se fixe un objectif révolutionnaire et ambitieux : **« se faire voyant »** et inventer un **nouveau langage** « de l'âme pour l'âme, résumant tout, parfums, sons, couleurs, de la pensée accrochant la pensée et tirant » (*Lettre du voyant,* 1871).

- **Peu soucieux de rigueur formelle**, contrairement à Baudelaire, il brasse les mots et les images dans des poèmes nourris de violence et de délires. Certains titres de recueils comme *Une saison en enfer* ou *Illuminations* évoquent clairement cette aventure humaine aux confins de la folie.

D Le maître : Stéphane Mallarmé

- Profondément marqué par Baudelaire, il voue un **culte à la perfection formelle** et transcrit dans ses poèmes la contradiction entre le Spleen et l'Idéal.

- Sa poésie évolue ensuite vers l'**hermétisme** : il cherche une écriture suffisamment impersonnelle, épurée, éloignée du réel, pour exprimer l'idéal dont il rêve. Ce désir utopique d'une langue désincarnée, il l'exprime ainsi dans son « Sonnet en yx » dont voici les deux premiers quatrains :

« Ses purs ongles très haut dédiant leur onyx,
L'Angoisse ce minuit, soutient, lampadophore,
Maint rêve vespéral brûlé par le Phénix
Que ne recueille pas de cinéraire amphore.

Sur les crédences, au salon vide : nul ptyx,
Aboli bibelot d'inanité sonore,
(Car le Maître est allé puiser des pleurs au Styx
Avec ce seul objet dont le Néant s'honore). »

Stéphane Mallarmé, *Poésies* (1899).

III La poésie surréaliste (1913-1966)

A Aux origines du surréalisme : Guillaume Apollinaire

1. L'inventeur du mot

En 1917, le terme « surréalisme » naît sous la plume de Guillaume Apollinaire. En 1922, André Breton, Louis Aragon et Philippe Soupault le reprennent pour baptiser leur nouveau mouvement artistique : « en hommage à Guillaume Apollinaire qui venait de mourir (...), Soupault et moi nous désignâmes sous le nom de surréalisme le nouveau mode d'expression pure que nous tenions à notre disposition » (André Breton, *Manifeste du surréalisme*).

2. Un poète entre deux mondes

- Apollinaire cristallise au début du XXe siècle le vif intérêt que la poésie porte à la nouveauté, tant dans le choix des sujets abordés que dans celui des formes. Dans « Zone » (1913), il célèbre le **monde moderne** en évoquant l'effervescence des rues de Paris ou les moyens de transport modernes comme l'avion ou l'autobus.
- Entre symbolisme et surréalisme, entre tradition et modernité, il s'attache également à des **thèmes lyriques** aussi classiques que la fuite du temps, les amours malheureuses, la mélancolie du poète.
- En **supprimant la ponctuation** et en inventant le **calligramme** (voir p. 166), il renouvelle l'écriture poétique.

> Le titre du recueil *Alcools* (1913) évoque l'ivresse – recherche d'excitant ou fièvre inspiratrice – mais rappelle aussi que la vie et la poésie suscitent une même intensité : « Et tu bois cet alcool brûlant comme ta vie/ Ta vie que tu bois comme une eau de vie » (« **Zone** »).

À travers son œuvre, il joue avec toutes les potentialités de la langue poétique, des formes les plus classiques aux plus modernes telles que le **vers libre**.

B L'aventure surréaliste

- Ce mouvement est né du cataclysme que fut la Première Guerre mondiale.
- Avant de fonder le surréalisme, **André Breton** rejoint le **mouvement dadaïste** créé en 1916 par Tristan Tzara. Ce groupe prône le renversement de l'ordre établi en multipliant provocations et scandales.
- En 1922, Breton décide de réunir autour de lui de nombreux artistes pour **« changer la vie »**. Rejoindront les rangs du surréalisme des poètes comme Paul Eluard, Louis Aragon, Robert Desnos mais aussi des peintres tels que Salvador Dali, Max Ernst ou René Magritte (voir p. 146).
- L'histoire du surréalisme, brève mais intense, est émaillée de désaccords, de conflits multiples qui aboutissent à de nombreux départs. Le mouvement adhère temporairement au **Parti communiste**. La Seconde Guerre mondiale disperse le groupe, mais c'est la mort de son fondateur, André Breton, qui lui donnera le coup de grâce.

C Les thèmes essentiels

1. L'inconscient

Les surréalistes croient en la puissance de l'inconscient qui s'exprime à travers les récits investis par la magie, la folie et le rêve. Certains textes sont conçus sous hypnose. Des œuvres résultent de l'arbitraire ou d'une rencontre hasardeuse, tel le **cadavre exquis**, un jeu consistant à faire écrire une phrase ou un texte par plusieurs personnes sans qu'aucune d'elles ne sache ce qui a été écrit par les autres.

L'**inconscient** est ce qui échappe au contrôle de la raison, à la conscience. En 1915, Breton, étudiant en médecine, s'initie aux travaux de Freud sur ce sujet. Il s'appuiera sur ceux-ci pour proclamer l'importance du hasard dans la création artistique.

2. Le culte voué à la femme

- La femme est considérée comme un **intermédiaire entre l'homme et le monde**, un passeur qui offre un accès à une réalité supérieure, au surréel.
- L'amour est également célébré par la poésie surréaliste, puisqu'il représente ce qui force l'individu à se dépasser, l'objet d'une quête absolue et merveilleuse.

3. L'expérience poétique au quotidien

La poésie est partout et doit être **accessible à tous**. C'est elle qui enchante le quotidien, transfigure le réel. Parce qu'elle **échappe à la raison**, elle est le genre de prédilection des surréalistes. Elle permet en effet au poète de laisser s'exprimer ce qu'il a de caché, de plus enfoui en lui.

ZOOM

Une forme poétique originale, le calligramme

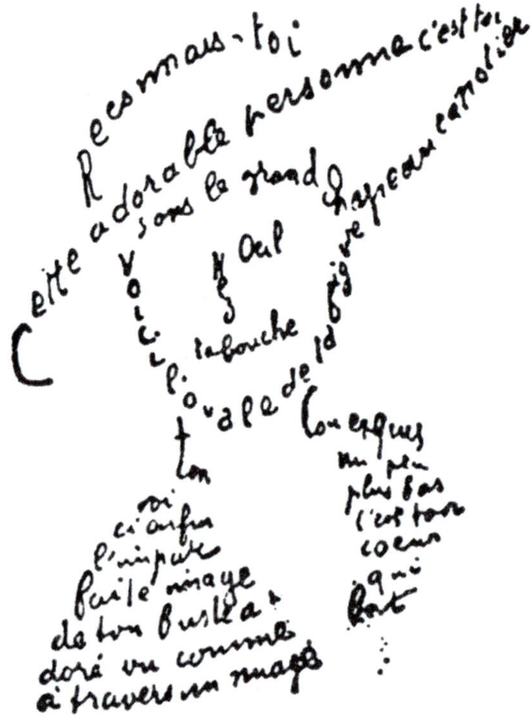

▲ « Poème du 9 février 1915 », *Poèmes à Lou*, Guillaume Apollinaire.

▶ Créé en 1918 par le poète Guillaume Apollinaire, le calligramme est un mot-valise formé à partir des termes « **calligraphie** » et « **idéogramme** ». Le premier désigne l'art de l'écriture élégamment formée. Le second désigne un symbole graphique chinois représentant un mot ou une idée. Le calligramme est donc un texte écrit dont les lignes forment un dessin, généralement en rapport avec le thème du poème.

▶ Dans l'exemple suivant, la femme au chapeau est à la fois décrite par les mots et suggérée par le dessin qu'ils constituent.

4. La liberté sous toutes ses formes

Les surréalistes se veulent libres pour **révolutionner la société** et anéantir l'ordre bourgeois. Éléments perturbateurs, ils **refusent la soumission**.

D Les innovations formelles

- Les **images insolites** privilégient des rapprochements fortuits, fruits du hasard. Après s'être imposées au poète, elles surprennent le lecteur, d'autant qu'elles échappent à toute explication logique.

> « Sur le pont à la même heure
> Ainsi la rosée à tête de chat se berçait »
>
> André Breton, « Au regard des divinités », *Clair de terre*, © Gallimard, 1923.

- Les **collages ou associations libres d'images et de mots** engendrent un nouveau langage débarrassé de toute norme et contrainte. Ce n'est plus la pensée qui dicte les mots, mais les mots qui dictent la pensée. Cette liberté, Breton l'exprimera à travers la métaphore « Les mots font l'amour ».

- L'**écriture automatique** permet d'écrire, sans aucune censure, ce que dicte l'inconscient.

RÉCAPITULONS

- Au XIXe siècle, la poésie commence à rompre avec la tradition en se libérant du carcan formel. Elle apparaît comme le genre idéal pour exprimer la modernité.
- La révolution romantique est ambitieuse : elle renouvelle la poésie (invention du poème en prose) et assigne une mission presque divine au poète.
- Le symbolisme voit dans la forme le moyen d'accéder au monde des idées, grâce au jeu des images et des correspondances.
- Héritiers du romantisme, les surréalistes remettent en cause l'ordre et la raison. Ils considèrent la poésie et les femmes comme des vecteurs uniques pour élever l'âme et donner libre cours à la fantaisie et au désir.

Étudier un poème en prose

LA DÉMARCHE

- Il faut d'abord **étudier le poème dans sa globalité** : à partir de son titre et de sa structure, résumez l'histoire qu'il raconte.
- Identifiez et commentez les principaux **champs lexicaux**.
- Relevez ensuite les **images** et interprétez-les.
- Intéressez-vous enfin à la **musicalité du poème**, à ses échos sonores internes, à ses ruptures rythmiques.

L'EXEMPLE COMMENTÉ

— Dom Augustin
— Marguerite
— le poète

« Il était nuit. Ce furent d'abord, – ainsi j'ai vu, ainsi je raconte, – une abbaye aux murailles lézardées par la lune, – une forêt percée de sentiers tortueux, – et le Morimont grouillant de capes et de chapeaux. C'est à Dijon, de temps immémorial, la place aux exécutions.

Ce furent ensuite, – ainsi j'ai entendu, ainsi je raconte, – le glas funèbre d'une cloche auquel répondaient les sanglots funèbres d'une cellule, – des cris plaintifs et des rires féroces dont frissonnait chaque fleur le long d'une ramée, – et les prières bourdonnantes des pénitents noirs qui accompagnent un criminel au supplice.

Ce furent enfin, – ainsi s'acheva le rêve, ainsi je raconte, – un moine qui expirait couché dans la cendre des agonisants, – une jeune fille qui se débattait pendue aux branches d'un chêne, – et moi que le bourreau liait échevelé sur les rayons de la roue.

Dom Augustin, le prieur défunt, aura, en habit de cordelier, les honneurs de la chapelle ardente ; et Marguerite, que son amant a tuée, sera ensevelie dans sa blanche robe d'innocence, entre quatre cierges de cire.

Mais moi, la barre du bourreau s'était, au premier coup, brisée comme un verre, les torches des pénitents noirs s'étaient éteintes sous des torrents de pluie, la foule s'était écoulée avec les ruisseaux débordés et rapides, – et je poursuivais d'autres songes vers le réveil. »

Aloysius Bertrand, « Un rêve », *Gaspard de la Nuit* (1842).

I L'étude globale du poème

- Composé de cinq paragraphes, ce poème en prose fait le récit d'« un rêve ». Le premier paragraphe évoque les **circonstances** (la nuit) et **trois lieux** (« une abbaye », « une forêt », « le Morimont ») dans lesquels vont se dérouler **trois événements angoissants**, vécus par **trois acteurs** distincts (Dom Augustin, Marguerite, le poète).

- Les **anaphores** (« Ce furent... » et « ainsi je..., ainsi je raconte ») soulignent que la chronologie des trois récits croisés est extrêmement marquée : « d'abord », « ensuite », « enfin ». Le narrateur est le poète présent dans chaque strophe, à la première personne.

II Les champs lexicaux

- Le **champ lexical de la mort** parcourt le poème : « glas funèbre », « expirait », « agonisants », « ensevelie », et se mêle aux nombreux termes qui évoquent des morts violentes : « exécutions », « supplice », « pendue », « bourreau »...

- L'atmosphère dépeinte rappelle le Moyen Âge et ce qui a trait à la sorcellerie. « L'abbaye aux murailles lézardées par la lune », « les capes », « les pénitents noirs », le supplice de la roue sont autant de détails qui installent le lecteur dans un décor inquiétant et funeste, celui du cauchemar interrompu fort heureusement dans le dernier paragraphe par la conjonction « Mais ».

III Les images

- **La nature et les lieux sont personnifiés**, ce qui plonge encore davantage le lecteur dans un univers onirique. Dotés de volontés maléfiques, la lune lézarde les murailles, les sentiers percent la forêt, tandis que la cellule sanglote et que les fleurs frissonnent, en proie à une profonde tristesse.

- La **comparaison**, « brisée comme un verre », introduit une image insolite et rappelle l'importance du son dans ce poème : « glas », « cris », « cloche », « sanglots », « rires », « prières bourdonnantes » (voir paragraphe 2 du poème).

IV La musicalité du poème

- L'**absence de rimes** est compensée par des **reprises anaphoriques**. Des jeux de sonorités sont également exploités : par exemple, une **allitération** en [r] est perceptible dans le premier paragraphe et participe de l'ambiance macabre et terrifiante.

- Les nombreux tirets et les ruptures dues à la **ponctuation** perturbent la lecture du poème et imposent une confusion, un brouillage propre au rêve.

SE TESTER QUIZ

1 Qui est l'inventeur du poème en prose ?

☐ **a.** Aloysius Bertrand ☐ **b.** Arthur Rimbaud ☐ **c.** Guillaume Apollinaire

2 Que contiennent ces vers de Baudelaire extraits de « Parfum exotique » ?

« Pendant que le parfum des verts tamariniers,
Qui circule dans l'air et m'enfle la narine,
Se mêle dans mon âme au chant des mariniers. »

☐ **a.** une analogie ☐ **b.** une synesthésie ☐ **c.** une symbiose

3 Qui a écrit la *Lettre du voyant* ?

☐ **a.** Arthur Rimbaud

☐ **b.** Stéphane Mallarmé

☐ **c.** André Breton

4 Complétez cette image d'Éluard par le mot qui convient.

« La terre est ... comme une orange »

☐ **a.** ronde ☐ **b.** dense ☐ **c.** bleue

OBJECTIF BAC

Commentaire

5 Relisez le poème de Baudelaire « Remords posthume » (p. 154) et cherchez des idées pour répondre à la question suivante. Vous les présenterez ensuite sous la forme d'un plan détaillé.

En quoi réside l'originalité de ce poème que Baudelaire adresse à sa maîtresse, Jeanne Duval, la Vénus noire ?

POUR VOUS AIDER

- Commencez par lire le chapitre sur le commentaire littéraire, p. 209.
- Pour trouver des idées, demandez-vous d'abord en quoi ce sonnet d'apparence classique se distingue du lyrisme amoureux traditionnel. Notez les éléments qui vous étonnent, en essayant de comprendre pourquoi.
- Procédez ensuite à une lecture plus approfondie du poème, en étudiant sa forme, puis les champs lexicaux et les images, voire les sonorités marquantes.
- Vous pouvez aussi vous aider du cours sur Baudelaire (voir p. 162) et de l'exercice 4 du chapitre 11.

SE TESTER

1 Réponse **a.** **2** Réponse **b.** **3** Réponse **a.** **4** Réponse **c.**

5 Introduction

Ce sonnet original renouvelle le thème de la fuite du temps souvent exploité en poésie. Il surprend le lecteur dans sa forme - puisqu'il mêle discours et récit - mais surtout dans sa manière de traiter le sujet avec noirceur et provocation.

I. Une méditation sur la mort

- La femme est montrée dans sa dernière demeure, son cercueil, grâce à un enchaînement de **propositions temporelles** introduites par « Lorsque », « Et lorsque », « Quand », « Durant ». Les deux quatrains détaillent les circonstances dans lesquelles se déroule l'action principale, tandis que le discours du tombeau occupe les deux derniers tercets.

- Le poème est saturé de termes appartenant au **champ lexical de la mort**, ce qui accentue cette représentation macabre insolite. Si le premier vers utilise l'euphémisme « dormiras », le dernier vers - la chute mise en valeur par un tiret - introduit un détail horrible et cru, celui du cadavre en décomposition, mangé par les vers.

- Certaines **rimes** déclinent cette dimension funeste, comme celle en -oir tirée de « noir » ou la rime suivie « morts/remords ». Notons aussi que l'adjectif « ténébreuse » à la rime connote également la noirceur et la mort.

- L'inconfort de cette situation est exprimé par un sentiment d'oppression, de lourdeur propre à l'enfermement. L'**allitération en [p]** du vers :
« Quand la pierre, opprimant ta poitrine peureuse »
imite la pesanteur du marbre.

- Le **Spleen** envahit ce texte où règne le tragique. Il n'y a pas d'espoir, ni de lumière, puisque l'évocation de la terre et de ses entrailles prédomine. Toute vie est anéantie, comme le suggèrent les **métonymies** de la femme (« empêchera ton cœur de battre », « et tes pieds de courir »), manifestations de vie.

II. Une condamnation de la femme

- Le destinataire du sonnet est bien entendu Jeanne Duval, la maîtresse de Baudelaire. Dans un effet de boucle, le poème commence et finit pratiquement par une marque de tutoiement : « tu dormiras »/ « ta peau ». Ce poème de facture classique pourrait ressembler à un aveu amoureux traditionnel. Pourtant, même si le poète rappelle les charmes physiques

> Pour Baudelaire, **Jeanne Duval** est la « maîtresse des maîtresses » (« Le Balcon ») et sa principale muse. Elle incarne la femme sensuelle et séductrice, infidèle et toxique, pour laquelle le poète éprouvera une passion charnelle irrépressible.

de sa maîtresse dans l'apostrophe « belle ténébreuse », il lui reproche sa frivolité, sa vie de débauche dans une apostrophe finale critique (« courtisane imparfaite »).

- Ce poème retentit comme une **prédiction fatale**, comme le prouvent les futurs tels que « dormiras », « empêchera », « dira », rongera ». L'amour du poète se mue en véritable haine, tandis que la beauté de la femme subit les ravages du temps. Les vers 3 et 4 insistent sur le **retournement de situation** : ce qui était une « alcôve » dédiée à l'amour devient « un caveau pluvieux », alors que le riche « manoir » laisse place à une dérisoire « fosse creuse ».

- Personnifié et doté de parole, **le tombeau devient le complice du poète** qu'il semble venger, dans le premier tercet. Le discours direct accusateur de la fin est d'autant plus virulent qu'il n'est pas énoncé par le poète, mais par ce qui pourrait bien être une **allégorie de la Mort**, le tombeau.

- La « mise à mort » de la femme aimée s'accompagne d'une **destruction du lyrisme amoureux traditionnel**. Comme dans le titre oxymorique des *Fleurs du mal*, la beauté et la mort paraissent inextricablement liées, d'autant que c'est de leur évocation que le poète tire sa création artistique.

Faire parler une chose **personnifiée**, comme ici un tombeau, relève d'une figure de style appelée **prosopopée**. Baudelaire en utilise souvent pour faire parler le Temps ou la Mort, et leur donner l'apparence de divinités intraitables et cruelles.

www.annabac.com

CHAPITRE 13 Genres et formes de l'argumentation aux XVIIe et XVIIIe siècles

Articles de journaux, débats à la télévision, négociations, affaires judiciaires : tant à l'écrit qu'à l'oral, le genre argumentatif est partout présent. Il est utile d'en connaître le fonctionnement pour être à son tour capable de l'utiliser, que ce soit dans le cadre de travaux scolaires ou dans la vie quotidienne.

I Les différents textes argumentatifs

Toute une partie de la littérature appelée **littérature d'idées**, dans laquelle l'argumentation joue un rôle essentiel, est consacrée à l'examen d'idées, d'opinions diverses. Dans ce genre de littérature, l'essai et le dialogue sont des formes fréquentes. Mais des textes narratifs, poétiques et dramatiques peuvent également contenir des développements argumentatifs.

A L'essai

1. Un genre très souple

- Montaigne est le premier à employer le terme « essai » pour intituler ses écrits. L'essai désigne un texte en prose de longueur moyenne qui exprime des idées sur un sujet sans prétendre le traiter de manière exhaustive.

- La forme de l'essai est **très peu contraignante**. L'essai, en effet, n'est pas assujetti à des lois strictes de composition comme le traité ou la dissertation ; tout dépend des choix faits par l'auteur. Certains, comme Pierre Bayle dans les *Pensées diverses sur la comète* (1680), optent pour un **mode d'exposition très libre**, semblable à celui de la lettre ; à l'inverse, d'autres, comme Montesquieu, dans son ouvrage *De l'esprit des lois* (1748), organisent leur propos selon un **plan structuré**.

Les Essais (1572-1592) de Montaigne sont construits autour de chapitres abordant des thèmes divers sans souci d'organisation. « Mes fantaisies se suivent, […] et se regardent mais d'une vue oblique. […] J'aime l'allure poétique, à sauts et à gambades. » (*Essais*, III, IX)

2. Une réflexion sur des thèmes très variés

- L'auteur intervient souvent en **son propre nom**. Modalisateurs, termes connotés et registres ironique, polémique, voire lyrique, engageant sa prise de position, caractérisent l'essai.
- L'auteur propose à ses contemporains une réflexion sur divers sujets, qu'il argumente **à partir de son savoir, de son expérience** mais aussi de **ses observations**.

Ainsi **Montesquieu**, juriste de formation, étudie, dans *De l'esprit des lois*, les différents régimes politiques.

B Le dialogue philosophique

- Forme mise à l'honneur dans l'Antiquité par Platon (voir Zoom, p. 228), le dialogue est à nouveau extrêmement utilisé au XVIIIe siècle par les philosophes des Lumières, notamment par Diderot (1713-1784) dans *Le Neveu de Rameau* (1762-1773) ou *Le Rêve de d'Alembert* (1769).
- Le dialogue philosophique a pour modèle la **conversation**, dont il doit conserver les qualités : liberté, simplicité, naturel.
- Il a pour objectif d'atteindre le vrai.
- L'intérêt de ce genre est double : il permet de faire entendre deux voix, celle du défenseur de l'idée et celle d'un contradicteur. Par ailleurs, la forme dialoguée rend plus vivante et attrayante la confrontation des idées.

Le Neveu de Rameau est un dialogue entre Moi – le philosophe Diderot – et Lui – le neveu du musicien Rameau, pour qui le cynisme est le seul moyen de survivre en société.

C L'apologue

- Ce terme vient du mot grec *apologos* signifiant « récit ». Pris dans un sens restrictif, il est alors synonyme du mot « **fable** ». Dans un sens plus large, il désigne toute forme de récit allégorique, comme la fable ou le conte philosophique, visant à illustrer une leçon ou une question morale. Il s'agit d'une **argumentation par l'exemple**.
- Le but de l'apologue est de plaire et d'instruire en même temps. Les *Fables* de La Fontaine, par exemple, amusent tout en apportant un enseignement.

Pour détourner la censure qui sévit au XVIIe et au XVIIIe siècles, les auteurs dissimulent leurs critiques derrière un conte ou une **fable**.

ZOOM

Pascal, un penseur majeur du XVIIe siècle

▲ *Blaise Pascal*, de Philippe de Champaigne, coll. privée.

▶ Blaise Pascal (1623-1662), mathématicien et philosophe, occupe une place à part au XVIIe siècle. Mû par une **foi religieuse sincère**, il est l'adversaire des jésuites et des philosophes libertins.

▶ **Contre les jésuites**, il écrit *Les Provinciales* (1656-1657), texte théologique polémique. Dans ces lettres, Pascal aborde la difficile question de la grâce divine et critique le relâchement moral qui marque la pratique religieuse des jésuites.

▶ Son projet de **ramener les libertins à Dieu** est à l'origine de son ouvrage *Apologie de la religion chrétienne* plus connu sous le nom des *Pensées* (1670).

D L'argumentation dans les autres genres littéraires

- Dans le **roman** peuvent exister, plus ou moins nombreux, des passages de nature argumentative, comme lorsque le personnage de Jacques, dans *Jacques le Fataliste*, entretient son maître au sujet de la destinée. Un dialogue entre les personnages peut également être un moyen de débattre de certaines idées.

- De même, les **dialogues théâtraux** se prêtent parfaitement à la confrontation d'idées différentes et offrent de nombreux exemples de passages argumentatifs, comme les dialogues entre les valets et les maîtres dans *L'Île des esclaves* de Marivaux (voir p. 121), quand ceux-ci confrontent leurs points de vue antagonistes.

- Les **poèmes** peuvent aussi se prêter à l'argumentation. *Les Tragiques* (1616) d'Agrippa d'Aubigné offrent ainsi de nombreux passages de type argumentatif qui critiquent sévèrement la religion catholique et font l'éloge de la religion protestante. Voltaire, dans *Le Mondain* (1736), fait l'éloge de son époque et critique ceux qui lui préfèrent le passé.
Toutefois, utiliser la poésie à des fins argumentatives n'est pas sans danger ; le texte peut très vite perdre de sa qualité poétique.

E Les discours

Depuis l'Antiquité, on considère qu'il existe **trois grands genres de discours**, sous une forme écrite ou orale : les discours judiciaire, épidictique et délibératif.

1. Le discours judiciaire

- L'activité du locuteur consiste à juger ce qui a été fait, c'est-à-dire à accuser ou à défendre. Ses valeurs sont **le juste et l'injuste**. Ce genre est centré sur la narration car il faut exposer les faits, accuser ou défendre.

- Cette démarche se retrouve dans le **réquisitoire** et dans le **plaidoyer**. À l'origine, ces termes appartiennent au vocabulaire judiciaire.
Le réquisitoire est le discours du procureur, de l'avocat général qui accuse le coupable et, par extension, tout discours par lequel on accuse quelqu'un ou l'on incrimine quelque chose.
Un plaidoyer est un discours prononcé pour défendre le droit d'une partie.

- Discours satirique, le **pamphlet** appartient lui aussi à ce genre ; de même, le **manifeste** qui vise à critiquer certaines idées et à en promouvoir de nouvelles.

2. Le discours épidictique

- Dans le discours épidictique, l'activité du locuteur consiste à louer ou à blâmer.

- À travers un **éloge**, l'auteur exprime un jugement favorable sur une personne, une chose. L'oraison funèbre ou les discours de réception dans des institutions prestigieuses appartiennent à cette catégorie de discours.

« Elle [La princesse Henriette-Anne d'Angleterre] étudiait ses défauts ; elle aimait qu'on lui en fît des leçons sincères : marque assurée d'une âme forte, que ses fautes ne dominent pas, et qui ne craint point de les envisager de près, par une secrète confiance des ressources qu'elle sent pour les surmonter. »

Bossuet, *Oraison funèbre d'Henriette-Anne d'Angleterre* (1644).

Bossuet (1627-1704) fut un homme d'Église qui manifesta des talents d'orateur exceptionnels. Il prononça les oraisons funèbres de tous les grands de son époque. Également redoutable polémiste, il écrivit contre le théâtre, contre les protestants, contre le cartésianisme.

- Le **blâme** est un jugement défavorable porté sur une personne ou une chose.

« L'amour-propre est l'amour de soi-même et de toutes choses pour soi ; il rend les hommes idolâtres d'eux-mêmes, et les rendrait les tyrans des autres si la fortune leur en donnait les moyens. »

La Rochefoucauld, *Maximes*, 563 (1665).

3. Le discours délibératif

Dans le **discours délibératif**, l'activité du locuteur consiste à **peser le pour et le contre**. Ce type de discours est utilisé dans tous les genres littéraires, toutes les fois qu'une situation présente deux personnages en train de débattre d'une action à accomplir, ou bien un seul personnage, placé devant un **dilemme**.

« RODRIGUE

[...]
Oui, mon esprit s'était déçu.
Je dois tout à mon père avant qu'à ma maîtresse :
Que je meure au combat, ou meure de tristesse,
Je rendrai mon sang pur comme je l'ai reçu.
Je m'accuse déjà de trop de négligence ;
Courons à la vengeance ;
Et tout honteux d'avoir tant balancé,
Ne soyons plus en peine,
Puisqu'aujourd'hui mon père est l'offensé,
Si l'offenseur est le père de Chimène. »

Pierre Corneille, *Le Cid*, I, 6 (1637).

Ce monologue est un discours délibératif. Le personnage de Rodrigue est face à un dilemme : venger un père et perdre sa maîtresse ou bien vivre dans le déshonneur en choisissant Chimène. Il énumère les arguments en faveur de l'un et de l'autre de ces choix. À l'issue de sa délibération, il décidera de défendre l'honneur de son père.

II Le fonctionnement du texte argumentatif

A Convaincre et persuader

Le propre de tout texte argumentatif est de mettre en œuvre des **stratégies** visant à convaincre et à persuader le destinataire du bien-fondé ou non d'une idée.

- Lorsque le locuteur cherche à convaincre son destinataire, il emploie toutes les ressources de la **pensée logique** et du **raisonnement**.
- Quand il cherche à le persuader, il s'adresse à la **sensibilité**, aux **sentiments** de son destinataire.

B L'énonciation

Le texte argumentatif est un énoncé qui met en scène un **locuteur**, celui qui argumente, et un **destinataire**, celui qu'il s'agit de convaincre et de persuader.

1. La présence du locuteur

- Le locuteur ne se limite jamais à donner des informations ; il prend position par rapport à celles-ci et cherche à faire adhérer le destinataire à son point de vue. Il faut distinguer ce qui relève de la stricte information de ce qui est l'expression de la présence et de la subjectivité du locuteur.
- La présence du locuteur se manifeste à travers les marques de la personne, les connotations... (voir p. 40)

2. L'implication du destinataire

L'implication du destinataire est essentielle puisqu'il doit se sentir concerné par la cause du locuteur. D'où la présence de marques de la 2e personne, apostrophes, questions rhétoriques...

C Le thème et la thèse

1. Le thème

Le thème est le **sujet du texte**. Pour le repérer, on peut se servir du paratexte, plus précisément du titre et/ou relever le champ lexical dominant du texte.

ZOOM

La littérature d'idées au XVIIIe siècle

▲ *Voltaire au cabinet de lecture chez Procope*, de Claudius Jacquand (1842), coll. privée.

▶ Au XVIIIe siècle, ceux que l'on appelle les **philosophes des Lumières** ont en commun un certain nombre d'idées :
– tous les sujets (régime politique, religion, société, culture, etc.) doivent être examinés à la lumière de la **raison** ;
– le **progrès** est une valeur ; d'où le rejet de tout ce qui pourrait l'entraver (tradition, principe d'autorité, superstition) ;
– les **sciences** et ses applications pratiques doivent être développées, ils considèrent qu'il leur appartient de vulgariser le savoir scientifique ;
– la **lutte contre les injustices** et toutes les formes d'oppression font partie de leurs combats.
En ce sens, ce sont des **écrivains engagés**.

▶ Quelques noms de philosophes des Lumières : **Montesquieu** (1689-1755), **Voltaire** (1694-1778), **Diderot** (1713-1784), **Rousseau** (1712-1778).

2. La thèse

- La thèse est l'**opinion**, le jugement de quelqu'un sur un sujet.
- Un même texte peut contenir **plusieurs thèses**, celle défendue par le locuteur et celle qu'il réfute.
- La thèse défendue par le locuteur peut être **explicite** ou **implicite** (sous-entendue). Dans les deux cas, le repérage des indices et des marques de l'énonciation aide à l'identifier. Lorsque la thèse est explicite, elle se trouve souvent exprimée clairement dans le premier ou le dernier paragraphe du texte.

3. Les démarches argumentatives

Le locuteur peut discuter, réfuter ou étayer une thèse.

- **Discuter** implique la présence de deux thèses ; généralement, le texte commence par la thèse réfutée et se poursuit par la thèse défendue.
- Certains textes se contentent de **réfuter** une ou plusieurs thèses et ne présentent aucune thèse défendue.
- D'autres textes exposent seulement une ou plusieurs thèses défendues et ne donnent que les arguments qui viennent les **étayer** (consolider).

Au Moyen Âge existait à l'université un exercice appelé la *disputatio* (**dispute**), discussion organisée sous la forme d'un débat oral. À l'issue d'un échange d'arguments et de contre-arguments énoncés chacun par un étudiant, le maître proposait une solution argumentée.

D Les exemples et les types d'arguments

1. Les arguments

Un argument est une idée qui sert à justifier une thèse. Il en existe plusieurs sortes : rationnel, d'autorité, analogique.

- L'**argument rationnel** établit la véracité d'une idée.

« Mais supposons pour un moment que les passions fassent plus de malheureux que d'heureux, je dis qu'elles seraient encore à désirer, parce que c'est la condition sans laquelle on ne peut avoir de grands plaisirs. »

Madame du Châtelet, *Discours sur le bonheur* (1746).

Madame du Châtelet utilise un argument rationnel ; elle donne une raison qui explique que l'on doive désirer avoir des passions. En effet, leur absence signifierait l'impossibilité de connaître de grands plaisirs.

L'**argument d'autorité** est une justification de la thèse par le recours à l'idée, à l'action d'un personnage, en invoquant une institution célèbre, l'opinion commune, un témoin fictif (par exemple, « toute personne convenablement informée sait que... »).

« Il le fallait absolument ; car Aristote avait trouvé que la solidité était une chose attachée à la noblesse de leur nature. »

Fontenelle, *Entretiens sur la pluralité des mondes* (1686).

Le point de vue évoqué par Fontenelle se justifie par la seule autorité d'Aristote.

Aristote (384-322), philosophe grec de l'Antiquité, était particulièrement révéré au Moyen Âge. Personne n'osait contredire sa pensée. Quand on refusait d'argumenter, on se réfugiait derrière son autorité au moyen de la formule latine : *Aristoteles dixit* (« Aristote a dit »).

L'**argument analogique** consiste à faire admettre une opinion en la rapprochant d'une autre, déjà admise par le destinataire.

« L'univers m'embarrasse, et je ne puis songer
Que cette horloge existe et n'ait point d'horloger. »

Voltaire, *Les Cabales* (1772).

Voltaire utilise un argument par analogie. Ce qui vaut pour une horloge est vrai pour l'univers : l'un et l'autre ont eu un concepteur, l'horloger pour l'horloge, Dieu pour l'univers.

2. Les exemples

L'exemple est un fait, une anecdote qui vient illustrer l'argument. Il ne fait pas office de preuve. Il est seulement un moyen de rendre plus compréhensible et accessible une idée.

« Il [le principe de la monarchie] se corrompt lorsque le prince change sa justice en sévérité ; lorsqu'il met, comme les empereurs romains, une tête de Méduse sur sa poitrine ; lorsqu'il prend cet air menaçant et terrible que Commode[1] faisait donner à ses statues. »

Montesquieu, *De l'esprit des lois*, livre VIII (1748).

1 **Commode** : empereur romain, ayant régné entre 180 et 192, connu pour sa cruauté.

E Les modes de raisonnement

Il existe différentes manières d'organiser les arguments. Le raisonnement peut être explicatif, fonctionner par supposition, par syllogisme, par sophisme ou par paralogisme.

1. Le raisonnement explicatif

La thèse est justifiée par un argument énonçant une explication ou une cause.

« […] dans un État populaire, il faut un ressort de plus, qui est la vertu. Ce que je dis est confirmé par le corps entier de l'histoire, et est très conforme à la nature des choses. Car il est clair que, dans une monarchie, où celui qui fait exécuter les lois se juge au-dessus des lois, on a besoin de moins de vertu que dans un gouvernement populaire, où celui qui fait exécuter les lois sent qu'il y est soumis lui-même, et qu'il en portera le poids. »

Montesquieu, *De l'esprit des lois*, livre III (1748).

2. Le raisonnement par supposition

On émet une hypothèse ou supposition à partir de laquelle on tire une conséquence. Si cette dernière est convaincante, cela signifie que l'hypothèse, ou supposition, est recevable. Au contraire, si les conséquences sont illogiques, l'hypothèse est à rejeter, il s'agit alors de ce qu'on appelle un **raisonnement par l'absurde**.

« Ce pays est à nous. Ce pays est à toi ! Et pourquoi ? Parce que tu y as mis le pied ? Si un Tahitien débarquait un jour sur vos côtes et qu'il gravât sur une de vos pierres ou sur l'écorce de l'un de vos arbres : ce pays appartient aux habitants de Tahiti, qu'en penserais-tu ? »

Denis Diderot, *Supplément au voyage de Bougainville* (1773).

La supposition introduite par « Si » entraîne une conséquence qui est formulée implicitement à travers la question rhétorique « qu'en penserais-tu ? ». Il faut comprendre : « Tu trouverais cela intolérable ». Ceci montre que l'attitude de Bougainville et de ses hommes envers les Tahitiens n'est pas acceptable.

En 1771 parut *Voyage autour du monde* écrit par le navigateur **Bougainville** qui venait d'effectuer entre 1766 et 1769 un périple autour du monde. À partir de ce récit de voyage, Diderot réfléchit notamment à la question de la colonisation.

3. Le raisonnement par syllogisme

- Il comporte trois étapes qui correspondent à trois propositions. La première, que l'on appelle **majeure**, énonce une vérité générale et contient l'attribut de la conséquence. La deuxième, que l'on appelle **mineure**, énonce un cas particulier et contient le sujet de la conséquence. La troisième, qui est la **conclusion**, tire les conséquences de la confrontation entre les propositions majeure et mineure.

Tous les hommes sont mortels.
Or Socrate est un homme.
Donc Socrate est mortel.

La première proposition énonce une vérité générale, il s'agit de la majeure ; la seconde énonce un cas particulier – Socrate –, il s'agit de la mineure ; enfin , la troisième et dernière proposition livre la conclusion du raisonnement : Socrate, comme tout homme, est mortel.

- Mais le plus souvent, les syllogismes que l'on trouve dans les textes sont **simplifiés** ; le lecteur doit les reconstituer.

« La naissance n'est rien où la vertu n'est pas. »

Molière, *Dom Juan*, IV, 4 (1665).

Cette maxime correspond à la majeure d'un syllogisme dont la suite serait : « or vous n'avez pas de vertu, donc votre naissance n'est rien ».

4. Le sophisme et le paralogisme

- Le sophisme, de même que le paralogisme, sont des **raisonnements faux** malgré une apparence de vérité due à l'énoncé de vérités générales et à la présence de connecteurs logiques. Il existe toutefois une différence entre les deux termes.
- Le paralogisme est une faute de raisonnement d'un locuteur qui est de bonne foi, tandis que le sophisme est un faux raisonnement destiné à tromper le destinataire.

« Tous les chats sont mortels, Socrate est mortel donc Socrate est un chat. »

Eugène Ionesco, *Rhinocéros*, acte I, © Gallimard (1959).

La faute de raisonnement est manifeste ici car la conclusion du syllogisme est aberrante. Pour être correcte sur le plan formel, sa mineure aurait dû être « or Socrate est un chat », ce qui apparaissait immédiatement faux et évitait d'arriver à une conclusion farfelue.

III Les différents procédés littéraires au service de l'argumentation

A Les moyens lexicaux

- Le locuteur peut infléchir l'opinion du destinataire et l'amener à considérer positivement ou négativement tel ou tel argument. Il peut utiliser des **termes valorisants ou dévalorisants** et des termes exprimant des sentiments.

La réponse de Voltaire à Rousseau, inutilement agressive, n'a guère contribué à élever le débat philosophique.

L'adverbe « inutilement » et l'adjectif « agressive » sont dévalorisants et montrent que le locuteur n'apprécie pas la réponse de Voltaire.

- Le choix du **niveau de langue** soutenu ou familier est important, le premier suggérant l'estime du locuteur et le second son mépris.

Ce somptueux spécilège donne une idée très complète de la production poétique actuelle.

L'adjectif « somptueux » et le terme « spécilège », qui appartient au langage soutenu, expriment l'estime, l'appréciation du locuteur sur le livre considéré.

Ce recueil poétique n'est qu'un ramassis de textes sans intérêt.

Le terme « ramassis » exprime le mépris du locuteur envers le recueil.

- Les **connecteurs logiques** jouent un rôle essentiel. Ils assurent l'enchaînement des idées (voir p. 22).

B Les différents registres

Tous les registres peuvent être utilisés mais les plus fréquents, dans les textes argumentatifs, sont les registres polémique et pathétique.

- Le **registre polémique** dévalorise les idées de l'adversaire.

« Il prend envie de marcher à quatre pattes quand on lit votre ouvrage. Cependant comme il y a plus de soixante ans que j'en ai perdu l'habitude, je sens malheureusement qu'il m'est impossible de la reprendre. »

Lettre de Voltaire à Rousseau en réponse à son *Discours sur l'origine de l'inégalité parmi les hommes* (1755).

Voltaire utilise ici l'ironie, typique du registre polémique, afin de ridiculiser la thèse de Rousseau, celle d'un homme vivant à l'état de nature. Il feint de ne pas comprendre qu'il ne s'agissait chez Rousseau que d'une hypothèse philosophique visant à critiquer la société.

Rousseau (1712-1778) écrit ce discours en réponse à une question posée par l'académie de Dijon : « Quelle est l'origine de l'inégalité des conditions parmi les hommes ? »

- Le **registre pathétique** est là pour susciter la pitié du destinataire.

« Quel crime, quelle faute ont commis ces enfants
Sur le sein maternel écrasés et sanglants ? »

Voltaire, *Poème sur le désastre de Lisbonne* (1755).

La modalité interrogative qui sollicite le lecteur, les termes « écrasés », « sanglants » et la métonymie « le sein maternel » évoquant les mères de manière charnelle, provoquent la pitié du lecteur.

C Les procédés rhétoriques

Pour persuader son lecteur, le locuteur dispose des procédés rhétoriques suivants :
- l'utilisation répétée du **pronom de la 1re personne du pluriel** (*nous*) a souvent pour fonction d'associer le lecteur au point de vue exprimé par le locuteur ; des **pronoms de la 2e personne** (*tu* et *vous*) soulignent que le propos s'adresse bien à celui qui en prend connaissance ;
- l'**apostrophe** sollicite elle aussi directement le lecteur et, d'une certaine manière, le force à s'impliquer dans la question débattue ;
- les **phrases exclamatives et interrogatives** interpellent le lecteur et tentent de l'amener à partager l'idée exprimée par le locuteur. Encore plus persuasives sont les **questions rhétoriques** qui visent à forcer l'adhésion du lecteur puisqu'elles sont en réalité des affirmations déguisées ;
- les **figures de style**, principalement les figures d'opposition, d'exagération et d'atténuation (voir p. 51).

RÉCAPITULONS

- Le genre argumentatif peut prendre différentes formes : essai, dialogue, apologue, discours.
- Le locuteur cherche à convaincre ou à persuader son destinataire.
- Pour comprendre le fonctionnement d'un texte argumentatif, il faut identifier la thèse, les arguments et les exemples utilisés, puis repérer les stratégies mises en œuvre par le locuteur.
- Il faut également étudier les procédés littéraires que le locuteur met au service de sa thèse.

Analyser la position du locuteur

LA DÉMARCHE

Pour comprendre un texte argumentatif, il faut toujours examiner avec soin le système d'énonciation. Vous devez considérer :
- qui parle ;
- comment le locuteur se situe par rapport aux propos énoncés.

L'EXEMPLE COMMENTÉ

« Si j'avais à soutenir le droit que nous avons eu de rendre les nègres esclaves, voici ce que je dirais :
– Les peuples d'Europe ayant exterminé ceux de l'Amérique, ils ont dû mettre en esclavage ceux de l'Afrique, pour s'en servir à défricher tant de terres.
– Le sucre serait trop cher, si l'on ne faisait travailler la plante qui le produit par des esclaves.
– Ceux dont il s'agit sont noirs depuis les pieds jusqu'à la tête ; et ils ont le nez si écrasé, qu'il est presque impossible de les plaindre.
– On ne peut se mettre dans l'esprit que Dieu, qui est un être très sage, ait mis une âme, surtout une âme bonne, dans un corps tout noir. »

Montesquieu, *De l'esprit des lois* (1748).

- Dans la première phrase, on remarque deux occurrences de la 1re personne, **« je »**. Le locuteur semble être l'auteur. Les arguments qu'il va énoncer sont introduits par « voici » et semblent être annoncés comme étant les siens.

- On observe que la phrase commence par **« Si »**, ce qui indique qu'un **système hypothétique** va suivre. Le verbe « avais » (imparfait de l'indicatif) a ici une valeur d'irréel du présent ; le lecteur entend : « Si j'avais à soutenir que... » mais, sous entendu, « je n'aurais jamais à le faire. » Il doit comprendre à ce moment-là que les propos qui vont suivre, à savoir la défense de la thèse esclavagiste, sont à mettre au compte d'un **locuteur défenseur de l'esclavage et non de l'auteur** qui est un philosophe des Lumières !

- En réalité, l'auteur ne feint de défendre cette thèse que pour mieux en montrer **la cruauté et l'absurdité**. En effet, aucun des arguments n'est recevable tant d'un point de vue intellectuel que d'un point de vue humain.

SE TESTER QUIZ

1 Vrai ou faux ? Complétez le tableau suivant.

	Vrai	Faux
a. Pour convaincre son lecteur ou son auditoire, le locuteur s'adresse à ses sentiments.	☐	☐
b. L'apologue est une argumentation par l'exemple.	☐	☐
c. Le terme « réquisitoire » désigne un discours prononcé pour défendre quelqu'un ou quelque chose.	☐	☐
d. Le discours épidictique consiste à louer ou à blâmer.	☐	☐
e. La thèse est le sujet du texte.	☐	☐
f. L'expression « argument d'autorité » signifie que l'argument est toujours vrai.	☐	☐
g. Un syllogisme est un faux raisonnement destiné à tromper le destinataire.	☐	☐

S'ENTRAÎNER

2 Quelle est la thèse du texte suivant ? Quels sont les différents arguments qui l'appuient ?

« La guerre est un fruit de la dépravation des hommes ; c'est une maladie convulsive et violente du corps politique ; il n'est en santé, c'est-à-dire dans son état naturel, que lorsqu'il jouit de la paix ; c'est elle qui donne de la vigueur aux empires ; elle maintient l'ordre parmi les citoyens ; elle laisse aux lois la force qui leur est nécessaire ; elle favorise la population, l'agriculture et le commerce ; en un mot, elle procure au peuple le bonheur qui est le but de toute société. La guerre, au contraire, dépeuple les États ; elle y fait régner le désordre ; les lois sont forcées de se taire à la vue de la licence qu'elle introduit ; elle rend incertaine la liberté et la propriété des citoyens ; elle trouble et fait négliger le commerce ; les terres deviennent incultes et abandonnées. Jamais les triomphes les plus éclatants ne peuvent dédommager une nation de la perte d'une multitude de ses membres que la guerre sacrifie ; ses victoires même lui font des plaies profondes que la paix seule peut guérir. »

Damilaville, « Paix », *Encyclopédie* (1750-1772).

3 Montrez en quoi ce texte est un réquisitoire contre la guerre.

« La guerre a pour elle l'antiquité ; elle a été dans tous les siècles : on l'a toujours vue remplir le monde de veuves et d'orphelins, épuiser les familles d'héritiers, et faire périr les frères à une même bataille. Jeune Soyecour[1] ! je regrette ta vertu, ta pudeur, ton esprit déjà mûr, pénétrant, élevé, sociable, je plains cette mort prématurée qui te joint à ton intrépide frère, et t'enlève à une cour où tu n'as fait que te montrer : malheur déplorable, mais ordinaire ! De tout temps les hommes, pour quelque morceau de terre de plus ou de moins, sont convenus entre eux de se dépouiller, se brûler, se tuer, s'égorger les uns les autres ; et pour le faire plus ingénieusement et avec plus de sûreté, ils ont inventé de belles règles qu'on appelle l'art militaire ; ils ont attaché à la pratique de ces règles la gloire ou la plus solide réputation ; et ils ont depuis renchéri de siècle en siècle sur la manière de se détruire réciproquement. De l'injustice des premiers hommes, comme de son unique source, est venue la guerre, ainsi que la nécessité où ils se sont trouvés de se donner des maîtres qui fixassent leurs droits et leurs prétentions. Si, content du sien, on eût pu s'abstenir du bien de ses voisins, on avait pour toujours la paix et la liberté. »

Jean de La Bruyère, « Du souverain ou de la République », *Les Caractères* (1688).

1 **Soyecour** : jeune homme tué à la guerre et dont La Bruyère aurait peut-être été le précepteur.

- Analysez les termes péjoratifs.
- Montrez que l'auteur se veut ironique.
- Relevez les effets de rythme et d'accumulation.

OBJECTIF BAC

Écriture d'invention

4 Après avoir pris connaissance du corpus consacré à la guerre, traitez le sujet suivant.

Imaginez que vous êtes député à l'Assemblée nationale. Un conflit est sur le point d'éclater entre votre pays et un pays voisin : vous prononcez à la Chambre un discours pour convaincre et persuader les partisans de la guerre d'y renoncer et rallier les indécis à votre idée.

POUR VOUS AIDER

- Commencez par lire le chapitre sur l'écriture d'invention, p.238.
- Avant de vous lancer dans la rédaction de votre discours, vous pouvez aller visiter le site internet de l'Assemblée nationale et lire ou parcourir quelques-uns des discours qui sont en ligne. Vous pouvez aussi (re)lire des discours célèbres, comme celui prononcé par Jean Jaurès le 25 juillet 1914.
- N'oubliez pas qu'il s'agit d'un discours : vous vous adressez donc à une assemblée. La situation d'énonciation est très importante.
- Pensez à énoncer votre thèse puis à donner des arguments en les illustrant par des exemples.
- N'hésitez pas à vous inspirer des différents textes du corpus.

La guerre

Document 1. Damilaville, « Paix », *Encyclopédie* (1750-1772).
Document 2. Jean de La Bruyère, « Du souverain ou de la République », *Les Caractères* (1688).
Document 3. Voltaire, « Guerre », *Dictionnaire philosophique* (1764).

DOCUMENT 1 Voir p. 187.

DOCUMENT 2 Voir p. 188.

DOCUMENT 3

« Un généalogiste prouve à un prince qu'il descend en droite ligne d'un comte dont les parents avaient fait un pacte de famille, il y a trois ou quatre cents ans avec une maison dont la mémoire même ne subsiste plus. Cette maison avait des prétentions éloignées sur une province dont le dernier possesseur est mort d'apoplexie : le prince et son conseil concluent sans difficulté que cette province lui appartient de droit divin. Cette province, qui est à quelques centaines de lieues de lui, a beau protester qu'elle ne le connaît pas, qu'elle n'a nulle envie d'être gouvernée par lui ; que, pour donner des lois aux gens, il faut au moins avoir leur consentement : ces discours ne parviennent pas seulement aux oreilles du prince, dont le droit est incontestable. Il trouve incontinent un grand nombre d'hommes qui n'ont rien à perdre ; il les habille d'un gros drap bleu à cent dix sous l'aune, borde leurs chapeaux avec du gros fil blanc, les fait tourner à droite et à gauche et marche à la gloire.

Les autres princes qui entendent parler de cette équipée y prennent part, chacun selon son pouvoir, et couvrent une petite étendue de pays de plus de meurtriers mercenaires que Gengis Khan, Tamerlan, Bajazet[1] n'en traînèrent à leur suite.

Des peuples assez éloignés entendent dire qu'on va se battre, et qu'il y a cinq à six sous par jour à gagner pour eux s'ils veulent être de la partie : ils se divisent aussitôt en deux bandes comme des moissonneurs, et vont vendre leurs services à quiconque veut les employer.

Ces multitudes s'acharnent les unes contre les autres, non seulement sans avoir aucun intérêt au procès, mais sans savoir même de quoi il s'agit.

Il se trouve à la fois cinq ou six puissances belligérantes, tantôt trois contre trois, tantôt deux contre quatre, tantôt une contre cinq, se détestant toutes également les unes les autres, s'unissant et s'attaquant tour à tour ; toutes d'accord en seul point, celui de faire tout le mal possible. Le merveilleux de cette entreprise infernale, c'est que chaque chef des meurtriers fait bénir ses drapeaux et invoque Dieu solennellement avant d'aller exterminer son prochain. »

Voltaire, « Guerre », *Dictionnaire philosophique* (1764).

1 **Gengis Khan**, chef mongol du XIIe siècle ; **Tamerlan**, célèbre guerrier du XIVe siècle ; **Bajazet**, sultan ottoman du XIVe siècle. Tous les trois se rendirent fameux par leurs conquêtes militaires.

SE TESTER

1 **a.** Faux. **b.** Vrai. **c.** Faux. **d.** Vrai. **e.** Faux. **f.** Faux. **g.** Faux.

S'ENTRAÎNER

2 La **thèse** est : la guerre est un mal.

- Cette thèse est formulée au moyen de la **métaphore** « c'est une maladie convulsive et violente du corps politique ».

- De manière originale, l'auteur prend soin d'**énumérer les bienfaits produits par la paix** (arguments politique et social, démographique, économique) ce qui, par contraste, rendra les méfaits de la guerre plus inacceptables.

- L'auteur montre ensuite les **méfaits de la guerre** au moyen d'arguments qui s'opposent point par point à ceux montrant les bienfaits de la paix : **argument démographique** (dépeuplement des États), **arguments politique et social** (désordre, lois inefficientes, perte de la liberté, menace pour la propriété), **argument économique** (commerce, agriculture ne rapportent plus).

3 Voici les éléments qui montrent que ce texte est un réquisitoire contre la guerre.

- En guise d'introduction, deux propositions affirment l'ancienneté de la guerre et sa permanence. Cela semble commencer comme un éloge mais en réalité il n'en est rien : ce texte **blâme** avec force la guerre.
- La Bruyère utilise un **lexique** qui décrit la guerre comme un fléau : « épuiser », « périr », l'expression « remplir le monde de veuves et d'orphelins » (noter le pluriel). L'accumulation de **verbes violents** marque un crescendo (« se dépouiller », « se brûler », « se tuer », « s'égorger ») qui souligne l'acharnement et la cruauté des hommes entre eux (les verbes sont pronominaux).
- La Bruyère fait l'**éloge funèbre** plein d'émotion d'un jeune homme mort à la guerre.
- Pour marquer les esprits, il a recours au **rythme ternaire** : « remplir...orphelins », « épuiser... héritiers », « faire périr...bataille ».
- L'**ironie** apparaît dans des expressions comme : « pour quelques morceaux de terre de plus ou de moins » ; « plus ingénieusement » ; « de belles règles ».
- Le **système hypothétique** vient en conclusion. Il s'agit d'un irréel du passé ; l'auteur fait miroiter fugitivement ce qu'aurait été un monde sans guerre, établissant ainsi un contraste entre la paix et la guerre, moyen de rendre la guerre plus détestable encore.

OBJECTIF BAC

Voici quelques conseils de rédaction pour ce sujet.

- Comme il s'agit d'un discours officiel, vous devez vous adresser de manière **très solennelle** à votre auditoire : « Mesdames et Messieurs les députés, Mesdames et Messieurs les membres du Gouvernement... »
- Vous pouvez commencer par un **bref rappel des faits** : l'objet du conflit et l'origine de cette dégradation des relations entre les deux pays.
- Vous pouvez ensuite reprendre les arguments du texte de Damilaville, appuyant l'idée que la guerre est un mal, mais en les adaptant aux réalités économiques, politiques, sociales de notre siècle. C'est le moment de vous rappeler ce que vous appris lors de vos cours d'histoire-géographie et d'économie !
- Vous pouvez enchaîner par l'évocation des traumatismes physiques et moraux qu'entraîne toute guerre. À la manière de La Bruyère, vous pouvez alors évoquer à ce sujet une **anecdote** et user du **registre pathétique**.

Au cours de votre discours, n'oubliez pas d'insérer des indications qui renseignent sur les réactions que vos paroles suscitent dans l'Assemblée, telles : « *murmure général d'approbation dans l'auditoire* » ou « *applaudissements provenant des bancs des centristes* », « *cris de protestation de la partie droite de l'hémicycle* », etc.

- Vous pouvez aussi parler du risque d'extension de la guerre, ce qu'on appelle l'effet domino.
- Dans un **registre polémique**, vous pouvez ensuite attaquer les partisans de la guerre en dénonçant le fait qu'ils ne pensent qu'à leurs propres intérêts et non à l'intérêt commun ; vous pouvez rappeler la phrase de Paul Valéry et la commenter brièvement : « La guerre, un massacre de gens qui ne se connaissent pas, au profit de gens qui se connaissent mais ne se massacrent pas ».
- La dénonciation des « va-t-en guerre » peut être un autre angle d'attaque ; certains, prompts à vouloir la guerre au nom, par exemple, de valeurs nationalistes, sont aussi prompts à se mettre à l'abri pour éviter les conséquences de leur choix.
- L'évocation des bienfaits liés à la paix peut être rapidement esquissée avant de passer à la conclusion.
- Vous pouvez **conclure** en prônant, par exemple, le recours à une solution diplomatique qui permet de trouver un consensus.

Rythmes ternaires, comparaisons ou métaphores dévalorisantes, anaphores, accumulations et antiphrases sont quelques-uns des **procédés** que vous pouvez utiliser pour donner un **tour oratoire** à votre discours.

www.annabac.com

CHAPITRE

14 La lecture analytique

L'explication d'un texte nécessite une démarche méthodique. C'est ce que propose la lecture analytique, née de la volonté de remplacer l'explication linéaire par une lecture problématisée. Celle-ci ne prétend donc pas à l'exhaustivité, mais propose un projet de lecture susceptible de donner une interprétation cohérente du texte. Elle est à la fois utile à l'oral (explication de texte) et à l'écrit (commentaire littéraire).

I Réflexe n° 1 : réagir sur le texte

- Dès la première lecture du texte et avant de procéder à son analyse, notez rapidement **vos premières impressions** : sentiment de surprise, d'étrangeté, d'incompréhension, d'adhésion, de plaisir, etc.

- Ces impressions vous aideront par la suite à **définir les axes** ou lignes de force de votre explication.

II Réflexe n° 2 : identifier le texte

A L'étude du paratexte

- L'étude du paratexte permet de connaître l'**auteur** du passage, de repérer **ses dates** et celle de l'œuvre afin de les situer, éventuellement, par rapport à un **mouvement littéraire**.

- Le **titre** de l'œuvre peut vous permettre de savoir à quel **genre** appartient l'extrait proposé, de vous faire une idée du **thème** développé et de la situation du passage.

B La seconde lecture

1. Le genre

Il s'agit d'**affiner le repérage** déjà opéré lors de la lecture du paratexte. Identifier le genre est primordial. Certaines questions seront ou non à prendre en compte en fonction du genre auquel appartient le texte à étudier.

- Si c'est une **pièce de théâtre** : est-ce une comédie, une tragédie, un drame, une farce ? Si c'est un **poème**, est-il de forme fixe, est-il régulier, s'agit-il d'une forme libre ou bien d'un poème en prose ? Si c'est une **narration**, est-ce un roman, une nouvelle, un conte, une fable, une autobiographie ? S'il s'agit d'un **texte argumentatif**, est-ce un essai, une lettre, une préface, un discours ?

- Quand le texte ne répond pas exactement aux critères du genre auquel il appartient, il faut étudier en quoi il en diffère. **C'est dans cet écart par rapport au code du genre que se trouve son originalité.**

Vous pouvez encore affiner votre analyse en vous demandant **à quel courant** appartient le texte, en fonction de sa date d'écriture : s'il s'agit d'un **roman** du XIXe siècle il appartient peut-être au mouvement réaliste ; s'il s'agit d'une **pièce de théâtre** du XVIIe siècle, c'est peut-être une tragédie classique.

2. Le thème

- Il est souvent **donné par le titre**.

- Demandez-vous de quoi parle le texte. Faites l'effort de **formuler son thème** en quelques mots ou en une phrase : une promenade, une rencontre, une conversation politique…

3. La place du passage dans l'œuvre

- Le **« chapeau »** introduisant le texte précise fréquemment quel est son contexte ou son emplacement dans l'œuvre. Ces informations sont très éclairantes. Vous appréhendez ainsi l'extrait par rapport à ce que l'on attend d'un passage situé à tel ou tel endroit.

- Si l'extrait est tiré d'un **roman** : est-ce l'incipit, le dénouement ? S'il s'agit d'un incipit, demandez-vous quel cadre spatio-temporel le romancier choisit, comment il introduit et présente son ou ses personnages.

- Si l'extrait est tiré d'une **pièce de théâtre** : est-ce une scène d'exposition, le nœud de l'action, le dénouement ? S'il s'agit du dénouement de la pièce, est-il bref, est-il complet ? Peut-on vraiment parler d'un dénouement, c'est-à-dire d'une action qui se dénoue, ou bien l'action semble-t-elle devoir se répéter à l'infini ?

III Réflexe n° 3 : analyser le texte en détail

L'analyse détaillée du texte exige que l'on se pose un certain nombre de questions. Avoir **une grille de lecture** est bien utile pour ne rien oublier.

Dans la **liste des questions** recensées c[i-]dessous, toutes ne son[t] pas pertinentes selon le type de texte auquel vous avez affaire. À vo[us] de déterminer lesquell[es] le sont.

A La structure du passage

Elle est souvent la source de renseignements extrêmement importants.

- La **disposition typographique** est l'un des indices de l'organisation des textes argumentatif, narratif et poétique. La mise en relation du début et de la fin du passage permet également de mesurer s'il y a eu progression ou non.
- Dans un poème, la **disposition en strophes ou en couplets** indique immédiatement de quelle forme poétique il s'agit.
- Dans un **dialogue théâtral**, il est important de voir quels personnages ouvrent et ferment la scène, et de quelle manière.

B L'énonciation

1. Les indices d'énonciation

- Dans un récit, la narration est prise en charge par un **narrateur** dont la présence peut être plus ou moins marquée. Mesurer le degré de présence du narrateur permet d'évaluer quelle liberté d'interprétation est laissée au lecteur.
- Dans tout texte théâtral et argumentatif sont présents un **locuteur** et un **destinataire** : là encore, les indices d'énonciation doivent être soigneusement relevés et commentés (voir chapitre 1, p. 9).

2. Les discours rapportés

Dans n'importe quel texte peut figurer une forme de discours rapporté : discours direct, indirect, indirect libre. Chacune de ces formes a des effets de sens différents qui doivent être élucidés (voir chapitre 7, page 86).

3. La parole théâtrale

- Il faut commencer par observer la part qu'occupent les **didascalies** par rapport au texte des **répliques**.
- Ensuite, il faut identifier les **formes de la parole** des personnages : est-ce un dialogue, une tirade, un monologue ?
S'il s'agit d'un **dialogue**, il faut examiner le volume de parole de chaque personnage. Une prise de parole d'une certaine ampleur révèle souvent la position dominante du personnage locuteur.
- La **nature des répliques** (longues ou **brèves**) est également à considérer. Il faut observer en outre la manière dont le dialogue rebondit, dont s'enchaînent les répliques. Cela permet de saisir la progression du dialogue et de découvrir ce qui se trouve au cœur de l'échange.

La **stichomythie** est une succession de répliques brèves, apte à l'expression de sentiments, d'idées, qui s'opposent.

C Les phrases et les verbes

- La **modalité**, la **longueur** et la **construction** des phrases sont porteuses de sens et doivent être étudiées avec soin.

- L'**ordre des mots** permet aussi de voir lesquels sont mis en valeur (voir chapitre 2, p. 23).

- Il faut observer quels verbes sont employés : leur **personne**, leur **temps**, leur **mode**, leur **voix** peuvent donner des indications (voir chapitre 3, p. 30).

D Le travail sur la langue

1. Le lexique

- Le relevé des principaux **champs lexicaux** renseigne sur le thème traité dans le texte mais permet aussi, dans un texte argumentatif, de repérer les thèses en présence, souvent manifestées par des champs lexicaux opposés.

- Par ailleurs, il faut analyser la **valeur des termes employés** : sont-ils mélioratifs ou péjoratifs ? Quelles sont leurs connotations (voir chapitre 4, p. 40) ?

2. Les sonorités et le rythme

L'étude des sonorités et du rythme ne doit jamais être négligée, à plus forte raison si le texte est un **poème**. Les retours de sons vocaliques, consonantiques, ainsi que les rimes doivent être repérés et interprétés, de même que les différents rythmes – binaire ou ternaire (voir chapitre 2, page 19).

3. Les figures de style

Repérez-les et identifiez toujours l'**effet produit** par leur utilisation (voir chapitre 5, page 51).

E Les registres

- Un texte est écrit dans un registre particulier, selon **l'émotion ou le sentiment** que l'auteur veut susciter chez le lecteur.

- Chaque registre repose sur un certain nombre de procédés rhétoriques, stylistiques, grammaticaux qu'il convient de repérer dans le texte. Parce que le registre est l'expression d'une certaine vision du monde, il est important de le déterminer. Un même passage peut faire alterner plusieurs registres (voir chapitre 6, page 64).

ZOOM

Le déroulement de la lecture analytique à l'oral

- L'oral du baccalauréat de français se déroule en **deux parties**.
- Pendant les dix premières minutes, le candidat présente son **explication de texte** suivant la méthode indiquée ci-dessous ; les dix suivantes sont consacrées à un **entretien** entre l'examinateur et le candidat à propos de la séquence dans laquelle s'inscrit le texte à commenter.

Les étapes de l'explication à respecter le jour de l'oral

1. L'introduction	Présentez l'auteur, le contexte historique et artistique dans lequel il a évolué, puis l'œuvre de laquelle est tiré le texte à expliquer ; décrivez rapidement le texte (genre, thème, registre).
2. La lecture du texte	Effectuez-la d'une voix claire et vivante. L'examinateur sera sensible à votre investissement, aux émotions que vous parviendrez à lui transmettre.
3. Le rappel de la question	Rappelez la question de l'examinateur et annoncez le plan (grands axes).
4. L'explication	Développez les grands axes ou idées directrices par divers arguments qui les valident ; illustrez chaque argument par des indices relevés dans le texte.
5. La conclusion	Répondez à la question sous la forme d'une brève synthèse ; vous pouvez ensuite proposer une ouverture sur la suite de l'œuvre (dans le cas d'une œuvre complète), sur un autre document avec lequel le texte est mis en perspective (dans le cas d'un groupement de textes), sur la postérité de ce texte et son influence...

IV Réflexe n°4 : élaborer un projet de lecture

A Qu'est-ce qu'un projet de lecture ?

Le projet de lecture de l'explication de texte et du commentaire littéraire correspond à la **problématique du sujet** de dissertation. Dans le cadre de l'explication de texte à l'oral, le projet de lecture vous est donné par l'examinateur à travers la question qui accompagne le texte. Dans un commentaire littéraire, en revanche, c'est à vous d'en définir un (du moins pour les classes de premières générales).

B Comment trouver un projet de lecture ?

Vous pouvez faire émerger un projet de lecture :
- en confrontant votre analyse du texte à **vos premières impressions de lecture** ;
- en vous demandant quelle est **l'originalité du texte** par rapport à d'autres textes appartenant au même genre ou au même registre, que vous avez déjà étudiés.

C Déterminer la pertinence du projet de lecture

1. Comment procéder ?

- Le développement de votre explication ou de votre commentaire doit apporter progressivement les éléments de réflexion permettant de répondre à la question soulevée par le projet de lecture. Si votre projet de lecture n'est pas bon, vous ne parviendrez pas à construire une explication ou un commentaire convenables et votre devoir risque de sombrer dans la paraphrase, le pire défaut de ce type d'exercice.

- Si votre projet de lecture vous permet de **rendre compte de tous les aspects importants du texte**, cela signifie qu'il est correct. À l'inverse, s'il ne vous permet de rendre compte que d'un seul aspect du texte, il faut alors en chercher un autre ou le modifier en conséquence.

Le **but du commentaire** est de montrer comment le texte est construit, comment il « fonctionne » ; c'est la raison pour laquelle il vous est recommandé de formuler votre projet de lecture sous la forme d'une question qui commence par « Comment ».

2. Un exemple

Reportez-vous au texte de *L'Éducation sentimentale* de Flaubert (voir p. 200).

- Grâce à la lecture analytique de cet extrait, on se rend compte que le départ du personnage n'est en réalité qu'un faux départ (il retourne à la maison). Dans un roman, qui se présente comme un roman d'apprentissage, le personnage principal fait figure d'antihéros.

Par ailleurs, dans un texte qui s'annonce comme réaliste, la vision est souvent brouillée ou restreinte par des jeux de focalisation.

Le projet de lecture de ce texte pourrait donc porter sur la manière dont est mis en place, dès cette première page, un roman où tout est « déceptif », c'est-à-dire où les attentes du lecteur sont déjouées car rien n'est jamais ce qu'il paraît être. Cette question pourrait être reformulée ainsi : « Comment Flaubert met-il en place un incipit qui ne semble répondre aux attentes du lecteur que pour mieux les déjouer ? »

V Réflexe n°5 : structurer la lecture analytique

Pour présenter convenablement l'explication de texte, il faut rassembler les éléments de l'analyse autour d'**axes** que l'on estime les plus pertinents et intéressants. Ce sont eux qui **constitueront les parties et sous-parties** de l'explication. En aucun cas, une lecture analytique ne peut se réduire à un catalogue de remarques ponctuelles éparpillées et dénuées de lien entre elles.

Au sein du plan, les idées sont organisées de façon **progressive**. La logique veut que l'on commence toujours par **l'idée la plus évidente pour finir sur la plus subtile**.

N'oubliez pas qu'**à l'oral**, vous devez articuler les différents axes de lecture de votre explication de texte autour de la question posée par l'examinateur.

Qu'il serve de support à l'explication orale ou au commentaire littéraire, le **plan** détaillé doit être émaillé de nombreuses références au texte.

Reportez-vous maintenant au chapitre suivant (voir p. 209) pour en savoir plus sur l'élaboration du plan d'un commentaire littéraire.

RÉCAPITULONS

- La lecture analytique a pour objectif de commenter le texte, son fonctionnement et les choix formels de l'auteur, afin d'en définir l'originalité et l'intérêt.
- Elle se propose d'étudier la signification d'un texte à partir d'un projet de lecture. Elle est le résultat d'un regard spécifique porté sur le texte.
- Elle repose donc sur une méthode stricte, une grille de lecture qu'il faut appliquer au texte, en sélectionnant les rubriques utiles.
- L'explication ne saurait être une succession de remarques formelles. Elle doit obéir à un plan dans lequel les idées sont classées, hiérarchisées et organisées de façon progressive.

Questionner un texte

LA DÉMARCHE

Quand vous découvrez un texte, certaines questions méritent d'être posées :
- sur le locuteur/narrateur et son destinataire : **Qui parle ? À qui ?**
- sur le cadre spatio-temporel : **Où ? Quand ?**
- sur le thème abordé et la façon de procéder : **Quoi ? Comment ?**
- sur les motivations du locuteur/écrivain : **Pourquoi ?**

L'EXEMPLE COMMENTÉ

Voici l'incipit de L'Éducation sentimentale *de Gustave Flaubert (1869).*

« Le 15 septembre 1840, vers six heures du matin, la Ville-de-Montereau, près de partir, fumait à gros tourbillons devant le quai Saint-Bernard.

Des gens arrivaient hors d'haleine ; des barriques, des câbles, des corbeilles de linge gênaient la circulation ; les matelots ne répondaient à personne ; on se heurtait ; les colis montaient entre les deux tambours, et le tapage s'absorbait dans le bruissement de la vapeur, qui, s'échappant par des plaques de tôle, enveloppait tout d'une nuée blanchâtre, tandis que la cloche, à l'avant, tintait sans discontinuer.

Enfin le navire partit ; et les deux berges, peuplées de magasins, de chantiers et d'usines, filèrent comme deux larges rubans que l'on déroule.

Un jeune homme de dix-huit ans, à longs cheveux et qui tenait un album sous son bras, restait auprès du gouvernail, immobile. À travers le brouillard, il contemplait des clochers, des édifices dont il ne savait pas le nom ; puis il embrassa, dans un dernier coup d'œil, l'île Saint-Louis, la Cité, Notre-Dame ; et bientôt, Paris disparaissant, il poussa un grand soupir. »

- Qui parle ? Un **narrateur externe**.
- Quand ? Le livre est publié en **1869**, mais l'histoire commence **« le 15 septembre 1840 »** : le moment où se passe le début de cette histoire coïncide presque avec celui de la narration.
- Cet extrait évoque le départ imminent d'un bateau, puis dresse le portrait d'un personnage. Il semble annoncer un **roman d'apprentissage**, racontant l'éducation d'« un jeune homme de dix-huit ans » ici présenté.
- Le départ du bateau peut figurer le **départ du lecteur qui entame la lecture du roman**. Il s'agit pour lui d'un vrai départ, à l'inverse du personnage qui rentre chez lui, en province, laissant derrière lui Paris, lieu des ambitions et de la réussite.

Présenter une sous-partie à l'oral

LA DÉMARCHE

- Annoncez clairement, en une phrase, l'idée que vous allez traiter.
- Développez votre idée sans lire votre feuille qui ne contient que des notes.
- Pensez aux **connecteurs logiques** pour faire progresser votre analyse.
- Appuyez-vous sur le texte en fournissant **citations** et **remarques stylistiques**.
- Soignez votre expression et utilisez un **lexique technique** littéraire (voir zoom, p. 212).
- Proposez une conclusion et/ou une transition.

L'EXEMPLE COMMENTÉ

Voici un extrait de la lecture analytique de l'incipit de L'Éducation sentimentale *de Flaubert (voir p. 200) : c'est la sous-partie portant sur « La représentation du monde moderne » (voir p. 210) qui vous est proposée. Attention, il s'agit d'une version orale.*

- introduction
- conclusion
- connecteurs
- lexique littéraire

Cet extrait relève d'une esthétique réaliste, aussi, allons-nous d'abord nous intéresser à la représentation du monde moderne qu'il propose.

En effet, pour le lecteur de 1869, « 1840 » est une date qui situe le récit dans un temps qui appartient à l'histoire récente. Est ici immédiatement affichée la volonté de raconter une histoire quasi contemporaine, également ancrée dans un espace précis : « quai Saint-Bernard », à Paris.

Le souci de réalisme se manifeste dans l'importance accordée aux objets prosaïques : « barriques », « câbles », « corbeilles de linge », « colis ». Par ailleurs, ces objets semblent doués d'une vie propre ; objets et personnages sont ainsi mis sur le même plan.

La vie et le mouvement sont rendus par l'emploi de verbes d'action comme « arrivaient », « montaient » ou des expressions comme « hors d'haleine ». Ces mouvements sont divers et contradictoires : « on se heurtait », « gênait ». L'impression d'effervescence est encore due aux phrases juxtaposées et à l'alternance de phrases longues et brèves.

Cet incipit restitue donc bien l'image d'une France, celle du XIXe siècle, en plein essor économique. Mais la part de réalisme qui existe dans cette page en fait-elle un morceau de pur réalisme ?

S'ENTRAÎNER

1 Lisez les extraits suivants, puis dites à quel genre et à quel mouvement littéraire ils appartiennent. Quelles autres remarques pouvez-vous faire ?

Reportez-vous au Réflexe n° 2 du cours (p. 193), puis aux pages concernant les différents genres, pour en revoir les spécificités (chapitres 7, 9, 11 et 13).

a. Extrait 1

« HIPPOLYTE, fils de Thésée et d'Antiope, reine des Amazones. [...]
THÉRAMÈNE, gouverneur d'Hippolyte.
La scène est à Trézène, ville du Péloponnèse.

Acte premier

Scène 1

HIPPOLYTE, THÉRAMÈNE

HIPPOLYTE

Le dessein en est pris : je pars, cher Théramène,
Et quitte le séjour de l'aimable Trézène.
Dans le doute mortel dont je suis agité,
Je commence à rougir de mon oisiveté.
Depuis plus de six mois éloigné de mon père,
J'ignore le destin d'une tête si chère ;
J'ignore jusqu'aux lieux qui le peuvent cacher.

THÉRAMÈNE

Et dans quels lieux, Seigneur, l'allez-vous donc chercher ?
Déjà pour satisfaire à votre juste crainte,
J'ai couru les deux mers que sépare Corinthe ;
J'ai demandé Thésée aux peuples de ces bords
Où l'on voit l'Achéron se perdre chez les morts ;
J'ai visité l'Elide, et laissant le Ténare,
Passé jusqu'à la mer qui vit tomber Icare.
Sur quel espoir nouveau, dans quels heureux climats
Croyez-vous découvrir la trace de ses pas ?
Qui sait même, qui sait si le roi votre père
Veut que de son absence on sache le mystère ?
Et si, lorsque avec vous nous tremblons pour ses jours,
Tranquille et nous cachant de nouvelles amours,
Ce héros n'attend point qu'une amante abusée... »

Jean Racine, *Phèdre*, I, 1 (1677).

b. Extrait 2

« Peuples ! écoutez le poète !
Écoutez le rêveur sacré !
Dans votre nuit, sans lui complète,
Lui seul a le front éclairé.
Des temps futurs perçant les ombres,
Lui seul distingue en leurs flancs sombres
Le germe qui n'est pas éclos.
Homme, il est doux comme une femme.
Dieu parle à voix basse à son âme
Comme aux forêts et comme aux flots.

C'est lui qui, malgré les épines,
L'envie et la dérision,
Marche, courbé dans vos ruines,
Ramassant la tradition.
De la tradition féconde
Sort tout ce qui couvre le monde,
Tout ce que le ciel peut bénir.
Toute idée, humaine ou divine,
Qui prend le passé pour racine,
A pour feuillage l'avenir. »

Victor Hugo, « La Fonction du poète », *Les Rayons et les Ombres* (1840).

c. Extrait 3

« Le fanatisme[1] est à la superstition, ce que le transport est à la fièvre, ce que la rage est à la colère. Celui qui a des extases, des visions, qui prend des songes pour des réalités, et ses imaginations pour des prophéties, est un enthousiaste ; celui qui soutient sa folie par le meurtre est un fanatique [...].

Il n'y a d'autre remède à cette maladie épidémique que l'esprit philosophique qui, répandu de proche en proche, adoucit enfin les mœurs des hommes, et qui prévient les accès de mal ; car dès que ce mal fait progrès, il faut fuir, et attendre que l'air soit purifié. Les lois et la religion ne suffisent pas contre la peste des âmes ; la religion, loin d'être pour elles un aliment salutaire, se tourne en poison dans les cerveaux infectés. »

1 **Fanatisme :** forme d'intolérance extrême, d'intégrisme.

Voltaire, « Fanatisme », *Dictionnaire philosophique* (1764).

OBJECTIF BAC

Entraînement à l'épreuve orale

2 Après avoir lu l'extrait ci-après tiré des *Lettres persanes*, proposez un plan détaillé répondant à la question qu'un examinateur pourrait vous poser :
En quoi ce texte constitue-t-il un portrait critique de Louis XIV ?

POUR VOUS AIDER

- Relisez les conseils donnés dans le zoom p. 201.
- Pour élaborer votre explication, identifiez trois défauts de Louis XIV.
- Rédigez intégralement l'introduction et la conclusion, afin de prendre confiance en vous.

Le Persan Usbek, en séjour à Paris, adresse à Ibben la lettre suivante. Il y parle de Louis XIV, alors âgé de 75 ans, et dont la fin de règne paraît autoritaire et peu glorieuse.

« Usbek à Ibben, à Smyrne

Le roi de France est vieux. Nous n'avons point d'exemple, dans nos histoires, d'un monarque qui ait si longtemps régné. On dit qu'il possède à un très haut degré le talent de se faire obéir : il gouverne avec le même génie sa famille, sa cour, son État : on lui a souvent entendu dire que, de tous les gouvernements du monde, celui des Turcs, ou celui de notre auguste sultan[1], lui plairait mieux ; tant il fait cas de la politique orientale !

J'ai étudié son caractère, et j'y ai trouvé des contradictions qu'il m'est impossible de résoudre : par exemple, il a un ministre qui n'a que dix-huit ans, et une maîtresse qui en a quatre-vingts ; il aime sa religion, et il ne peut souffrir ceux qui disent qu'il la faut observer à la rigueur ; quoiqu'il fuie le tumulte des villes, et qu'il se communique peu, il n'est occupé, depuis le matin jusqu'au soir, qu'à faire parler de lui : il aime les trophées et les victoires ; mais il craint autant de voir un bon général à la tête de ses troupes, qu'il aurait sujet de le craindre à la tête d'une armée ennemie. Il n'est, je crois, jamais arrivé qu'à lui, d'être, en même temps, comblé de plus de richesses qu'un prince n'en saurait espérer, et accablé d'une pauvreté qu'un particulier ne pourrait soutenir.

1 **Notre auguste sultan :** un tyran sanguinaire.

Il aime à gratifier ceux qui le servent ; mais il paie aussi libéralement les assiduités, ou plutôt l'oisiveté de ses courtisans, que les campagnes laborieuses[2] de ses capitaines : souvent il préfère un homme qui le déshabille, ou qui lui donne la serviette lorsqu'il se met à table à un autre qui lui prend des villes ou lui gagne des batailles : il ne croit pas que la grandeur souveraine doive être gênée dans la distribution des grâces ; et, sans examiner si celui qu'il comble de bienfaits est un homme de mérite, il croit que son choix va le rendre tel : aussi lui a-t-on vu donner une petite pension à un homme qui avait fui deux lieues, et un beau gouvernement[3] à un autre qui en avait fui quatre. »

Montesquieu, *Lettres persanes* (1721).

2 **Laborieuses :** qui exigent beaucoup de peine et de travail. 3 **Un gouvernement :** une charge de gouverneur.

S'ENTRAÎNER

1 **a.** Il s'agit d'une **tragédie classique** puisque :
- Hippolyte est un **prince** et le sujet de la pièce est emprunté à la **mythologie** : Thésée, son père, est le héros qui vainquit le Minotaure et descendit aux Enfers ;
- la **date, 1677,** et le nom de Racine indiquent que le texte appartient à l'époque classique ;
- les vers sont des **alexandrins** ;
- conformément à la tradition, cette **scène d'exposition** est un dialogue entre **le héros et son confident**, utile pour informer le spectateur du **cadre spatial** (nous sommes à Trézène) et de **l'intrigue** (Hippolyte annonce son départ : il cherche son père qui reste introuvable).

Le sujet de cette pièce est emprunté à Euripide. En faisant référence au fleuve des Enfers, l'Achéron, et à Icare, mort pour avoir volé trop près du soleil, Racine sollicite la **culture mythologique** de ses contemporains.

b. Le texte « La fonction du poète » appartient au **genre poétique**. On distingue :
- des **strophes** de dix vers (dizains) et en octosyllabes ;
- trois types de **rimes** (croisées, suivies, embrassées).

C'est une **poésie romantique**, dans laquelle le poète a pour mission de servir d'intermédiaire entre les hommes et Dieu. Victor Hugo, chef de file du romantisme, apostrophe les humains (« Peuples ») et les exhorte à se laisser guider vers la lumière par celui que Dieu a élu, le poète.

Cette poésie peut être qualifiée de **didactique** car elle se fixe l'objectif d'instruire ses lecteurs, ici sur la fonction du poète romantique auprès des hommes.

c. « Fanatisme » est un texte **argumentatif**, puisque c'est un article tiré d'un dictionnaire qui est ici instrument de combat.
Philosophe des Lumières, Voltaire y définit le fanatisme qu'il condamne, tout en faisant l'**apologie de l'esprit philosophique**, seul moyen efficace de lutter contre ce mal. La **métaphore filée de la maladie et du remède** montre que l'auteur se veut accessible à un large public.

OBJECTIF BAC

2 Voici une proposition de réponse à la question. Seules l'introduction et la conclusion ont été entièrement rédigées.

Introduction
Les *Lettres persanes* est un **roman épistolaire** (par lettres) publié anonymement par Montesquieu en 1721 et rassemblant la correspondance fictive échangée entre deux voyageurs persans, Usbek et Rica, et leurs amis restés en Perse. Dans une lettre adressée à Ibben, Usbek évoque le roi Louis XIV vieillissant.
[Lecture du texte]
Nous allons montrer comment, à travers ce **regard étranger**, Montesquieu offre du roi de France un **portrait critique**.
Pour cela, nous nous intéresserons d'abord à la vanité de ce roi épris de gloire, puis nous nous pencherons sur son autoritarisme. Enfin, nous tâcherons de montrer en quoi cette fin de règne est placée sous le signe du déclin.

I. La vanité et le goût de la gloire de Louis XIV

1. Un portrait du Roi Soleil

Voir la première phrase et les nombreuses occurrences du pronom « il ».

2. Le narcissisme du roi

- Le roi est uniquement préoccupé du culte rendu à sa personne : voir la structure circulaire de la phrase « il n'est occupé, depuis le matin jusqu'au soir, qu'à faire parler de lui » qui commence et finit par un pronom de la 3e personne du singulier.
- Intensité de son égocentrisme accentuée par le complément de temps « depuis le matin jusqu'au soir ».

> À l'oral, vous n'aurez pas le temps de rédiger toute votre explication de texte au brouillon : nous avons ici volontairement présenté le plan sous la forme d'une prise de notes rapides, comme vous devez le faire le jour de l'épreuve.

3. Un goût excessif pour la gloire et le prestige

- Ce goût transparaît à travers son amour des « trophées et victoires » et les nombreuses flatteries des courtisans à son égard.
- Outils de la satire :
  - exagération et opposition (« souvent il préfère un homme qui le déshabille, ou qui lui donne la serviette lorsqu'il se met à table à un autre qui lui prend des villes ») ;

- disproportion entre les détails triviaux (la serviette, le déshabillage) et la conquête des villes.

[Transition] Le roi se soucie davantage des hommages rendus à sa personne que de la grandeur de la France. Mais c'est avec despotisme qu'il règne sur ses sujets.

II. Une autorité excessive

1. Le tempérament autoritaire de Louis XIV

- Le superlatif absolu « très haut degré » et la gradation « il gouverne avec le même génie sa famille, sa cour, son État » expriment l'idée que l'autorité tyrannique du roi s'exerce sur tout ce qui l'entoure.

- Son idéal, en matière de gouvernement, est un État despotique, tels ceux de Turquie et de Perse.
→ Il y a là une ironie évidente de la part de Montesquieu, chantre de la liberté : l'antiphrase est un instrument de critique efficace.

2. Un règne particulièrement long

- Louis XIV se distingue des autres souverains par la longueur de son règne.

- Ceci est souligné par un Usbek faussement admiratif dans « Nous n'avons point d'exemple, dans nos histoires, d'un monarque qui ait si longtemps régné ».

3. Un roi malmenant son entourage

- Par peur d'être fragilisé :
- il achète ses courtisans pour mieux les asservir : «Il aime à gratifier ceux qui le servent» ;
- il se débarrasse de ses rivaux sous l'effet de la jalousie. Voir la comparaison hyperbolique : « il craint autant de voir un bon général à la tête de ses troupes, qu'il aurait sujet de le craindre à la tête d'une armée ennemie. »

- Voir aussi l'opposition entre « l'oisiveté de ses courtisans » et « les campagnes laborieuses de ses capitaines » que le roi récompense de façon identique.

[Transition] Louis XIV est donc un roi avide de pouvoir et particulièrement autoritaire. Pourtant la fin de son règne a perdu de sa splendeur.

III. Une fin de règne sous le signe du déclin

1. Un roi vieux

Voir la première phrase du texte brève et cinglante.
→ On note un contraste entre cette formule concise et la longueur de la phrase suivante.

2. Un roi plein de contradictions

Usbek met en lumière les contradictions d'un roi vieillissant :
- succession d'oppositions souvent proches du paradoxe : par exemple, l'antithèse entre le ministre « qui n'a que dix-huit ans » et la maîtresse « qui en a quatre-vingts » ou l'opposition entre le fait qu'« il aime sa religion » et son rejet de « ceux qui disent qu'il la faut observer à la rigueur » ;
- construction en balancement, en parallélisme, jusqu'à la fin du texte : par exemple, Louis XIV récompense davantage l'individu pour sa lâcheté que pour son mérite : « une petite pension à un homme qui avait fui deux lieues » / « un beau gouvernement à un autre qui en avait fui quatre ».

Conclusion

Dans ce texte aux **accents** éminemment **satiriques**, Montesquieu **dénonce l'absolutisme** d'un roi déclinant et trop vieux pour exercer de telles fonctions.
Puisque les *Lettres persanes* sont parues six ans après la mort de Louis XIV, Montesquieu s'inspire nécessairement de la réalité, celle d'une triste fin de règne. **Dissimulé derrière un Persan**, l'auteur se sert de ce statut d'étranger ignorant des usages français, et profite de ce **regard naïf** pour dénoncer les dysfonctionnements de la société française de son temps.

www.annabac.com

CHAPITRE

15 Le commentaire littéraire

L'exercice du commentaire littéraire est réservé à l'écrit. La première étape de votre travail est détaillée dans le chapitre précédent : faire une lecture analytique du texte puis en déduire votre projet de lecture. Dans ce chapitre, nous nous concentrerons donc sur l'organisation du plan et sur la rédaction du commentaire.

I L'organisation d'un commentaire

Les principes de composition du commentaire et de la dissertation sont à peu les mêmes, puisque ce sont tous deux des travaux d'argumentation. Toutefois, n'oubliez pas que la dissertation porte sur un jugement ou une opinion, alors que le commentaire est l'explication, sous une forme composée, d'un texte précis.

Le choix des **deux ou trois axes** du plan dépend de votre explication. Vous pouvez vous demander si celle-ci met en évidence un registre, le traitement particulier d'un genre ou bien encore un rapport particulier existant entre l'extrait et un mouvement littéraire.

1. La construction du plan

- Après avoir formulé le projet de lecture, il faut construire un plan en **deux ou trois parties**. Le plan du commentaire doit être dynamique : il doit restituer la progression de la pensée et déboucher sur une réponse.
- Les idées directrices qui constituent la charpente de chacune des grandes parties doivent ensuite être organisées de la plus évidente à la plus complexe.

2. Un exemple de plan

Souvenez-vous de la question soulevée dans le projet de lecture du commentaire de l'incipit de *L'Éducation sentimentale* : « Comment Flaubert met-il en place un incipit qui ne semble répondre aux attentes du lecteur que pour mieux les déjouer ? »

« Le 15 septembre 1840, vers six heures du matin, la Ville-de-Montereau, près de partir, fumait à gros tourbillons devant le quai Saint-Bernard.
Des gens arrivaient hors d'haleine ; des barriques, des câbles, des corbeilles de

linge gênaient la circulation ; les matelots ne répondaient à personne ; on se heurtait ; les colis montaient entre les deux tambours, et le tapage s'absorbait dans le bruissement de la vapeur, qui, s'échappant par des plaques de tôle, enveloppait tout d'une nuée blanchâtre, tandis que la cloche, à l'avant, tintait sans discontinuer. Enfin le navire partit ; et les deux berges, peuplées de magasins, de chantiers et d'usines, filèrent comme deux larges rubans que l'on déroule.

Un jeune homme de dix-huit ans, à longs cheveux et qui tenait un album sous son bras, restait auprès du gouvernail, immobile. A travers le brouillard, il contemplait des clochers, des édifices dont il ne savait pas les noms ; puis il embrassa, dans un dernier coup d'oeil, l'île Saint-Louis, la Cité, Notre-Dame ; et bientôt, Paris disparaissant, il poussa un grand soupir.

M. Frédéric Moreau, nouvellement reçu bachelier, s'en retournait à Nogent-sur-Seine, où il devait languir pendant deux mois, avant d'aller faire son droit. Sa mère, avec la somme indispensable, l'avait envoyé au Havre voir un oncle, dont elle espérait, pour lui, l'héritage ; il en était revenu la veille seulement ; et il se dédommageait de ne pouvoir séjourner dans la capitale, en regagnant sa province par la route la plus longue. »

Gustave Flaubert, *L'Éducation sentimentale* (1869).

Pour répondre à cette question, on pourrait, par exemple, proposer le plan suivant.

I. Un roman d'apprentissage
1. Le portrait du héros
2. Une scène de départ

II. Une esthétique réaliste
1. Une représentation du monde moderne
2. Une vision brouillée et de multiples points de vue

II La rédaction de l'introduction et de la conclusion

A Introduire

1. Quelles étapes respecter ?

L'introduction comporte toujours **trois parties** : il faut amorcer le sujet, le poser et annoncer le plan. L'introduction ne s'élabore qu'une fois le plan défini.

▪ **Amorcer le sujet** consiste à introduire le texte que l'on va commenter. Il est impératif de préciser le nom de l'auteur puis le titre de l'œuvre d'où est tiré le passage. Concernant l'œuvre, on peut, si l'on a quelques connaissances, la resituer ou dans la production de l'auteur ou d'un point de vue plus général, dans l'histoire littéraire. De la biographie de l'auteur, on ne retiendra que les éléments susceptibles d'éclairer la lecture du texte.

- **Poser le sujet** consiste à présenter le texte, avec l'aide du paratexte : thème, place occupée dans l'œuvre, caractéristiques… De là doit découler le projet de lecture que vous avez mis au jour.

- **Annoncer le plan** est une étape indispensable. Mais il faut prendre garde de ne pas donner la réponse à la question soulevée par le projet de lecture. Vous pouvez pour cela formuler les différentes parties du plan sous la forme de questions. Pensez à relier chaque partie à la précédente par un lien logique afin de mettre en évidence l'enchaînement des idées et la progression de l'argumentation.

> Vous pouvez **formuler** votre projet de lecture au moyen d'une interrogation directe de type « Dans quelle mesure s'agit-il de… ? » ou d'une interrogation indirecte de type « Nous nous demanderons dans quelle mesure il s'agit de … ».

2. Un exemple

Voici une introduction possible au commentaire de l'incipit de *L'Éducation sentimentale* (voir p. 209).

> **[Amorce]** *L'Éducation sentimentale* de Flaubert, paru en 1869, est un roman qui évoque la destinée individuelle d'un jeune homme et l'aventure morale d'une génération.
> **[Rappel du sujet, projet de lecture]** Le texte que nous avons à étudier se situe au début du roman ; il s'agit de l'incipit, dans lequel le héros apparaît pour la première fois. Quel que soit le sujet, lancer un récit est toujours un enjeu de taille pour un romancier. Nous verrons comment Flaubert met en place un incipit qui ne semble répondre aux attentes du lecteur que pour mieux les déjouer.
> **[Annonce du plan]** Nous nous demanderons d'abord dans quelle mesure il s'agit de l'incipit d'un roman d'apprentissage, puis nous nous interrogerons sur l'esthétique réaliste qu'il affiche.

B Conclure

1. Quelles étapes respecter ?

La conclusion comprend toujours deux parties : un bilan et une ouverture.

- Commencez par dresser un **bilan rapide** de ce que vous avez rédigé précédemment. La rapidité est une qualité importante. Il ne s'agit ni de refaire votre devoir ni d'ajouter des idées ou des exemples nouveaux : apportez une réponse claire à la question formulée par le projet de lecture énoncé dans l'introduction. Évitez un ton péremptoire comme si votre réponse était l'interprétation unique et définitive du texte.

> Soignez particulièrement la **conclusion** : la première chose que fait votre correcteur après l'avoir lue est de noter votre devoir ! Faire une bonne conclusion est le moyen assuré de bien disposer l'examinateur et de gagner des points.

ZOOM

Le vocabulaire de l'analyse littéraire

▶ La qualité de l'expression dépend de l'utilisation d'un vocabulaire spécifiquement littéraire. L'emploi des termes recensés ci-dessous valorisera votre copie !

Un champ lexical…	▶ se déploie ▶ se développe dans plusieurs phrases
Un effet…	▶ est créé ; est produit ▶ est perceptible dans ▶ est rendu ; est renforcé ; est traduit par un procédé ▶ se dégage de ; émane de ; naît d'une description
Une figure de style…	▶ accentue ; insiste sur ▶ met en évidence, en relief, en valeur ▶ souligne une idée, une intention de l'auteur ▶ confère ou donne au texte un aspect, un caractère, une dimension
Un procédé stylistique…	▶ confirme ; exprime ; évoque ; suggère ; traduit une idée ▶ contribue à produire ▶ suscite une impression, un effet
Un texte…	▶ repose sur une idée ; traite d'une idée ; comporte, présente une idée ▶ se teinte de… (mélancolie, par exemple)
Une œuvre…	▶ reflète ; renseigne sur ▶ restitue, résume, retrace l'existence de l'auteur
Un auteur…	▶ affirme ; analyse ; se consacre à ▶ approfondit, définit, expose, introduit, mentionne un thème ▶ brosse, ébauche, esquisse un portrait ; campe un personnage ▶ dépeint une atmosphère ▶ dresse le tableau d'une situation

L'**ouverture** se fait en prenant du recul, en replaçant l'enjeu du texte dans une nouvelle perspective. Vous pouvez resituer l'extrait dans la production de l'auteur (cette œuvre en annonce peut-être une autre, ou bien reprend des thèmes habituels de l'auteur), ou le replacer dans l'histoire littéraire (par exemple, l'œuvre est typique d'un mouvement littéraire ou bien marque une rupture par rapport aux œuvres appartenant au même genre).

2. Un exemple

Voici maintenant une conclusion possible au commentaire de l'incipit de *L'Éducation sentimentale* (voir p. 209).

> **[Bilan]** Certes, l'incipit de *L'Éducation sentimentale* semble donner au lecteur les informations attendues, mais c'est un antihéros qui lui est présenté et un faux départ qui est mis en scène. De plus, le réalisme qui semble être l'esthétique dont relève le texte, est constamment nuancé, remis en question par différents brouillages. Ni le héros ni la situation ne sont ce qu'ils paraissent. Tout est miné tant dans la fiction que dans la narration ; tout est éminemment « déceptif ».
> **[Ouverture]** Il s'agit bien là de l'incipit d'un roman de la désillusion, lequel ouvre la voie au roman du XXe siècle.

III La rédaction d'un paragraphe

A La structure d'un paragraphe

Le commentaire relève d'une **démarche argumentative**. La réponse à la question posée dans le projet de lecture, doit être argumentée et illustrée par des exemples : s'agissant du commentaire, ceux-ci seront tirés du texte étudié.

Chaque paragraphe correspond à une **sous-partie** destinée à valider la thèse. Vous devez donc rattacher soigneusement votre paragraphe à l'idée directrice de la grande partie dans laquelle il s'inscrit.

Un paragraphe est structuré de la manière suivante :
- une **phrase introductive** qui amène le nouveau point traité à l'aide d'un connecteur logique ou d'un mot de liaison ;
- un **argument** pour étayer le point abordé ;
- des **exemples** constitués de citations du texte qu'il faut expliquer à l'aide du vocabulaire de l'analyse littéraire (voir p. 212) ;
- une **conclusion partielle** : elle est indispensable car elle permet de mesurer la progression de l'argumentation. Elle met en relief sa structure et rend ainsi la démarche plus claire et plus compréhensible au lecteur ;

> Pour éviter de faire de la paraphrase, efforcez-vous d'insérer l'étude d'une ou deux **figures de style** dans chaque paragraphe.

– une **transition**, afin de préparer la suite du développement, d'introduire l'argument suivant.

■ Une **mise en page** particulière doit être respectée. Pour chaque nouveau paragraphe, il faut aller à la ligne et marquer l'alinéa.

B Un exemple de paragraphe rédigé

Continuons notre explication de l'incipit de *L'Éducation sentimentale* (voir p. 209) : ci-dessous est rédigée la sous-partie « Portrait du héros », qui correspond au I. 1. du plan annoncé p. 210.

[Phrase introductive] Le titre de l'œuvre, *L'Éducation sentimentale*, incite le lecteur à penser qu'il s'agit d'un roman d'apprentissage. C'est **donc** naturellement que l'incipit met en scène celui qui sera sans doute le héros de l'histoire, celui dont le lecteur suivra l'éducation et l'évolution.

Notez la présence du connecteur logique **« donc »** qui permet d'amener l'idée principale du paragraphe.

[Argument et exemples] Ce personnage nous est présenté progressivement. C'est **d'abord** la silhouette d'« un jeune homme » adoptant la posture romantique qui est décrite : ses « longs cheveux » et son « album » sous le bras l'attestent. L'adjectif « immobile », les verbes « restait » et « contemplait » annoncent un personnage davantage tourné vers la contemplation que vers l'action ; sans doute est-ce ici la manifestation d'une tendance à la passivité. Cette immobilité, cette propension à la rêverie contrastent avec l'activité déployée sur le quai avant le départ. Son ignorance des monuments parisiens apprend **aussi** indirectement au lecteur que le personnage n'est pas parisien, ce que confirme la fin de l'extrait.

Ensuite, la narration livre l'**état civil** du personnage, son **statut social** : elle donne son nom, « Frédéric Moreau », et nous renseigne sur son cursus scolaire, « bachelier », et universitaire (« faire son droit »). La présentation de la famille se réduit à la seule mention et au rôle de sa mère. Celle-ci attendrait un héritage.

Le personnage, qui se désintéresse des questions d'argent, ne semble attiré que par Paris. Son soupir exprime sa frustration de ne pas encore y vivre. Sa fascination pour cette ville est exprimée dans le terme valorisant « la capitale ». Frédéric Moreau est ainsi placé dans la lignée de personnages comme **Rastignac et Julien Sorel**, qui rêvent de quitter leur province pour Paris. **Mais** à l'inverse de

Rastignac et **Julien Sorel** sont les héros de deux romans réalistes : *Le Père Goriot* de Balzac (p. 81) et *Le Rouge et le Noir* (p. 98) de Stendhal. Tous deux ont un objectif commun : conquérir Paris pour y faire fortune.

ceux-ci, il n'est mû par aucune ambition et apparaît velléitaire (sans volonté). **[Conclusion partielle]** Dès l'incipit, le personnage est posé comme fort peu héros, sans consistance. **Représentatif d'un romantisme qui apparaît à bout de souffle**, il est ainsi montré comme le produit d'une histoire. La suite du roman montrera dans quelle mesure il profitera ou non des leçons de la vie.

RÉCAPITULONS

- Rédiger un commentaire, c'est écrire un texte argumentatif.
- Les principes généraux de composition du commentaire sont identiques à ceux de la dissertation : une introduction, un développement en deux ou trois grandes parties elles-mêmes organisées en différentes sous-parties, et une conclusion.
- Le commentaire nécessite l'élaboration d'un projet de lecture.
- Tous les arguments doivent être assortis d'exemples qui sont des citations analysées du texte.

Citer correctement le texte

LA DÉMARCHE

Il existe deux manières d'insérer des citations dans le corps d'un commentaire :
- reprendre une phrase entière ou tronquée **au discours direct ou indirect** (on cite d'abord le texte puis on l'explique, ou inversement) ;
- ne reprendre que des bribes d'une phrase **en les incorporant** dans le développement grâce à la ponctuation, à un mot d'introduction (*comme, tel*) ou à une mise en apposition.

L'EXEMPLE COMMENTÉ

« Les canons renversèrent d'abord à peu près six mille hommes de chaque côté ; ensuite la mousqueterie ôta du meilleur des mondes environ neuf à dix mille coquins qui en infectaient la surface. La baïonnette fut aussi la raison suffisante de la mort de quelques milliers d'hommes. »

Voltaire, *Candide* (1759).

Dans le commentaire qui suit, observez comment les citations sont intégrées aux propos.

- citation introduite par un deux-points
- citations mises en apposition à un groupe nominal
- citations annoncées par un mot d'introduction

▪ Les sujets renvoient à des noms d'armes : « canons », « mousqueterie » et « baïonnette » produisant une sorte de déshumanisation. Les euphémismes « renversèrent », « ôta », « fut la raison suffisante » produisent le même effet. Un témoin des événements pourrait ainsi se croire le spectateur d'un jeu puisque les victimes sont traitées avec désinvolture. Les groupes nominaux « six mille hommes », « coquins », « milliers d'hommes » sont toujours compléments d'objet des verbes et non sujets. Ces compléments sont précédés des locutions « à peu près », « environ neuf à dix mille » et de l'adjectif « quelques », montrant que l'évaluation du nombre de victimes est approximative, comme si la vie humaine n'avait pas d'importance.

▪ Pire, les victimes sont présentées comme n'ayant eu que ce qu'elles méritaient. Il s'agit de « coquins » qui « infectaient » la surface du monde. Les termes sont particulièrement dévalorisants et laissent entendre que la guerre opère un nettoyage utile en débarrassant le monde d'êtres nuisibles. L'emploi d'expressions comme « meilleur des mondes » et « raison suffisante » montre que la guerre n'est pas la seule cible du narrateur. Voltaire vise également la philosophie des optimistes qui soutiennent que tout est pour le mieux dans le meilleur des mondes.

S'ENTRAÎNER

1 Voici le plan du commentaire du poème de Raymond Queneau « Si tu t'imagines » (voir texte p. 154).

I. Entre tradition et modernisme audacieux
1. L'hommage rendu à Ronsard
2. Un rythme allègre mais obsédant

II. La beauté et les rêves de la jeunesse tournés en dérision
1. L'annonce d'une déchéance physique inéluctable
2. Un poète moqueur, presque cynique

a. Le paragraphe qui suit correspond au II. 1. du plan. Complétez-le avec des termes adaptés.

- Complétez avec un renvoi à des vers du poème, 2 adjectifs, 6 verbes, 2 connecteurs logiques et le nom d'une figure de style.
- Le **blason** est un poème célébrant l'une des parties du corps de la femme aimée.

Le poète prédit à sa destinataire une déchéance physique inéluctable. Dans le texte, deux passages s'opposent, comme deux blasons dont l'un, positif, est l'envers de l'autre, négatif. Les vers .... le prouvent. Dans les deux passages, le texte décline différentes composantes du corps féminin : la succession des vers .... une énumération. Chaque trait caractéristique est .... un groupe nominal, sous forme de catalogue. La seconde série (vers 35 à 38) reprend certaines parties du corps déjà mentionnées dans la première : le « teint de rose » devient la « ride » ; la « taille » devient la « graisse » ; le « biceps » devient le « muscle ». On passe d'une connotation .... à .... et tous les signes s'inversent : la légèreté laisse place au poids (vers 20 et 36), la fraîcheur du teint aux rides et au triple menton (vers 37). ...., les adjectifs « véloce », « triple », « avachi » indiquent par eux-mêmes une transformation et s'opposent efficacement aux métaphores laudatives des vers 15, 16, 18 et 19. L'effet de retardement des vers 34 et 35, créé par l'inversion du sujet, ... sur la cruauté du vieillissement et le fait qu'il surgisse sans crier gare. Les .... en [m] [t] et [p] des vers 36, 37 et 38 alourdissent le poème et imitent les effets du temps. On peut presque parler d'harmonie imitative. Même si ce double portrait se limite à des aspects partiels du corps, il n'en .... que mieux la déchéance physique et l'effet du temps. Les traits sélectionnés sont les plus éloquents et la juxtaposition qui .... l'état intermédiaire (âge adulte ?) accuse les transformations grâce à un effet de raccourci. Le déroulement du temps n'est .... pas restitué ; il s'agit ici de donner à voir un diptyque qui .... le vieillissement à un changement de nature et non à une évolution progressive.

b. À partir des remarques énoncées ci-dessous, rédigez le paragraphe II. 2. du commentaire du poème de Raymond Queneau.

- Opposition entre les illusions de la jeune fille (dans les subordonnées) et la triste réalité du vieillissement (dans la principale).
- Exclamation moqueuse et méprisante : « ce que tu te goures ».
- Sonorités dures et termes familiers qui traduisent la cruauté du poète : « goures » - et dans une variante du poème : « grouille », « magne-toi le pot ».
- Jeux de rimes moqueurs qui s'attaquent aux stéréotypes du romantisme : « toujours » / « amours » / « goures ».
- Critique de la jeune femme méprisée car trop immature : tutoiement, apostrophe.

Relisez soigneusement les conseils de méthode donnés sur la rédaction d'un paragraphe de commentaire, ainsi que le lexique de l'analyse littéraire proposé dans le zoom (voir p. 201 et p. 212).

OBJECTIF BAC

Commentaire

2 Relisez le texte issu de l'article « Guerre » du *Dictionnaire philosophique* de Voltaire et proposez un commentaire sous la forme d'un plan détaillé.

« Un généalogiste prouve à un prince qu'il descend en droite ligne d'un comte dont les parents avaient fait un pacte de famille, il y a trois ou quatre cents ans avec une maison dont la mémoire même ne subsiste plus. Cette maison avait des prétentions éloignées sur une province dont le dernier possesseur est mort d'apoplexie : le prince et son conseil concluent sans difficulté que cette province lui appartient de droit divin. Cette province, qui est à quelques centaines de lieues de lui, a beau protester qu'elle ne le connaît pas, qu'elle n'a nulle envie d'être gouvernée par lui ; que, pour donner des lois aux gens, il faut au moins avoir leur consentement : ces discours ne parviennent pas seulement aux oreilles du prince, dont le droit est incontestable. Il trouve incontinent un grand nombre d'hommes qui n'ont rien à perdre ; il les habille d'un gros drap bleu à cent dix sous l'aune, borde leurs chapeaux avec du gros fil blanc, les fait tourner à droite et à gauche et marche à la gloire.

Les autres princes qui entendent parler de cette équipée y prennent part, chacun selon son pouvoir, et couvrent une petite étendue de pays de plus de meurtriers mercenaires que Gengis Khan, Tamerlan, Bajazet n'en traînèrent à leur suite.

Des peuples assez éloignés entendent dire qu'on va se battre, et qu'il y a cinq à six sous par jour à gagner pour eux s'ils veulent être de la partie : ils se divisent aussitôt en deux bandes comme des moissonneurs, et vont vendre leurs services à quiconque veut les employer.

Ces multitudes s'acharnent les unes contre les autres, non seulement sans avoir aucun intérêt au procès, mais sans savoir même de quoi il s'agit.

Il se trouve à la fois cinq ou six puissances belligérantes, tantôt trois contre trois, tantôt deux contre quatre, tantôt une contre cinq, se détestant toutes également les unes les autres, s'unissant et s'attaquant tour à tour ; toutes d'accord en seul point, celui de faire tout le mal possible. Le merveilleux de cette entreprise infernale, c'est que chaque chef des meurtriers fait bénir ses drapeaux et invoque Dieu solennellement avant d'aller exterminer son prochain. »

Voltaire, « Guerre », *Dictionnaire philosophique* (1764).

POUR VOUS AIDER

- Déterminez votre projet de lecture après avoir analysé le texte suivant la méthode p. 201.
- Une fois votre projet de lecture établi, proposez deux ou trois grands axes d'analyse.
- N'oubliez pas les transitions entre vos différentes parties.

S'ENTRAÎNER

1 a. Le poète prédit à sa destinataire une déchéance physique inéluctable. Dans le texte, deux passages s'opposent, comme deux blasons dont l'un, positif, est l'envers de l'autre, négatif. Les **vers 15 à 20 et 35 à 38** le prouvent. Dans les deux passages, le texte décline différentes composantes du corps féminin : la succession des vers **déploie** une énumération. Chaque trait caractéristique est **présenté par** un groupe nominal, sous forme de catalogue. La seconde série (vers 35 à 38) reprend certaines parties du corps déjà mentionnées dans la première : le « teint de rose » devient la « ride » ; la « taille » devient la « graisse » ; le « biceps » devient le « muscle ». On passe d'une connotation **positive** à une connotation **négative** et tous les signes s'inversent : la légèreté laisse place au poids (vers 20 et 36), la fraîcheur du teint aux rides et au triple menton (vers 37). **Par ailleurs/en outre/de plus**, les adjectifs « véloce », « triple », « avachi » indiquent par eux-mêmes une transformation et s'opposent efficacement aux métaphores laudatives des vers 15, 16, 18 et 19. L'effet de retardement des vers 34 et 35, créé par l'inversion du sujet, **insiste** sur la cruauté du vieillissement et le fait qu'il surgisse sans crier gare. Les

allitérations en [m] [t] et [p] des vers 36, 37 et 38 alourdissent le poème et imitent les effets du temps. On peut presque parler d'harmonie imitative. Même si ce double portrait se limite à des aspects partiels du corps, il n'en **suggère** que mieux la déchéance physique et l'effet du temps. Les traits sélectionnés sont les plus éloquents et la juxtaposition qui **omet** l'état intermédiaire (âge adulte) accuse les transformations grâce à un effet de raccourci. Le déroulement du temps n'est **donc** pas restitué ; il s'agit ici de donner à voir un diptyque qui **assimile/réduit** le vieillissement à un changement de nature et non à une évolution progressive.

b. Voici une proposition de rédaction de II. 2. : « Un poète moqueur, presque cynique ».
Le poète apparaît dans ce texte moqueur, presque cynique à l'égard de la jeune fille. Aux illusions d'une jeunesse éternelle perceptibles dans les verbes « s'imaginer », « croire », et longuement développées dans les **subordonnées d'hypothèse** (vers 1 à 9, 13 à 23), le poète oppose la sécheresse triviale de l'**exclamation** « ce que tu te goures », principale moqueuse et dédaigneuse qui rompt brutalement le charme des subordonnées.
L'effet de chute est amplifié par le **registre familier** et la **dureté des sonorités**. De plus, Queneau fait rimer « toujours » avec « amours », clin d'œil au **cliché usé**, éculé d'un romantisme de pacotille. Ces termes riment aussi avec « goures », ce qui retentit comme un rappel à l'ordre prosaïque du réel et de la vie.
Le ton est nettement sarcastique comme le prouvent les interjections du vers 14. La beauté et les rêves de la jeunesse sont l'objet d'une dérision sans pitié. C'est pourquoi les appellations, **apostrophes** elles-mêmes, qui pourraient être tendres dans un autre contexte, paraissent ici dépréciatives. La « fillette », « petite » est immature et ignorante (vers 33) et le **tutoiement** ainsi que l'**adjectif possessif** « ma » peuvent témoigner d'une condescendance du poète à l'égard de sa destinataire. On peut supposer qu'il se venge, avec cruauté, de sa déconvenue sentimentale.

OBJECTIF BAC

2 Voici une proposition de corrigé sous la forme d'un plan détaillé.

Projet de lecture : « Comment Voltaire utilise-t-il un article de dictionnaire pour dénoncer la guerre ? »

I. Un apologue

Cet article de dictionnaire fait la part belle à l'apologue, ce qui est inhabituel.

1. Un récit : personnages et cadre spatio-temporel

- Recenser les différents personnages, ainsi que les mentions de lieux. Repérer l'absence de nom propre. Les personnages sont **réduits à leur fonction ou à leur titre** ; ils ne sont pas du tout individualisés. Noter par ailleurs l'utilisation de l'article indéfini « un » qui accentue l'indétermination.

Le XVIIIe **siècle** fut marqué par trois guerres de succession : succession d'Espagne, succession de Pologne, succession d'Autriche, cette dernière étant à l'origine de la guerre de Sept ans (1756-1763).

- **Lieu et temps sont indéterminés :** le propos s'applique à toutes les époques et partout. Le présent renforce la portée générale du récit et sa portée actuelle pour les contemporains de Voltaire. Tout correspond en effet à la situation qui régnait à l'époque de Voltaire.

- Ce choix de ne pas caractériser ou particulariser les éléments du récit est lié au fait que le récit prend place dans un article de dictionnaire, qu'il est **au service de l'argumentation** et doit donc prendre une dimension universelle.

2. Le déroulement du récit

- Les paragraphes sont **brefs et nombreux** : tout s'enchaîne « en cascade » de paragraphe à paragraphe, mais sans logique véritable. Noter d'ailleurs le peu de liens logiques :
- 1er paragraphe, la mise en place du récit : « un généalogiste », le « prince » et ses conseillers, le départ pour la guerre ;
- 2e paragraphe, les « autres princes » ; on remarque que leur action n'est pas motivée, ils en ont simplement entendu parler : c'est peu !
- 3e paragraphe consacré au peuple, qui a « entendu dire qu'on va se battre » et part à la guerre ;
- le 5e paragraphe est un sommaire : sont résumés en deux propositions les alliances et les retournements d'alliance ; c'est une manière d'imprimer de la rapidité au récit et de suggérer l'absurdité de la situation ;
- 6e et dernier paragraphe : Voltaire y souligne le rôle de la religion dans la guerre. L'auteur ne s'étend pas, son propos doit rester centré sur la guerre, sujet de l'article. Toutefois cette remarque sur l'instrumentalisation de la religion accentue le manque de scrupules des dirigeants et de l'Église qui cautionne des comportements à l'opposé des valeurs évangéliques.

- Ces différents **paragraphes juxtaposés** donnent l'impression que la guerre est inéluctable, son extension également : on passe en effet du « prince » et de ses prétentions sur « une province » à « d'autres princes », puis à « des peuples éloignés » enfin à un conflit qui concerne « cinq ou six puissances belligérantes ». De local, le conflit est devenu régional.

[Transition] Le déroulement du récit construit avec efficacité est une véritable machine de guerre… contre la guerre.

II. Une condamnation de la guerre

L'apologue est entièrement au service d'une dénonciation de la guerre.

1. Quelle guerre ?

- On relève un **lexique très dévalorisant** : « mercenaires », « meurtriers », « chef des meurtriers », « s'acharnent, « le plus de mal possible ». Les participants sont qualifiés « d'hommes qui n'ont rien à perdre » : on comprend qu'ils sont sans foi ni loi et ne respectent rien. Ces vauriens sont ensuite présentés comme des marionnettes (« tourner à droite et à gauche ») manipulées par celui qui tire les ficelles, le prince.

- Plus loin, le terme « bande » qui semblerait devoir appeler le complément du nom « brigands » introduit en fait une **comparaison** avec « les moissonneurs », qui sont des ouvriers journaliers comme le montre la fin de la phrase « vendre leurs services ». Cette guerre ne défend aucun idéal : les participants ne sont motivés que par l'argent. De même, le terme « multitude » insiste sur l'ampleur du massacre et sur le fait qu'il ne s'agit pas de véritables armées (ce mot n'apparaissant pas).

- L'expression « entreprise infernale » est à prendre dans son sens le plus fort : une entreprise digne des enfers qui consiste à « exterminer son prochain » ; l'adjectif produit d'autant plus d'effet qu'à ce moment-là, Voltaire parle du rôle de la religion. Violence, cruauté, vénalité, voilà ce qui caractérise cette guerre ; cette présentation de la guerre est un **réquisitoire** véhément.

2. L'ironie

- La ténuité du motif qui déclenche le conflit ne manque pas de faire sourire le lecteur en même temps qu'il l'indigne. Tous les éléments du récit montrent que les prétentions du prince sont injustifiées : parent éloigné, disparition de tout témoin, approximation « trois ou quatre cents ans » et éloignement de la province convoitée. Il n'a donc aucun intérêt réel dans cette affaire, seule une vaine gloriole peut expliquer qu'il déclenche la guerre.
L'irresponsabilité des princes éclate, ainsi que le dysfonctionnement de l'institution monarchique : les princes n'éprouvent que mépris envers les peuples.

- L'ironie apparaît aussi dans des expressions comme : « conclurent sans difficulté », « dont le droit est incontestable ». Le lecteur devine qu'il faut précisément **comprendre le contraire** : la conclusion ne s'impose pas et le droit est tout ce qu'il y a de plus contestable car le prince n'a aucun droit sur la province. L'ironie est encore flagrante dans la disproportion entre la petite étendue du pays et le grand nombre de mercenaires.

- Les alliances sont montrées comme un jeu dans lequel différentes combinaisons sont possibles et où l'absence de sérieux est totale. Présentée comme à la fois ludique et mortelle, la guerre cumule les défauts et scandalise Voltaire. L'ironie dévoile sans cesse l'**absurdité de la situation et interpelle le lecteur**.
La présence de l'ironie fait de ce texte une **satire très virulente de la guerre**.

www.annabac.com

CHAPITRE

16 La dissertation

Un sujet de dissertation est un exercice d'argumentation qui doit respecter une démarche rigoureuse. Celle-ci consiste à conduire une réflexion personnelle et organisée sur une question littéraire en rapport avec l'un des objets d'étude du programme. L'argumentation se fonde donc sur des textes étudiés en classe, ainsi que sur des lectures personnelles.

I Analyser le sujet

A Comment se présente le sujet ?

- Le sujet de la dissertation contient souvent trois parties distinctes qu'il faut examiner attentivement : la **présentation d'une opinion**, la **question posée** et les **consignes**.
- Il est nécessaire de **délimiter le domaine** sur lequel porte le sujet en le reliant à l'objet d'étude concerné.
- Il faut ensuite **souligner les mots clés** – ceux qui semblent essentiels – les **noter** et les **commenter** sur un brouillon. Grâce à eux, certaines idées directrices commencent à se dessiner.

Il convient de mettre au jour ce qui est sous-entendu dans les **termes du sujet** (les implicites) ; n'hésitez pas aussi à remettre en question les notions qu'ils véhiculent.

B Un exemple

Voici un exemple de sujet de dissertation que nous allons analyser tout au long des pages qui suivent.

> Flaubert écrit à l'un de ses amis : « L'histoire d'un pou peut être plus belle que celle d'Alexandre. » Dans quelle mesure cette affirmation vous paraît-elle justifiée ? Dans un développement composé, vous répondrez à cette question en vous appuyant sur des exemples de récits réalistes (romans ou nouvelles) empruntés à votre culture personnelle ou étudiés pendant l'année.

1. L'opinion énoncée

- Flaubert avoue préférer consacrer un roman à un être insignifiant et médiocre (métaphorisé par le pou) plutôt qu'à une figure historique au destin prodigieux, comme Alexandre.
- Le propos de Flaubert peut sembler **provocateur et paradoxal** puisqu'il établit la supériorité du sujet *a priori* le plus dénué d'intérêt sur le sujet apparemment le plus intéressant. Le verbe « pouvoir » montre ainsi que la réussite dépend du talent de l'écrivain.

2. La question posée

L'interrogation « Dans quelle mesure cette affirmation vous paraît-elle justifiée ? » invite à **discuter le bien-fondé de ce propos**.

3. La consigne

Elle délimite déjà le domaine d'application, puisque les exemples seront uniquement tirés du genre narratif réaliste, voire naturaliste.

II Définir la problématique

- Le sujet de dissertation soulève une question ou pose un problème sous la forme d'une phrase interrogative. Il faut **la reformuler** avec ses propres mots pour se l'approprier.
- Cependant, il arrive que le libellé du sujet se présente sous la forme d'une affirmation. Dans ce cas, il faut faire émerger une question ou un problème, c'est-à-dire **problématiser le sujet** en transformant la phrase affirmative en une phrase interrogative.
- La problématique du sujet de Flaubert est la suivante : Est-il juste d'affirmer, comme le fait Flaubert, que l'histoire de gens ordinaires peut être plus belle que celle de personnages exceptionnels ?

Le développement de la dissertation doit apporter progressivement les éléments de réflexion qui permettront de répondre à la **problématique** ou de donner une solution au problème posé.

III Élaborer un plan

A Chercher des idées

Dans un premier temps, il ne faut pas vous restreindre aux premières idées directement liées au sujet : laissez votre réflexion partir dans de multiples directions, mais dans le respect du cadre défini lors de l'analyse du sujet.
Il faut alors noter toutes les **idées et exemples** qui vous viennent à l'esprit, pour ne pas les oublier.

Pour élargir votre réflexion, n'hésitez pas à partir d'**exemples** pour remonter à des **idées** générales ou arguments. Vous pouve[z] aussi chercher à réfute[r] les arguments déjà trouvés.

B Choisir un plan

Pour mener à bien la construction du plan, il faut vous aider, d'une part, des mots contenus dans le constat, l'avis, le jugement qui est soumis et, d'autre part, de la consigne contenue dans le sujet.

- Le sujet de dissertation contient parfois des termes, des expressions, des tournures qui sont des **leviers** favorisant l'émergence d'un plan. Ces mots peuvent être des adverbes comme *jamais, toujours* ou des négations restrictives comme *ne... que*.
- Les consignes sont variées et importantes ; souvent, **le plan à adopter en découle**. Ainsi, si l'on vous demande de justifier, de discuter, cela doit vous inciter à voir en quoi le jugement que l'on vous soumet est fondé, puis à le nuancer en montrant ses limites.
- Dans le sujet de Flaubert, l'expression « dans quelle mesure » exige un devoir qui s'apparente à un débat. Vous devrez d'abord considérer les raisons qui amènent Flaubert à formuler ce jugement avant de vous demander dans quelles conditions ce jugement est critiquable.

C Connaître les différents types de plan

1. Le plan concessif

Composé de **deux parties**, ce plan invite à développer, justifier la thèse exposée, avant d'en faire apparaître les limites, afin de nuancer le propos. Soit le sujet :

> « Je ne fais pas de la littérature. Je fais une chose tout à fait différente ; je fais du théâtre » écrit Ionesco dans *Notes et Contre-notes*. Dans quelle mesure le théâtre vous semble-t-il « une chose tout à fait différente » de la littérature ?
> Vous répondrez à cette question en un développement composé, prenant appui sur les textes du corpus et sur ceux que vous avez lus et étudiés.

Voici le plan que vous pourriez adopter pour traiter ce sujet :

I. Le théâtre est, par essence, extrêmement différent de la littérature

II. Mais il présente de nombreux points communs avec les textes littéraires

2. Le plan dialectique

Ce fameux plan souvent résumé par la formule **« thèse, antithèse et synthèse »**, permet de justifier la thèse présentée, avant de la réfuter. La dernière partie, plus difficile à trouver, permet de compléter la citation ou le sujet, d'en élargir les perspectives. Majoritairement utilisé, ce plan paraît le plus complet, puisqu'il aide à prendre de la hauteur.

Par souci de clarté, vous pouvez résumer vos axes sous la forme d'un **raisonnement dialectique** (*Certes* + thèse / *Mais* + discussion / *Toutefois* + dépassement).

Le sujet sur Flaubert cité en ouverture du chapitre implique un plan dialectique : reportez-vous p. 227 pour en connaître le détail.

3. Le plan thématique

C'est le plan qu'on utilise couramment dans le cadre de questions générales, celles qui exigent une **réflexion progressive**, comme la définition d'une notion ou une demande d'explication. Soit le sujet :

> En vous appuyant sur les œuvres étudiées au cours de l'année, ainsi que sur vos lectures et votre culture personnelles, vous vous demanderez quel rôle la littérature peut avoir dans les débats d'idées.

Voici le plan que vous pourriez adopter pour traiter ce sujet :

I. La littérature informe avant tout ses lecteurs sur la société et ses dysfonctionnements

II. La littérature développe également l'esprit critique de ses lecteurs qu'elle tire de leur ignorance

III. Enfin, la littérature s'efforce de modifier et d'améliorer le fonctionnement de la société

D Construire un plan détaillé

1. La démarche

- Le plan détaillé de la dissertation doit contenir deux ou trois parties, composées elles-mêmes d'au moins deux sous-parties (trois dans le cadre d'un plan en deux parties).
- Chaque partie se présente comme une **thèse** qu'il s'agit de justifier à l'aide d'arguments illustrés par des exemples. Chacun des arguments constituera une des sous-parties (voir p. 232).
- Le plan d'une dissertation doit être **dynamique** ; il doit restituer la **progression de la pensée**. Les idées directrices qui constituent la charpente de chacune des grandes parties doivent donc être organisées selon l'ordre le plus pertinent, des idées les plus évidentes au moins évidentes.

> Pour le choix des **exemples**, vous avez à votre disposition le corpus de textes que propose le sujet de bac. Mais, pour vous distinguer des autres candidats, n'hésitez pas à puiser dans votre « banque de données » personnelle.

2. Un exemple

Voici le plan dialectique détaillé du sujet de Flaubert cité en ouverture du chapitre.

I. Certes, les récits réalistes préfèrent se consacrer à des vies ordinaires

1. Des héros banals, aux destinées bien ternes, souvent pathétiques
Ex. : *Boule de Suif* de Maupassant, *Madame Bovary* de Flaubert… (voir p. 99)

2. Un cadre spatio-temporel ancré dans un réel peu exotique
Ex. : La France du XIXe siècle chez Balzac, Zola, Maupassant… (voir p. 98, 99, 102)

3. Des intrigues représentatives du commun des mortels
Ex : Une crise familiale dans *Pierre et Jean* de Maupassant… (voir p. 104)

II. Mais ils courent parfois le risque d'être déconsidérés par un public friand d'évasion et de rêve

1. Les lecteurs n'ont pas envie de lire des vies « ratées » ou trop proches de leurs préoccupations quotidiennes
Ex. : *Germinie Lacerteux* des frères Goncourt. (voir p. 102)

2. Les récits réalistes sont souvent désavoués car ils sont jugés laids et vulgaires
Ex. : les méfaits de l'alcoolisme dans *L'Assommoir* de Zola, dont certains passages argotiques ont beaucoup choqué. (voir p. 102)

3. Jugés immoraux et sordides, certains romans sont condamnés car susceptibles d'avoir une mauvaise influence
Ex. : le roman *Madame Bovary* fut jugé en 1857. (voir p. 99)

III. Cela dit, le talent de l'écrivain réaliste parvient à élever, à sublimer l'ordinaire

1. En organisant le réel, l'écrivain transforme un destin banal en une tragédie personnelle inéluctable
Ex. : descente aux enfers d'Emma Bovary ; disparition de Pierre chez Maupassant… (voir p. 104)

2. Certains moments ou lieux *a priori* ordinaires deviennent des objets esthétiques
Ex. : certaines descriptions de Maupassant ou de Zola sont semblables à des tableaux impressionnistes. (voir p. 109)

3. La transfiguration de l'action et des personnages par le recours à différents registres (épique, ironique, tragique, pathétique…)
Ex. : la mine de *Germinal* assimilée à un monstre dévorateur.

ZOOM

La méthode dialectique de Platon

▲ *L'École d'Athènes*, de Raphaël (1509-1511), musée du Vatican.

▸ Entre 1509 et 1512, Raphaël décore les appartements du pape au Vatican, à Rome. Il dessine une fresque représentant ***L'École d'Athènes***, hommage à la **philosophie antique**, en réunissant ses principaux penseurs. Au centre de l'œuvre, il en distingue deux : **Platon et Aristote** (ici en gros plan).

▸ Platon, le contemplatif, pointe son doigt vers le ciel ; Aristote, plus actif, montre le sol. Chacun tient sous son bras l'une de ses œuvres majeures.

▸ **À travers l'écriture de ses dialogues, Platon a vulgarisé la dialectique**, méthode de discussion où deux interlocuteurs d'opinions divergentes cherchent à se convaincre mutuellement. C'est ce type de raisonnement qui est repris dans le plan dialectique (thèse, antithèse, synthèse).

IV Introduire et conclure

A L'introduction

L'introduction ne peut être élaborée que lorsqu'on a déjà le plan. Elle débute par un alinéa et contient trois parties.

1. Amorcer le sujet

- Il faut délimiter le champ ou le domaine auquel appartient le sujet qui sera traité. **L'amorce** contribue déjà à orienter l'esprit du lecteur dans une certaine direction.
- Introduire de manière efficace le sujet peut consister, par exemple, à l'inscrire dans une perspective historique ou à le replacer au sein d'une grande question littéraire, en prenant garde, toutefois, de ne pas partir de trop loin.

> Les premières lignes sont décisives pour capter l'attention du lecteur ; il faut donc éviter les **amorces** passe-partout du genre : « De tout temps, l'homme… » ou « Un tel, le plus grand écrivain du… » suivi de son siècle.

2. Poser le sujet

Deux cas peuvent se présenter mais il faut toujours poser le sujet comme si le correcteur n'en avait pas eu connaissance.

- **Premier cas :** le libellé ne comporte pas de citation et le sujet apparaît sous la forme d'une question. Il faut s'approprier le sujet et faire comme si la question avait surgi dans votre esprit.
- **Second cas :** le libellé est constitué d'une citation qui peut être brève ou longue, et dont l'auteur est mentionné. Si celle-ci est brève, on peut la reprendre intégralement, avant de l'expliquer si son contenu est, par exemple, métaphorique ou obscur. Si elle est longue, il faut la reformuler puis en extraire les termes importants et les expliquer si nécessaire.

Ensuite, on veillera à problématiser le sujet, c'est-à-dire à le reformuler sous forme de question.

3. Annoncer le plan

C'est une étape indispensable, mais, comme pour le commentaire, il faut se garder de donner la réponse à la question soulevée par la dissertation. Formuler les différentes parties du plan sous la forme de questions peut permettre d'éviter cet écueil.

> Reliez l'annonce de chaque partie à la précédente au moyen de connecteurs pour faire ressortir la logique de votre réflexion.

4. Un exemple d'introduction

Voici maintenant une introduction possible au sujet portant sur la citation de Flaubert (voir p. 223).

[**Amorce**] Entré en littérature comme d'autres en religion, Flaubert n'a cessé de réfléchir aux problèmes posés par l'élaboration d'une œuvre romanesque. On retrouve cette préoccupation tout au long de sa correspondance.

[**Rappel du sujet, problématique**] Ainsi, dans l'une de ses lettres, écrit-il à un ami : « L'histoire d'un pou peut être plus belle que celle d'Alexandre. » À travers cette métaphore, Flaubert affirme que l'histoire de gens ordinaires peut être plus belle que celle de personnages exceptionnels. L'intérêt du roman réaliste ne tient donc pas au récit de destinées hors du commun ; la beauté de l'œuvre réaliste est à chercher ailleurs. Quelle part de vérité se cache derrière l'affirmation de Flaubert ? Dans quelle mesure est-elle justifiée ?

[**Annonce du plan**] Nous nous demanderons d'abord quels éléments peuvent amener à considérer un roman réaliste comme le récit d'une histoire ordinaire, puis nous mettrons en évidence les écueils d'un tel choix pour des lecteurs désireux de fuir leur quotidien. Nous montrerons enfin que l'essentiel réside dans le talent de l'écrivain, susceptible de transfigurer ces existences banales en véritables destins littéraires.

B La conclusion

Également introduite par un alinéa, mais plus courte que l'introduction, la conclusion ne contient que deux parties.

> Dans la mesure où l'introduction inaugure le devoir, et où la **conclusion** laisse la dernière impression au correcteur, il ne faut pas hésiter à les travailler au brouillon pour ensuite les recopier.

1. Récapituler

À ce moment du devoir, il est temps de dresser un bilan rapide de ce qui a été dit précédemment. La rapidité est une qualité importante. Il ne s'agit ni de refaire le devoir ni d'ajouter des idées ou des exemples nouveaux. Le but est simple : **apporter une réponse claire** à la question ou au problème soulevé en introduction.

2. Ouvrir des perspectives

Il faut prendre du recul en replaçant le problème dans une nouvelle perspective. Comment ? En le replaçant dans une perspective chronologique, en élargissant la thématique, ou en le situant dans une nouvelle problématique.

3. Un exemple de conclusion

Voici une conclusion possible au sujet portant sur la citation de Flaubert (voir p. 223).

[**Bilan rapide**] Pour provocante que soit la formule de Flaubert, elle n'en est pas moins juste. Un sujet flatteur n'est pas un gage de réussite. D'ailleurs, la production de Flaubert suffirait à montrer la validité de son propos : seule

l'écriture compte et elle est source de beauté puisqu'elle peut transformer le roman d'une vie ordinaire en objet esthétique, voire en mythe.
[Ouverture] La conception de Flaubert, qui accorde une telle primauté à l'écriture, annonce la littérature des temps modernes. Dans la lignée du créateur d'Emma Bovary, nombreux seront d'ailleurs les écrivains du XXe siècle à privilégier des personnages d'antihéros.

RÉCAPITULONS

- La dissertation se présente comme un exercice de démonstration qui vise à justifier et/ou réfuter une thèse.
- Analyser et décortiquer longuement le sujet permet d'éviter l'écueil le plus grave : le hors sujet.
- Suggéré par le libellé du sujet, le plan doit être élaboré avec rigueur et minutie. C'est grâce à lui que le devoir pourra répondre à la problématique posée.
- Des qualités de logique et d'organisation sont exigées tout au long du devoir, tant dans la construction du plan (thèse, argument, exemple) que dans celle de l'introduction et de la conclusion.

Rédiger un paragraphe

LA DÉMARCHE

Chaque paragraphe est une sous-partie qu'il faut rattacher à l'idée directrice de la grande partie dans laquelle il s'insère. Il est toujours structuré ainsi :
- un **alinéa** permet de signaler chaque nouvelle sous-partie ;
- un **connecteur logique** ou mot de liaison est suivi d'une phrase introductive qui amène le nouveau point traité ;
- un **argument** (ou idée générale) vient étayer ou réfuter la thèse énoncée par la partie ; il est illustré par un (ou deux) **exemple(s)** ;
- une **conclusion partielle** permet de mesurer la progression de l'argumentation et assure une transition avec la sous-partie suivante.

L'EXEMPLE COMMENTÉ

Voici la première sous-partie de la dissertation portant sur la citation de Flaubert : « Des personnages banals, aux destinées bien ternes » (voir plan p. 227).

____	rappel de l'idée énoncée par Flaubert
____	annonce de l'argument
____	exemple
____	conclusion

En privilégiant les existences ordinaires sur les destinées exceptionnelles, Flaubert rappelle les choix qui président à l'écriture réaliste : opter pour des sujets tirés de la réalité.
Les héros de ces récits sont révélateurs de cette volonté, puisqu'ils appartiennent à des catégories sociales modestes, voire déconsidérées. Ainsi, dans la nouvelle « Boule de Suif » de Maupassant, l'héroïne éponyme est une prostituée au grand cœur. Les destins de ces héros n'ont souvent rien d'exceptionnel, et certains romans évoquent plutôt des drames intérieurs, voire des tragédies individuelles ancrées dans le quotidien le plus banal. Ainsi l'idéaliste et romanesque Madame Bovary de Flaubert épouse-t-elle un petit médecin parfaitement médiocre. Sa pensée faite de clichés la conduit inéluctablement à la désillusion, puis à la mort.
Refusant toute évasion, partant tout surnaturel, les romanciers réalistes choisissent d'ancrer leurs personnages dans des cadres spatio-temporels parfaitement ordinaires, souvent inspirés de ce qu'ils ont sous les yeux.

S'ENTRAÎNER

Relevez d'abord les mots clés et commentez-les en définissant le domaine abordé. Reformulez la problématique en vous aidant des consignes.

1 Analysez les divers sujets de dissertation proposés ci-dessous et indiquez quelle piste de plan vous est ainsi suggérée.

a. L'écriture poétique vous paraît-elle un instrument de dénonciation efficace ? Vous répondrez à cette question en un développement composé, prenant appui sur les textes que vous avez étudiés en classe et vos lectures personnelles.

b. Pour Georges Duhamel, « Le romancier est l'historien du présent ». Comment ce jugement s'applique-t-il idéalement aux écrivains réalistes du XIXe siècle ? Vous répondrez à cette question par un développement argumenté susceptible d'étayer le propos de l'auteur.

c. Les aspects comiques d'une pièce ne servent-ils qu'à faire rire ? Pour répondre à cette question, vous vous appuierez sur les textes du corpus ainsi que sur les pièces que vous aurez lues ou dont vous aurez vu une représentation.

OBJECTIF BAC

Dissertation

2 Traitez le sujet de dissertation suivant.

L'écriture poétique vous paraît-elle un instrument de dénonciation efficace ? Vous répondrez à cette question en un développement composé, prenant appui sur les textes que vous avez étudiés en classe et vos lectures personnelles.

POUR VOUS AIDER

- Reprenez le travail élaboré pour ce sujet dans la partie « S'entraîner ».
- Chacun de vos exemples doit être impérativement commenté afin d'appuyer votre thèse.
- Pensez aux liens logiques pour faire avancer votre argumentation.
- Rédigez au brouillon l'introduction, les transitions et la conclusion.

S'ENTRAÎNER

Attention, l'examinateur ne vous demande pas votre opinion ! Des formules comme « vous paraît » ou « vous répondrez à cette question » ne sont que des conventions. On veut avant tout vous voir réfléchir.

1 a. Domaine : la poésie et surtout la poésie engagée. On pense bien sûr à la poésie romantique (Victor Hugo) ou à la poésie surréaliste (textes de la Résistance).

Problématique : Le genre poétique constitue-t-il une voie idéale pour faire passer des messages et pousser le lecteur à se rebeller contre l'inacceptable ?

Plan : dialectique.
I. Certes, la poésie constitue un instrument de dénonciation efficace
II. Mais les spécificités du genre peuvent nuire à sa force critique
III. Enfin, la chanson, cet avatar de la poésie, peut proposer une écriture poétique engagée

b. Domaine : les romans réalistes du XIXe siècle (Balzac, Maupassant, Flaubert, Zola...).

Problématique : En quoi les romanciers réalistes se nourrissent-ils du présent qu'ils tentent de décrypter, à la manière d'un historien ?

Plan : thématique, car on ne vous demande pas de réfuter cette thèse, mais simplement de l'« étayer ».
I. Le romancier s'inspire de la réalité qu'il a sous les yeux pour écrire son œuvre
II. À la façon d'un historien, il déchiffre le réel et lui donne un sens
III. Le romancier s'intéresse à des questions universelles, qui s'ancrent dans l'actualité de tout lecteur

c. Domaine : les fonctions du théâtre comique de toutes les époques (de l'Antiquité à nos jours).

Problématique : Le propre du théâtre comique est évidemment de faire rire, mais ne cherche-t-il pas aussi à nous confronter à nos ridicules, à dénoncer les défauts humains ?

Plan : concessif.
I. Certes, la vocation première du théâtre comique est de divertir et d'amuser le spectateur
II. Mais il n'en reste pas moins que la comédie sert aussi à « corriger les vices des hommes » (Molière)

OBJECTIF BAC

2 Voici une proposition de corrigé sous la forme d'un plan détaillé.

Chaque partie du devoir commence par un aliéna, tout comme chaque sous-partie. Cette exigence de mise en page facilite la lecture de votre copie.

Introduction

[Amorce] Dans un contexte historique précis (querelles religieuses, guerres, libertés menacées, injustices, misère sociale...), certains poètes décident de prendre leur plume pour s'engager dans une cause. En 1853, Victor Hugo, alors en exil, publie clandestinement son recueil *Les Châtiments* pour traduire son opposition violente à Napoléon III.
[Problématique] Un tel choix nous conduit à nous pencher sur le genre poétique et sa capacité à dénoncer des situations scandaleuses, pour faire réfléchir le lecteur et l'exhorter à l'action.
[Annonce du plan] Dans une première partie, nous montrerons que la poésie constitue un instrument de dénonciation efficace, puis nous expliquerons en quoi certaines de ses spécificités peuvent au contraire desservir le poète dans sa mission. Enfin, nous nous intéresserons à la chanson, cet avatar d'une écriture poétique engagée.

I. Certes, la poésie constitue un instrument de dénonciation efficace

1. Grâce à son écriture imagée, la poésie est **accessible à tous**. La brièveté des textes permet de condenser le propos, de le rendre plus percutant.
Ex. : le poème d'appel à la résistance d'Éluard « Paris a faim » (voir p. 150).

2. De par sa singularité, la poésie **marque les esprits** et martèle efficacement les idées (musicalité, refrains, jeux de sonorités). Elle peut donc servir énergiquement un discours de propagande.
Ex. : « Chanson » de Victor Hugo (voir p. 46-47).

3. La poésie demande parfois à être **décryptée** ; elle constitue alors un excellent moyen de faire passer un message sans être inquiété.
Ex. : la fable « Les Obsèques de la Lionne » de La Fontaine dénonçant l'autocratie de Louis XIV ou le poème allégorique d'Aragon « La Rose et le Réséda » incitant le peuple français à se rebeller contre l'occupation allemande.

[Transition] Désireuse de révolutionner la société, la poésie surréaliste peine cependant parfois à délivrer efficacement des messages. De fait, un grand nombre de lecteurs la juge hermétique, voire élitiste, et donc incompatible avec la mission qu'elle s'était fixée. À l'instar de la poésie surréaliste, l'écriture poétique n'est pas toujours adaptée à la dénonciation du fait de sa forme singulière.

Dans une dissertation manuscrite, les titres d'œuvre sont soulignés, tandis que les titres de poèmes ou de nouvelles figurent entre guillemets. Toute citation doit être placée entre guillemets.

II. Mais les spécificités du genre poétique peuvent nuire à sa force critique

1. La poésie est souvent perçue comme **difficile d'accès** parce qu'elle nécessite des capacités d'interprétation, de déchiffrement. La choisir comme arme peut être risqué : aujourd'hui genre mineur, la poésie peine à trouver son public.
Ex. : la plupart des poètes d'aujourd'hui ne sont publiés que dans des revues confidentielles ; aucun de leurs recueils n'apparaît dans les meilleures ventes de livres.

2. Puisque la poésie se doit de respecter certaines règles, elle n'a **pas toujours toute latitude pour dénoncer des comportements**. Traditionnellement, elle parle d'amour, de sentiments nobles ou de souffrances. La trivialité des moqueries ou des condamnations semble donc incompatible avec de tels objectifs.
Ex. : au XVIIIe siècle, siècle de contestation et de révolution, la poésie est un genre mineur, véritablement délaissé.

3. À force d'être didactique, la poésie risque de perdre son âme. La recherche d'arguments, de procédés de persuasion, le souci de la clarté et de la précision peuvent entamer sérieusement la beauté du texte poétique. La plupart des recueils poétiques majeurs se proposent de créer un univers parallèle propice à l'évasion.
Ex. : pour accéder à l'Idéal de Baudelaire, ne faut-il pas fuir le Spleen engendré par la réalité terrestre ?

[Transition] Le carcan dans lequel le genre poétique s'est souvent enfermé tend à disparaître dès lors que l'écriture poétique se fait chanson populaire, au service d'une cause défendue par son auteur.

III. La chanson, un avatar de la poésie engagée

1. Un certain nombre de chanteurs mettent en musique des poèmes, afin de les **faire connaître à un large public**.
Ex. : Jean Ferrat, militant communiste, chante des poèmes d'Aragon.

2. La chanson est idéale pour faire entendre la **voix de l'auteur engagé**.
Ex. : certains interprètes possèdent des intonations, des accents propres à ébranler l'auditeur (Renaud ou Léo Ferré).

3. Des genres musicaux modernes allient poésie et musique, tels que le rap ou le slam.
Ex. : Le chanteur Abd El Malik met sa musique au service d'un discours de tolérance.

Conclusion

[Bilan] Grâce à la force de ses images et de sa musicalité, la poésie constitue un atout remarquable pour un auteur désireux d'exprimer sa révolte, de partir au combat. Pourtant, ce genre n'est pas toujours accessible à tous et parvient parfois difficilement à faire réfléchir et agir le public visé. La chanson, avatar populaire de la poésie, semble un bon compromis, puisqu'elle tire parti des atouts de l'écriture poétique (rythme, images, évocation des sens...) pour inviter le public à la lutte. **[Ouverture]** Pour autant, l'une des fonctions de la littérature, quel que soit le genre choisi, reste bien l'implication de l'artiste dans la société et la dénonciation des travers humains. L'écriture devient un vecteur de communication exceptionnel. Écrivain très engagé, Jean-Paul Sartre résume cela dans la formule célèbre : « J'ai pris ma plume pour une épée. »

La présentation de votre devoir doit être suffisamment claire pour qu'on puisse en comprendre la structure sans le lire. Sautez une ligne entre l'introduction et le développement de votre devoir, entre les différentes parties, puis entre le développement et la conclusion. En revanche, ne sautez pas de ligne dans les parties qui doivent chacune former un bloc cohérent.

CHAPITRE

17 L'écriture d'invention

Pour traiter ce type de sujet, le candidat doit s'appuyer sur un ou plusieurs textes du corpus qui lui servent de référents, voire de modèles. Il doit donc savoir repérer et comprendre les enjeux et les spécificités littéraires des textes modèles afin de s'en inspirer dans son travail personnel.

L'écrit d'invention ne saurait être un simple écrit d'imagination, puisqu'il se structure souvent autour d'une argumentation, dans le respect des contraintes édictées par le sujet.

I Lire et comprendre le sujet

A Déterminer le type d'écriture demandé

1. La transposition

Dans ce type d'exercice, il vous est demandé de **transformer un texte** que vous avez préalablement étudié et analysé.

On peut vous demander par exemple de changer un texte comique en un texte tragique, de faire d'un texte élogieux un blâme, etc.

2. La réécriture

- Ce genre de sujet vous invite à **imiter le style** d'un auteur, l'écriture d'un texte.
- La réécriture peut être neutre : dans ce cas, il s'agit d'un **pastiche**. Vous reprenez simplement le style, les structures de phrases d'un texte.
Lorsqu'il s'agit d'une **parodie**, on vous demande de reprendre le style de l'auteur pour vous en moquer et tourner le texte en dérision.

3. L'invention argumentative

- Dans ce type d'exercice, on vous demande de **développer un texte argumentatif** que vous imaginez.
- Ce texte, selon la consigne, peut prendre sous la forme d'un discours, d'une lettre, d'un dialogue...

B Respecter les consignes

L'écriture d'invention est un exercice difficile car vous devez non seulement faire preuve d'originalité, mais aussi et surtout de rigueur.

1. Repérer le genre du texte

La consigne vous indique quel genre vous devez produire. Votre récit peut prendre des formes aussi variées que celles de l'article, de la lettre, du conte philosophique, du monologue théâtral, du discours politique, etc.
Chaque genre impose ses règles : il faut les respecter. (Pour revoir celles-ci, reportez-vous aux pages 79, 110 et 173.)

2. Respecter la situation d'énonciation

Quel que soit l'exercice demandé, vous devez déterminer **qui sont le locuteur et son destinataire**, quel est le but de l'énonciation et quel est le contexte ou cadre spatio-temporel (voir p. 9).

3. Déterminer le registre du texte

- Ce choix se fait en fonction des **sentiments ou réactions qu'il s'agit de susciter** chez le destinataire (voir p. 64).

- Le registre peut toutefois être imposé en fonction du type d'écriture : s'il s'agit d'une réécriture ou d'une transposition de texte, la consigne donnera bien souvent des informations sur ce point.

4. Recourir aux procédés stylistiques

Il est impératif d'utiliser des procédés stylistiques précis, propres au choix du texte (voir p. 51).

- Par exemple, dans un discours, il faudra obligatoirement utiliser l'apostrophe, des impératifs, des phrases exclamatives, des questions oratoires, etc.

- Dans le cas d'un réquisitoire (texte d'accusation virulent), vous recourrez à des termes péjoratifs, des hyperboles, des métaphores et comparaisons dévalorisantes, etc.

- Dans le cas d'une transposition ou d'une réécriture, à vous de repérer les procédés stylistiques du texte modèle pour se les réapproprier.

5. Dégager une stratégie argumentative

De nombreux écrits d'invention portent sur l'argumentation : il s'agit d'**exprimer une thèse**, de convaincre ou de persuader un interlocuteur.

- S'il s'agit d'une transposition de texte ou d'une réécriture, il faut veiller à bien respecter l'objectif demandé (doit-on, par exemple, faire l'éloge ou bien le blâme de quelqu'un ?).

- S'il s'agit d'une invention argumentative, vous êtes à peu près libre de choisir votre stratégie et de mener votre raisonnement à votre guise, tout en respectant les consignes.

II Préparer le travail d'invention

A Établir la liste des contraintes

- Au brouillon, il faut établir une **liste des contraintes à respecter** impérativement et la garder au moment de la rédaction sous les yeux pour ne jamais s'en écarter (voir plus haut la nature de ces contraintes).
- Il faut **relire le corpus** et se remémorer les textes lus et étudiés pendant l'année afin de trouver les idées, arguments, exemples que l'on pourra exploiter dans le devoir.

B Construire un plan

- Avant de se mettre à rédiger un texte, un **plan précis** doit être élaboré au brouillon. L'écrit d'invention doit en effet posséder une cohérence logique et obéir à une progression.
- Si le sujet demande, par exemple, de poursuivre une argumentation ou de la réfuter, il est indispensable d'organiser les arguments selon un enchaînement rigoureux et logique (du plus évident au plus subtil).

S'il s'agit de réécrire un texte, de le transposer dans un autre genre, un autre registre, vous devez prendre en considération l'organisation du texte modèle est indispensable.

N'imaginez surtout pas que l'écrit d'invention se réduise à un propos personnel, écrit au fil de la plume et dépourvu de structure rigoureuse. **Il doit être aussi construit qu'une dissertation ou un commentaire.**

III Rédiger l'écrit d'invention

A Respecter la mise en page

- Le devoir doit respecter **les codes et la mise en page** imposés par le sujet.
- Ainsi, le texte théâtral suppose l'utilisation de didascalies et la répétition du nom des personnages avant chaque réplique. La lettre exige une adresse au destinataire, un nom de lieu, des formules de politesse. Le discours se veut solennel et s'adresse à un public qu'il désigne précisément.
- La présentation est essentielle car elle montre immédiatement au correcteur si la consigne a été ou non comprise.

ZOOM

Deux caricatures d'écrivains : Flaubert et Zola

◂ Caricature de Gustave Flaubert, de Jean Lemot (1869), BNF, Paris.

Caricature d'Émile Zola, d'André Gill, BNF, Paris. ▸

▸ Flaubert et Zola sont ici **représentés de façon caricaturale**, comme le prouvent la disproportion entre la taille de leur tête et celle de leur corps, ou certains détails exagérément grossis. Ces dessins évoquent le **travail de l'écrivain**.

▸ Tel un médecin légiste, Flaubert se tient aux côtés du cadavre d'Emma Bovary dont il a retiré le cœur au scalpel. Du sang coule dans un encrier, manière imagée de rappeler que l'auteur a conçu son roman comme une analyse des frustrations et des désillusions qui conduisent son héroïne au suicide.

▸ Zola est assis sur quatre de ses romans, ses attributs d'écrivain – l'encrier et la plume – à sa gauche. À l'aide d'une loupe, il observe minutieusement un homme miniature, le romancier s'apparente à un scientifique qui trouve son inspiration dans l'étude de ce qu'il appelle « la machine humaine » (voir p. 102).

B Respecter une progression

- Comme les autres exercices proposés au baccalauréat (dissertation ou commentaire), l'écrit d'invention doit observer une progression logique. Sur le plan formel, cela se traduit par l'emploi de connecteurs, des passages à la ligne.
- La plupart des sujets méritent d'être introduits (présentation de la situation, des personnages en présence, entrée en matière) et conclus (dénouement, situation finale, victoire de l'un des locuteurs, etc.).

C Respecter le style du texte modèle… tout en recherchant l'originalité

- L'expression, le style du devoir doit s'inspirer du/des texte(s) modèle(s) et être approprié au contenu et à l'effet recherchés.
- Il faut notamment respecter le niveau de langue choisi par l'auteur et éviter les expressions anachroniques.
- Cependant l'**originalité** est un atout : n'hésitez pas à sortir des sentiers battus ! Tant que vous respectez les consignes, tout ce qui vous permettra de distinguer votre copie des autres est à tenter.

La présence d'effets littéraires, de figures de style choisies à bon escient, est un gage de réussite ! Ce type de sujet vous invite à **passer d'une écriture scolaire à une écriture littéraire.**

RÉCAPITULONS

- L'écrit d'invention implique que l'élève ait bien identifié les spécificités des textes du corpus dont il doit s'inspirer, ainsi que les contraintes que le sujet fixe.
- Ce travail d'écriture est souvent argumentatif, c'est pourquoi il doit être présenté d'une manière organisée. Il ne saurait être un devoir écrit dans l'improvisation la plus totale. En cela, il reste proche du commentaire et de la dissertation.
- Ce sujet, finalement très littéraire, invite l'élève à se glisser dans la peau d'un écrivain, puisqu'il doit rechercher une idée originale, exploiter des figures de style et autres procédés.

Construire un dialogue argumenté

LA DÉMARCHE

- Partez des deux thèses qui s'affrontent et imaginez les **interlocuteurs**.
- Élaborez les arguments et contre-arguments, comme les exemples, et insérez-les dans un **plan détaillé**.
- Terminez la discussion sur la victoire de l'un des locuteurs, le *statu quo* ou la formulation d'une nouvelle thèse, d'un nouveau sujet de conflit.
- Pour donner l'impression d'un vrai débat, utilisez des procédés comme les apostrophes, les questions rhétoriques, l'ironie, les hyperboles…

L'EXEMPLE COMMENTÉ

Soit le sujet : *Deux interlocuteurs confrontent leurs points de vue sur la littérature. Pour l'un, toute œuvre littéraire parle aux hommes d'aujourd'hui. Pour l'autre, une œuvre littéraire ne peut être comprise et appréciée que par des lecteurs contemporains de l'auteur. Sous la forme d'un dialogue animé, imaginez cet échange.*

- Le **premier locuteur** plaide pour la dimension universelle de toute œuvre littéraire. Il peut être calme et paraître pédagogue dans son discours. Le **second** estime au contraire qu'une œuvre littéraire ne parle qu'à ses contemporains ; il peut être plus virulent et animé d'un enthousiasme qui frise l'intolérance.

- **Plan possible :**

– **1er argument du 1er locuteur :** les thèmes abordés par la littérature sont universels et touchent n'importe quel individu.
Ex. : le roman de l'amour impossible (*Roméo et Juliette, Tristan et Iseult*).

– **1er contre-argument du 2e locuteur :** le thème est traité à travers un contexte historique précis qui peut rendre l'œuvre difficilement accessible.
Ex. : *Tristan et Iseult*, roman du Moyen Âge, est rempli de dragons, de chevaliers et d'idéaux moraux démodés, et, plus dissuasif, est rédigé en ancien français.

– **2e argument du 1er locuteur :** les auteurs connaissent un succès posthume ; en avance sur leur temps, ils ne sont pas appréciés par des lecteurs contemporains.
Ex. : après avoir été détesté par ses contemporains, Rousseau est aujourd'hui reconnu comme une figure marquante du siècle des Lumières.

– **2e contre-argument du 2e locuteur :** certains auteurs se démodent ; leurs œuvres deviennent des références littéraires, mais personne ne les lit plus.
Ex. : les libraires vendent plus facilement des romans d'Amélie Nothomb que *La Divine comédie* de Dante.

Imiter un texte

LA DÉMARCHE

Un **pastiche** vise à imiter le style d'un écrivain, en reprenant ses constructions de phrases ; il relève d'un simple jeu, d'une démarche humoristique. C'est un exercice différent de la **parodie** qui détourne le texte pour s'en moquer.

- Repérez dans le texte à imiter **ce qui fait son originalité** : champs lexicaux, énonciation, structure des phrases, registres, figures de style...
- **Identifiez le thème** abordé par l'auteur et la manière dont son texte est organisé. Vous rapprocherez ces éléments du sujet tel qu'il vous est posé, et de ses consignes.
- Réfléchissez ensuite aux **moyens de vous distinguer du texte source**, tout en respectant sa trame, son style, son énonciation.
- **Isolez quelques constructions et effets de style** particulièrement significatifs pour les reprendre et les imiter.

L'EXEMPLE COMMENTÉ

Racine, Boileau et Furetière ont parodié Le Cid *(1637) de Corneille dans* Le Chapelain décoiffé *(1664). Vous allez lire un extrait de l'acte I, scène 4 du* Cid, *puis sa parodie.*

- Voici le texte d'origine. Il s'agit de la tirade de Dom Diègue, père de Rodrigue. Il vient de subir un affront, mais sa vieillesse l'empêche de se battre pour obtenir réparation.

« Ô rage ! ô désespoir ! ô vieillesse ennemie !
N'ai-je donc tant vécu que pour cette infamie ?
Et ne suis-je blanchi dans les travaux guerriers
Que pour voir en un jour flétrir tant de lauriers ?
Mon bras qu'avec respect toute l'Espagne admire,
Mon bras, qui tant de fois a sauvé cet empire,
Tant de fois affermi le trône de son roi,
Trahit donc ma querelle, et ne fait rien pour moi ?
Ô cruel souvenir de ma gloire passée !
Œuvre de tant de jours en un jour effacée !
Nouvelle dignité fatale à mon bonheur !
Précipice élevé d'où tombe mon honneur !
Faut-il de votre éclat voir triompher le comte,
Et mourir sans vengeance, ou vivre dans la honte ?

Comte, sois de mon prince à présent gouverneur ;
Ce haut rang n'admet point un homme sans honneur ;
Et ton jaloux orgueil par cet affront insigne
Malgré le choix du roi, m'en a su rendre indigne.
Et toi, de mes exploits glorieux instrument,
Mais d'un corps tout de glace inutile ornement,
Fer jadis tant à craindre, et qui, dans cette offense,
M'as servi de parade, et non pas de défense,
Va, quitte désormais le dernier des humains,
Passe, pour me venger en de meilleures mains. »

Corneille, *Le Cid*, I, 4 (1637).

Voici maintenant sa parodie. La célèbre tirade est reprise par un auteur nommé Chapelain.

« Ô rage ! ô désespoir ! ô Perruque m'amie !
N'as-tu donc tant duré que pour cette infamie ?
N'as-tu trompé l'espoir de tant de perruquiers
Que pour voir en un jour flétrir tant de lauriers ?
Nouvelle pension fatale à ma calotte !
Précipice élevé qui te jette en la crotte !
Crüel ressouvenir de tes honneurs passez,
Services de vingt-ans en un jour effacez !
Faut-il de ton vieux poil voir triompher la Serre ?
Ou te mettre crottée, ou te laisser à terre ?
La Serre, sois d'un roi maintenant regalé,
Ce haut rang n'admet pas un Poëte pelé ;
Et ton jaloux orgueil par cet affront insigne,
Malgré mes masles vers m'en a sçeu rendre indigne.
Et toi de mes travaux glorieux instrument,
Mais d'un esprit de glace inutile ornement,
Plume jadis vantée, et qui dans cette offense
M'as servi de parade et non pas de défense,
Va, quitte désormais le dernier des humains,
Passe pour me venger en de meilleures mains. »

Racine, Boileau et Furetière, *Le Chapelain décoiffé* (1664).

— passage repris à l'identique

Vers dont les auteurs ont changé la place et qu'ils ont imités en prenant d'importantes libertés.

Éléments relevant de la parodie.

S'ENTRAÎNER

1 Pour chacun de ces sujets, dites quel est le domaine abordé, les mots-clés et la consigne. Indiquez ensuite le genre et la situation d'énonciation, les registres et les procédés stylistiques utilisés.

a. Vous venez de découvrir un CD mettant en musique vos poèmes préférés. Dans une lettre adressée à la maison de disques, vous ferez part de votre enthousiasme ou de votre déception en justifiant votre point de vue et en vous référant à des textes précis.

b. Une troupe de comédiens amateurs répète une scène de la pièce qu'ils travaillent. L'un des leurs occupe le rôle du metteur en scène. Il entre en conflit avec les autres comédiens. Sous la forme d'un dialogue théâtral, imaginez cette répétition.

OBJECTIF BAC

Écriture d'invention

2 Après avoir pris connaissance du texte de Diderot, traitez le sujet suivant.

À la manière de Diderot, inventez le dialogue qui mettra face à face deux lecteurs. L'un sera partisan des romans qui reproduisent le réel dans sa totalité, jusqu'à en exprimer la laideur ; l'autre préfèrera les romans nés de l'imagination de l'auteur (science-fiction, récits fantastiques, féeriques...).

Dans son ouvrage Paradoxe sur le comédien, *Diderot fait dialoguer deux interlocuteurs, dont le premier est en quelque sorte le porte-parole de l'auteur. Ils abordent les problèmes du jeu de l'acteur et de la création dramatique.*

« LE PREMIER. – Connaissez-vous une situation plus semblable à celle d'Agamemnon dans la première scène d'*Iphigénie* que la situation de Henri IV lorsque, obsédé de terreurs qui n'étaient que trop fondées, il disait à ses familiers : « Ils me tueront, rien n'est plus certain ; ils me tueront… » ? Supposez que cet excellent homme, ce grand et malheureux monarque, tourmenté la nuit de ce pressentiment funeste, se lève et s'en aille frapper à la porte de Sully, son ministre et son ami ; croyez-vous qu'il y eût un poète assez absurde pour faire dire à Henri :

Oui, c'est Henri, c'est ton roi qui t'éveille ;
Viens, reconnais la voix qui frappe ton oreille...

et faire répondre à Sully :

C'est vous-même, seigneur ! Quel important besoin
Vous a fait devancer l'aurore de si loin ?
À peine un faible jour vous éclaire et me guide,
Vos yeux seuls et les miens sont ouverts !...

LE SECOND. – C'était peut-être là le vrai langage d'Agamemnon.

LE PREMIER. – Pas plus que celui de Henri IV. C'est celui d'Homère, c'est celui de Racine, c'est celui de la poésie ; et ce langage pompeux ne peut être employé que par des êtres inconnus, et parlé par des bouches poétiques avec un ton poétique. »

Denis Diderot, *Paradoxe sur le comédien* (éd. posth. 1830).

POUR VOUS AIDER

- Reformulez les deux thèses en présence, puis recensez les arguments et exemples qui vous viennent à l'esprit, ainsi que les procédés du registre polémique.
- Vous pouvez aussi explorer le domaine du cinéma (cinéma réaliste et à l'opposé cinéma fantastique) pour trouver d'autres arguments.
- Faites enfin un inventaire des exemples de romans susceptibles de correspondre à l'une ou l'autre des thèses. Pour les romans réalistes, vous pouvez vous aider des références du chapitre 9.

S'ENTRAÎNER

1 **a.** La mise en musique d'un poème grandement apprécié.

Mots clés : « découvrir » « disque », « musique », « poèmes préférés », « lettre », « maison de disques », « enthousiasme », « déception ».

Consigne : « Vous ferez part [...] en justifiant votre point de vue et en vous référant à des textes précis. »
Il est obligatoire de choisir entre l'éloge ou le blâme, puis d'argumenter précisément pour défendre la position adoptée.

Genre et situation d'énonciation : une lettre officielle, rédigée à la 1re personne et adressée à la maison de disques (son directeur, un producteur...) dans un registre soutenu, et respectant les codes de la politesse.

Registres : polémique pour le blâme, lyrique pour l'éloge.

Procédés : ironie, termes à connotation négative et ponctuation expressive pour la critique du produit musical. Lexique et métaphores valorisants, figures de l'amplification et de l'insistance, pour l'éloge. Des exemples poétiques sont à utiliser.

b. La répétition d'une scène de théâtre.

Mots clés : « répétition », « metteur en scène », « conflit avec les autres comédiens ».

Consigne : « sous la forme d'un dialogue théâtral, imaginez... »
Puisque le sujet du conflit n'est pas indiqué, l'élève a toute latitude pour inventer celui qui lui plaît.

Genre et situation d'énonciation : un dialogue qui oppose le metteur en scène aux acteurs. Le désaccord peut porter sur des choix scéniques, le choix d'une pièce ou la répartition des rôles.

Registres : polémique ou satirique.

Procédés : apostrophes, interruptions matérialisées par les points de suspension, interjections, ponctuation expressive, répétitions, oppositions...

OBJECTIF BAC

2 Voici une proposition de corrigé. Les mots repris du texte de Diderot apparaissent en rouge.

LE PREMIER. – **Connaissez-vous** rien de plus absurde que ces romans peuplés d'intrigues extravagantes, de créatures monstrueuses nées de l'imagination fertile d'un auteur ? **Supposez que** vous lisiez *Le Seigneur des anneaux* de Tolkien, comment pouvez-vous une seule minute croire à ce monde inventé qu'est la « Terre du

Milieu » ? Comment pouvez-vous lire les combats auxquels se livre la « Communauté de l'Anneau » contre les terrifiants « Orques », sans avoir envie de sourire ?

Croyez-vous vraiment que l'on puisse se sentir impliqué dans une œuvre qui ne possède aucun point commun avec notre société ?

> La première phrase débute par une **question rhétorique**. On en repère une autre commençant par « Croyez-vous vraiment... ? ». Dans la deuxième phrase, notez l'anaphore « Comment pouvez-vous ».

Non, je vous le répète, je préfère les romans tirés de la réalité. Leurs personnages ne sont certes pas héroïques, mais ils nous ressemblent, de sorte que nous nous identifions aisément à eux.

LE SECOND. – **C'est peut-être** une littérature proche de nos préoccupations, mais ce qu'elle raconte est loin d'être dépaysant ! Personnellement, je n'ai aucune envie de retrouver dans un livre mon morne quotidien. Dans ses romans, Maupassant met en scène des héros aux existences ratées, voire tragiques, quand Zola nous donne à voir les méfaits de l'alcoolisme chez les ouvriers de *L'Assommoir*. La littérature est un art, pas un égout ; j'attends d'elle qu'elle m'élève l'âme et facilite mon évasion. Les défauts des hommes, la laideur du monde qui nous entoure, il me suffit de l'avoir sous les yeux !

> Les **points d'exclamation** indiquent l'indignation du personnage qui a, de plus, recours à un certain nombre de **mots péjoratifs** comme « ratées », « tragiques », « égout », « laideur » et mélioratifs comme « art », « élève l'âme », « évasion ».

LE PREMIER. – S'adonner exclusivement à la littérature d'évasion, **c'est** la promesse d'un avenir malheureux, la certitude d'une existence pétrie de frustrations et de désillusions ! Flaubert ne dit pas autre chose quand il crée son héroïne Emma Bovary. Comme Don Quichotte, celle-ci s'est perdue dans la littérature romanesque, fuyant la réalité. N'a-t-elle pas, **hélas**, fini par se donner la mort, tant la vie l'avait déçue ? Ne voyez-vous pas au contraire que les auteurs réalistes nous forcent à penser ? Ils nous aident à réfléchir sur la société, à nous remettre en cause individuellement par l'exemple des conflits déclenchés par les passions et l'étude des caractères...

> Le locuteur, pour marquer son désarroi, utilise l'**interjection** « hélas ». Il n'a pas le temps de finir sa phrase que son interlocuteur l'interrompt, ce qui se traduit par des **points de suspension**.

LE SECOND. – Votre argumentation est brillante ! J'en suis ébloui ! Pourtant, vous semblez oublier que les romans nés d'une pure imagination donnent aussi à réfléchir, puisqu'ils remettent souvent en cause les maux de la vie sociale. Les romans d'anticipation sont ainsi le moyen de représenter les dysfonctionnements et dérives d'une société qui angoissent l'écrivain. *Le Meilleur des mondes* d'Huxley met en scène un univers dont les habitants sont créés de façon artificielle, dans des éprouvettes. Conditionnés dès leur naissance à occuper telle ou telle fonction dans la société, ils ne ressentent aucune émotion et peuvent oublier leurs soucis dans une drogue appelée soma. En 1932, l'auteur dénonce une société déshumanisée, tombée sous le joug du progrès scientifique et technique. Ce roman est le fruit de l'imagination d'Huxley ; pratiquement rien de ce qu'il raconte ne s'inspire de ce qu'il a sous les yeux. Ce roman nous berce-t-il d'illusions, endort-il notre esprit critique ? J'en doute !

Les deux premières phrases exclamatives se veulent **ironiques**. La dernière question est rhétorique : *Le Meilleur des mondes* n'endort pas notre esprit critique, au contraire !

LE PREMIER. – Vous avez raison, je vous l'accorde. Mais reconnaissez au moins que ce livre me donne aussi un certain crédit. Finalement, vous l'avez apprécié pour son génie visionnaire parce qu'il parle des déviances de notre société : l'eugénisme, le clonage, l'amour inconsidéré pour la consommation et le divertissement, qui fait de certains de nos contemporains des esclaves amoureux de leur servitude.

Les **esclaves amoureux de leur servitude** désignent les contemporains. Il s'agit d'une métaphore paradoxale : l'image, exagérée, est au service de l'argumentation.

Reconnaissez au moins que ce qui vous plaît dans ce livre, c'est la façon dont il nous parle de nous, dont il nous force à jeter sur notre société un regard critique, en un mot son réalisme !

La **répétition** « reconnaissez » permet d'interpeller efficacement l'interlocuteur pour mieux le convaincre encore et emporter son adhésion.
La dernière phrase se clôt sur une contre-argumentation qui ressemble à un **retournement de situation** : le livre d'Huxley vaudrait non pour son aspect visionnaire mais pour son réalisme.

Annexes

Index

A

B

C

D

E

F-G

H-I

	XVIe siècle	XVIIe siècle	XVIIIe siècle
Mouvements littéraires	**la Renaissance, l'humanisme, la Pléiade**	**le baroque** et **le classicisme**	**les Lumières**
Mots-clés	humanisme • foi en l'homme • découvertes • imitation de l'Antiquité • érudition	Baroque : refus des modèles • outrance • irrégularité Classicisme : • harmonie • bienséances • imitation de l'Antiquité	raison • relativisme • tolérance • contestation de l'ordre établi • bonheur sur Terre
Littérature	• Rabelais, *Gargantua* (1534) • Du Bellay, *Défense et illustration de la langue française* (1549), *Les Regrets* (1553-1558) • Ronsard, *Les Amours* (1552) • Montaigne, *Les Essais* (1572)	• Agrippa d'Aubigné, *Les Tragiques* (1616) • Corneille, *L'Illusion comique* (1635) • Molière, *Dom Juan* (1665) • La Fontaine, *Fables* (1668) • Racine, *Phèdre* (1677) • Madame de Lafayette, *La Princesse de Clèves* (1678)	• Montesquieu, *Lettres persanes* (1721) • Marivaux, *Le Jeu de l'amour et du hasard* (1730) • Diderot et d'Alembert, *L'Encyclopédie* (1751) • Voltaire, *Candide* (1759) • Beaumarchais, *Le Mariage de Figaro* (1778)
Histoire des arts	• châteaux de la Loire • Léonard de Vinci, *La Joconde* (1506) • Michel-Ange, *La chapelle Sixtine*	• Château de Versailles • Le Bernin, *Apollon et Daphné* (1622-1625) • Poussin, *L'Enlèvement des Sabines* (1635)	• Watteau, *Embarquement pour Cythère* (1717) • David, *Le Serment des Horaces* (1785) • Mozart, *La Flûte enchantée* (1791)
Repères historiques	• François Ier • guerres de religion, Réforme • grandes découvertes, invention de l'imprimerie	• Louis XIV : la monarchie absolue • jésuites et Contre-Réforme, jansénisme • fondation de l'Académie française	• Révolution française • anticléricalisme • invention de la machine à vapeur

	XIXe siècle			XXe siècle
Mouvements littéraires	**le romantisme (1820-1850)**	**du réalisme au naturalisme (1830-1890)**	**le symbolisme (1870-début XXe)**	**surréalisme, existentialisme, théâtre de l'absurde, nouveau roman…**
Mots-clés	le moi • passions • mal du siècle • sentiment de la nature	primauté de la réalité • conscience sociale • objectivité scientifique	correspondances • idéal • spleen • perfection formelle	angoisse • sentiment de l'absurde • révolte • engagement • nouvel humanisme
Littérature	• Stendhal, *Le Rouge et le Noir* (1830) • Musset, *Confession d'un enfant du siècle* (1836) • Chateaubriand, *Mémoires d'outre-tombe* (1849) • Hugo, *Les Contemplations* (1856), *Les Misérables* (1862)	• Balzac, *Le Père Goriot* (1835) • Flaubert, *Madame Bovary* (1857) • Zola, *Germinal* (1885), « J'accuse » (1898) • Maupassant, *Bel Ami* (1885)	• Baudelaire, *Les Fleurs du mal* (1857) • Rimbaud, *Poésies* (1870-1875) • Verlaine, *Sagesse* (1880)	• Proust, *À la recherche du temps perdu* (1913) • Apollinaire, *Alcools* (1913) • Breton, *Nadja* (1928) • Céline, *Voyage au bout de la nuit* (1932) • Camus, *L'Étranger* (1942) • Sartre, *Les Mots* (1964) • Beckett, *En attendant Godot* (1952) • Robbe-Grillet, *Les Gommes* (1953)
Histoire des arts	• Delacroix, *La Liberté guidant le peuple* (1831) • 1839 : invention de la photographie • Chopin, *Nocturnes* (1833)	• Courbet, *Enterrement à Ornans* (1849) • impressionnisme en peinture • 1895 : invention du cinéma	• peinture symboliste : Gustave Moreau (1828-1898), Odilon Redon (1840-1916)	• Art nouveau, cubisme, art abstrait • essor de la bande dessinée et du cinéma • Picasso (1881-1973) • Chaplin, *Les Temps modernes* (1935)
Repères historiques	• Napoléon Ier, puis retour à la monarchie • loi Guizot (1833) sur l'enseignement primaire • locomotive à vapeur (1814)	• Révolution de 1848, second Empire (Napoléon III) • révolution industrielle	• IIIe République • invention du téléphone (1876) • séparation de l'Église et de l'État (1905)	• guerres mondiales, guerre froide, décolonisation, construction de l'Europe, mondialisation • montée des intégrismes • société de consommation et de communication

Crédits iconographiques

54	© Bridgeman / Giraudon
67	© Josse / Leemage
85	© La Collection / Arthotek
97	© Josse / Leemage
101	© Bnf
112	©Josse / Leemage
116 g	© Georges Gobet / Afp
116 d	© Catherine Cabrol / Corbis
130	© Lee / Leemage
135	© Brigitte Enguerand
142	© Daniel Arnaudet / Rmn
146 h	© DACS / Bridgeman / Giraudon
146 b	© Bridgeman / Giraudon
161	© adoc-photo
166	© Gallimard
175	© Bridgeman / Giraudon
179	© La Collection / Arthotek
228	© Electa / Leemage
241g	© Bridgeman / Giraudon
241 d	© Bridgeman / Giraudon

Achevé d'imprimer par BONA à Turin - Italie
Dépôt légal : 96895-2/02 - mars 2014